目 錄

目 錄

縈救父、
縱連橫、舌戰群儒……
古人如何只靠一張嘴，
現無盡的智慧！

惟亨，李楠 主編

拳頭再大顆

也比不過

口若懸河

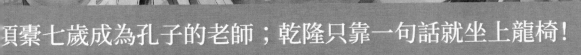

項橐七歲成為孔子的老師；乾隆只靠一句話就坐上龍椅！

想要好口才其實並不難！

一起來看看以前的那些少年是如何靠著三言兩語，
兌得滿堂喝采、名傳千古！

前 言

　　俗話說：「自古英雄出少年」，這的確是一句至理名言。古今中外，有許許多多的少年英才，在各個方面顯露出他們的聰明才智。中華民族是一個具有優良傳統的偉大民族，淵遠流長、綿澤深厚的民族文化孕育出一代代名傳後世的少年英才。這些傳誦於世的故事，對於今天的少年朋友們來說，仍具有深遠的現實教育與啟迪意義。

　　人的智慧與才智，並不單單的表現在一個人的文化學識上，而是多方面的。就本書提到的人物來說，雖然以學識見長的不在少數，但也有很多少年是憑藉智力與勇氣致勝的。他們面對難題，能夠冷靜思考；遇到危難，往往沉著機智；取得成績，能夠淡然處之。他們也並非個個都是天賦異秉的神童，卻能夠吃苦耐勞，透過勤學苦練，迎頭趕上；他們中的一些人也同一般尋常兒童一樣，童稚可愛，甚至貪玩任性，但他們又能夠及時反思，知錯即改。他們往往少有大志，不同俗流，尤其是那些奇情少女，更是巾幗不讓鬚眉。他們之所以會為世人所稱道，有賴於其機智靈活的頭腦、鍥而不捨的毅力、英勇無畏的精神以及高尚純潔的品德。

　　人才的成長不僅需要較好的天賦，更重要的是後天環境的影響與自身的努力。人生的磨難，社會的感染，家庭的薰陶，個人的領悟，都影響著一個人的成長與發展。作為少年通俗讀物，本書並不是簡單的故事彙編，其間還有對少年成長過程中自身努力的肯定、良好教育環境的營造、優秀學習與教育方法方式的總結，所以，不僅對於少年朋友來說有正面的教育

意義；對於家長來說，在一定程度上也能借鑑。總之，希望本書能給少年
朋友們智慧的啟迪，人生的導向，找到打開智慧之門的金鑰匙。

編者

一、巧舌如簧

項橐攔車難孔子

項橐，姓項名橐，春秋時期魯國人，自幼機智聰敏。他以七歲為孔子師而成為中國古代史上一位很有名氣的神童。關於項橐機智聰敏的故事不少，都和中國古代的大教育家、思想家、號稱「聖人」的孔子連繫在一起，這也許正是項橐的聰慧之處。

項橐聽別人說孔子是當今的大聖人，沒有什麼不懂的，也沒有什麼不知道的，心中很不服氣，便想找個機會考考孔子。

這一天，他聽說孔子周遊列國回來，要經過他們村，便找來幾個小朋友，挖了許多石頭和土，在村口的大道上圍成了一座「城池」。當他看到孔子的車子快要來到時，便馬上坐到「城池」的中央，指揮小朋友遊戲，擋住了孔子的車馬。

車伕見一個小孩坐在路中央，急忙大聲喊道：「車子來了，快閃開！」

項橐並不躲閃，反而毫不示弱地說：「你這人好不懂禮貌，說話連車也不下，叫你們車上的主人下來答話！」

車伕怕傷著他，只好跳下車子對他說：「你這小孩口氣不小，要讓車上的主人下來，你知道車上坐的是誰嗎？他就是當今的孔老聖人！」

項橐說：「正因為你車上坐的是大聖人，我才非讓他下車答話不可！」

孔子聽了，感到驚奇，只好走下車子問項橐：「你讓我下來有什麼話

要說麼？」

項囊答：「聽說你是個聖人，特別是在禮儀方面還是個專家，但是你的車伕對我如此粗野，這樣對嗎？」

孔子說：「我的車伕態度是粗野了些，可你站在路中央，看見車子來了不讓路也不對呀！」

項囊指著地上說：「我並沒站在路上，你看這是什麼？」

孔子看了看說：「倒像一座小土城。」

項囊十分認真地說：「是呀，你的車遇到城池，為什麼不繞道而行？」

孔子一聽，哈哈大笑說：「這是你們玩遊戲堆的假城。」

項囊卻說：「真的也罷，假的也罷，它究竟叫不叫城？」

孔子說：「是叫城。」

項囊又說：「既然叫城，你的車子遇到城，到底是車應該躲城呢，還是城應該躲車？」

孔子說：「車應該躲城。」

項囊笑了：「好，人們都說你是個大聖人，上懂天文，下知地理，中通人情，而今你的車伕遇到我的『城池』沒有繞道而行，反而讓我的『城池』躲開，你說說看，究竟是我的不對，還是你車伕的不對？」

孔子連忙說：「是車伕不對，是車伕不對，是我沒將車伕教育好，現在向你表示歉意！」言罷，只好上車繞道而行。

孔子沒走多遠，又回頭問道：「你叫什麼名字，今年幾歲了？」

項囊大聲說：「我叫項囊，今年七歲！」

孔子驚嘆道：「好聰明的孩子！」

項橐自從以築城攔車難住孔子後，很想找機會再給孔子出個難題。

終有一天，孔子又要坐車周遊諸國，以宣傳自己的學說和主張，企圖使自己能得到某一個諸侯國的重用。項橐聽說後，便約了個朋友，來到孔子出遊必須經過的路口，遠遠見孔子來了，就故意展開了辯論，而且爭得面紅耳赤，互不相讓。孔子見了，以為小項橐又有什麼高論，便讓車子停住，下得車來，饒有興致地問項橐：「你們在討論什麼問題呀，爭得這樣有勁？」兩人沒有回答，繼續爭論。

一個說：「我認為，太陽剛剛出山的時候，離我們近，到了中午，就離我們遠了。」

另一個說：「太陽剛出來的時候離我們遠，到了中午，離我們就近了。」

一個不同意另一個的看法，補充說：「我說太陽剛出的時候離我們近，是因為那時候太陽大得像車子上的傘蓋一樣，可到了中午，太陽就變得只有盤子那麼小了。這不是和任何東西一樣，遠了看著小，近了看著大麼？」

另一個也補充說：「我說中午近，也是有理由的，太陽剛出來的時候，天氣清清涼涼，但是到了中午，天氣就熱得喘不過氣來，這不正像爐火一樣，離得越近越覺得熱，離得越遠越覺得涼麼？」

兩人爭得沒有結果，見孔子站在旁邊，捋著鬍子，也在思索，而且眉頭皺得緊緊的，不由得心中暗暗發笑。項橐料想孔子對這個問題沒有想清楚，便上前兩步，拉著孔子故意對他的朋友說：「這就是當今無事不通、無事不曉的孔大聖人，讓他來給咱倆評評理，看看究竟誰說的對！」

孔子見問，又思索了一會，仍沒有想出誰對誰不對的道理，只好面紅

耳赤地回答說：「這事我也不知道。」說完，便低著頭上車走了。

項橐和他的朋友見孔子那副尷尬的樣子，拍手大笑起來，並嘲笑說：「沒想到一個堂堂的大聖人，竟連這樣一個小小的問題也回答不出，今後誰還說你博學多聞呀？」

孔子兩次被項橐提出的問題難住，深感這個年僅七歲的孩子不同凡響，絕頂聰明。但他心中也有點窩火，特別是當著一些弟子的面，更覺難堪。因此，他決心找個機會，也對項橐提出幾個問題，以挽回面子。

這一天，孔子又東遊回魯，來到項橐與朋友們辯日的地方，恰好碰上項橐正在看其他幾個孩子做遊戲，便帶著弟子上前問道：「項橐，人家在玩遊戲，你為什麼不參加呢？難道這裡邊也有許多道理麼？」

項橐一聽他的口氣，便知道孔子兩次被難住，今天想報復，便微微一笑說：「當然有道理。你想，大遊戲相殺，小遊戲相傷，遊戲功何在？衣破肚裡空。與其相戲擲石子，不如回家把米舂。」

孔子也笑著說：「看來你確實很聰明，嘴巴也很厲害。那麼今天我倒要提出幾個問題考考你，不知你能否回答上來？」

項橐說：「那就請孔大聖人出題吧！」

孔子想了想問道：「你可知道什麼山上沒有石頭？什麼水裡沒有魚蝦？什麼門沒有門扇？什麼車子沒有車輪？什麼牛不生牛犢？什麼馬不生馬駒？什麼刀沒刀環？什麼火沒有煙？什麼人沒有妻子？什麼女子沒有丈夫？什麼季節白天短？什麼季節白天長？什麼樹木沒有樹葉？什麼城裡沒有官員？什麼人沒有名字？」

項橐稍一思索，便順口答道：「土山上沒有石頭，井水中沒有魚蝦，空門沒有門扇，風車沒有車輪，泥牛不生牛犢，木馬不生馬駒，砍柴刀沒

有刀環，螢火蟲的火沒有煙，神仙沒有妻子，仙女沒有丈夫，冬季白天短，夏季白天長，枯樹沒有樹葉，空城沒有官員，剛出生的嬰兒沒有名字。」

孔子的那些弟子聽了，一個個被驚得目瞪口呆，他們怎麼也沒有想到一個七歲的孩子竟知道的這麼多，又回答得如此流利，無不為其拍手叫好，就連孔子也沒想到這小傢伙知識這麼豐富，腦子反應得這麼快。

孔子對項橐稱讚了幾句以後，又說：「我再問你，你可知道屋頂上為什麼會生松樹？門前為什麼會長蘆葦？床上為什麼會長香蒲？什麼情況下狗會咬牠的主人？什麼情況下媳婦敢使喚婆婆？什麼情況下家雞會變成野雞？什麼情況下狗會變成狐狸？」

項橐聽了，笑著回答：「這有何難？屋頂上生松樹，那是指松木做的屋椽子；門前長蘆葦是指蘆葦做的門簾子；床上長香蒲，是指蓆子；狗咬牠的主人，那是因為有客人站在主人的身邊；媳婦使喚婆婆，那是媳婦在花叢中，請婆婆給她頭上插上一朵鮮花；家雞變成野雞，那是當把牠扔在沼澤中的時候；狗變成狐狸，那是當把牠扔在荒山野嶺的時候。」

孔子見項橐對答如流，接著又問：「你可知天高多少里？地厚多少丈？天有多少梁？地有多少柱？風從何處來？雨從何處起？霜從哪裡降？露珠何處有？」

項橐仍脫口而出說：「天高一萬九千九百零九里，地厚與天高一樣，天上沒有梁，地上沒有柱，全靠四方的雲氣來支撐。風從蒼梧來，雨從高山起，霜從天上降，百草葉上有露珠。」

孔子給項橐提了這麼多稀奇古怪的問題，然而一個也沒能將項橐難住。項橐見孔子提不出可以把他難住的問題，不由得微微一笑，慢條斯理

地對孔子說：「如果你不再提什麼問題的話，我倒還有幾個問題向孔老聖人請教，不知你能否回答？」孔子道：「請講。」

項囊說：「你可知道鵝和鴨為什麼能浮在水面？鴻雁和仙鶴為什麼善於鳴叫？松柏為什麼能四季常青？」

孔子說：「這些問題很簡單，鵝和鴨之所以能浮在水面上，是因為牠們的腳是方的；鴻雁和仙鶴之所以善於鳴叫，是因為牠們的脖子都是長的；松柏之所以四季常青，是因為它們的樹心都很堅實。」

項囊一聽，連著搖頭說：「你回答的不對，龜鱉也能浮在水面，難道是由於牠們的腳是方的嗎？」青蛙善於鳴叫，難道牠們的脖子長嗎？胡竹冬夏常青，難道它們的心是堅實的嗎？」孔子無言以對，只好低頭不語。

項囊又說：「我再向你請教一個最簡單的問題，希望你能給予回答：你知道天上多少星？地上多少人？你自己的頭髮、眉毛、鬍子共有多少根？」

孔子更是回答不出，停了一會，只好回過頭來對他的弟子們說：「你們都走近一些，我來介紹一下，他就是我平時說的那個孩子，姓項名囊，今年剛七歲。剛才你們都親眼看到了，親耳聽到了，我提了那麼多問題，他沒有一個答不出來的；而他只向我提了幾個問題，我卻不是答錯了，就是根本答不出。這使我又悟出了一個道理：有智不在年高，學習是無止境的，人外有人，天外有天。看來，他是可以做我的老師啊！」

項囊見孔老聖人要拜他為師，卻實在吃不住勁了，連忙推辭說：「使不得，使不得，我剛才只不過是和孔老聖人逗著玩的，萬望孔老聖人和諸位先生們見諒！」說完，扭頭便跑了，從此，再也不好意思和孔子見面。但是，「項囊七歲為孔子師」的故事便廣為傳誦，流傳後世了。

　　且說項橐在多次難倒孔子之後便出了名，常常有人來訪，並且一次又一次地受到稱讚，他漸漸產生了驕傲自滿的情緒，學業也漸漸放鬆了。孔子知道這個消息後，甚是吃驚，生怕這個前途遠大的孩子半途而廢，便想去對他進行引導。

　　這一日，孔子外出，路過項橐的家鄉，正好看見項橐和一幫小孩騎木馬玩，便走了過去。

　　項橐看見孔子，也帶著他的朋友迎了上去，未等孔子開口，項橐便搶先問道：「聽說孔老聖人近來學問大有進步，是嗎？」

　　孔子說：「進步倒不敢說，學業卻是從不敢稍有鬆懈。」

　　項橐一聽，又想出個題目難難孔子，於是說道：「咱們一老一小，今日相見，說明很有緣分，那麼，我就再向你出個題目好嗎？」

　　孔子道：「甘願領教，不知是何題目？」

　　項橐說：「我問你四個字可認得？」

　　孔子道：「但講無妨，如不認得，你仍為師！」

　　項橐說：「我說出四個字你猜猜吧！其字是：

一點一點分一點，
一點一點合一點，
一點一點留一點，
一點一點少一點。」

　　孔子聽罷笑道：「老夫一生研究的就是認字和寫字的學問，你說的這幾個字我豈能不知？它們分別是『汾』、『洽』、『溜』、『沙』。還有什麼字要我猜，儘管說吧！」

　　項橐見孔子猜對了，心想：「聖人畢竟是聖人，看來在字上的知識是

難不倒他的。」可是他想再出個其他題目難難孔子，卻又總也想不出來。

孔子見項橐一時提不出什麼題目來，便對他說：「剛才你說了四句話是四個字，我現在也說四句話，卻是一個字，請你猜猜吧！」只聽孔子吟道：

「一橫一橫又一橫，

一豎一豎又一豎，

一撇一撇又一撇，

一捺一捺又一捺。」

項橐聽了，想了半天也未想出，只好說：「我猜不出了，請您說出是個什麼字吧！」

孔子笑道：「是個森林的『森』字。」

然後孔子又意味深長地說：「孩子，你很聰明，也很有才華，可是要牢牢記住：人無完人，各有所長，各有所短。三人行，必有我師啊！」

項橐聽後，倒地便拜，並且紅著臉認真地說：「老爺爺說得對。從今以後，你就是我的老師。」

孔子見項橐一點就透，滿意地笑了。

不幸的是，項橐也許是用腦過度，不鍛鍊身體；也許是患了急症，在他剛剛年滿十歲的時候便死去了。孔子聽說後，非常悲傷，很是惋惜。

後來，人們都稱項橐為「小兒神」，即神童的意思，不少人還經常到他的墳上去祭祀。

張儀三寸不爛舌

張儀，戰國末期魏國人，約出生於西元前三四五年。他和蘇秦同是鬼谷門下，同修縱橫術。蘇秦以「合縱」策略而掛六國相印，成為戰國末期的顯赫人物；和蘇秦的「合縱」相反，張儀用「連橫」策略獲得秦國信賴，被封為相，蜚聲於六國諸侯。蘇秦「錐刺股」的故事，成為激勵後人勤奮學習的榜樣；而張儀則有一個挖洞練功的故事，雖然鮮為人知，卻也十分感人。

■ 三寸不爛舌

張儀出身貧寒，但生來聰明伶俐，自幼能說會道。他雖然無錢，但為了有書可讀，總是千方百計地接觸那些有錢讀書的孩子。也不知他用的是什麼方法，那些孩子每每下學之後，顧不上次家，便急著把書借給他看，並且把老師在課堂講的東西原原本本地教給他。有的孩子見他酷愛讀書，竟不惜冒著挨打挨罵的危險，爭著從家中偷出各式各樣的書送給他。而張儀則是來者不拒，撈到什麼書就讀什麼書。到七八歲的時候，他就能上知天文，下知地理了。因此，當時就有人說他人小鬼大計謀高。

在他十一歲那年，發現一本叫《尚書》的書，很是愛讀，卻沒錢買，非常著急。有一天，他忽然對那些借給他書的孩子們說：「感謝諸位幫忙，現在你們所有的書我基本上都讀完了，沒有更多的知識能滿足我。昨天晚上，突然有位自稱叫鬼谷子的老先生給我託夢說，他隱居鬼谷山，山上有世間讀不到的書，讓我前去拜師求學；他還告訴我臨去前向諸位告別，表示感謝，說沒有平時你們對我的幫助，給我書讀，我是沒有資格去他那裡拜師的。」

有個小朋友一聽，爭著插話說：「那肯定是位神仙吧？不然怎麼知道我們借給你書讀呢？」另一個接著說：「聽說真有個鬼谷山，從這裡向西幾萬里，你可怎麼去呢？」

張儀說：「我知道，家中貧寒，是沒有錢讓我去上山拜師的；不過，我不怕，就是沿路乞討，我也是要去的；如果鬼谷子老先生知道我靠乞討上山，念我心誠志堅，說不定會更加喜歡我。」

眾人一聽，都爭著說：「絕不可以，既然神仙知道是我們幫你讀的書，我們如果讓你乞討上山求學，鬼谷子老神仙知道了定會責備我們的！沒錢不要緊，我們大家湊！」於是，你十個，他二十，有的身上沒帶，就找藉口向家裡要，不到兩個時辰，就湊了四五百錢。張儀高興地說：「就算我借大家的吧，將來如果我有了錢，一定還給諸位。」

張儀想著，這麼多錢，能買多少書？可他又一想，書不買了，索性真的去上山學藝。他回家把想法給父母一說，父母覺得他有志氣，也很同意。因為他沒敢說騙其他人的錢，所以父母又向親友借了些錢給他做盤纏。

張儀來到鬼谷山，在拜鬼谷子為師時，為了說明自己求知心切，把自己為了達到讀書的目的所做的一切，如實告訴了師傅。鬼谷子聽了，笑著說：「你張開嘴，伸出舌頭讓我瞧瞧。」張儀張開嘴，把舌頭伸了出來。鬼谷子看後接著說：「好吧，我看你的舌頭塵且長，約有三寸，多言而不爛，就學點三寸不爛之舌的技藝好了！」於是，鬼谷子便讓張儀和先來的蘇秦一塊學習縱橫學。

後來，張儀學藝期滿下山，也和蘇秦一樣，先娶妻，後去求官。他先去楚國，沒見楚王前，在一個令尹家中做門客。不料，令尹家中恰在這時

丟了一塊玉璧，有人見張儀穿得破爛，去向令尹報告，說是張儀偷的。結果，張儀被打得遍體鱗傷，趕出府門。

張儀回到家中，妻子埋怨說：「都是你讀什麼書，學什麼藝，害得你被人打成這樣！」張儀卻急著對妻子說：「不管其他，先看看我的舌頭還在不在？」說著，張開了嘴。妻子生氣地說：「當然在，這和你挨打有什麼關係？」張儀則所答非所問地說：「只要舌頭在，我就什麼都不怕了。」

■ 挖洞苦學藝

蘇秦從小聰明，過目不忘。但他經不起表揚，學得不踏實，滿足於一知半解，急於下山做官，不料到處碰壁，結果才有二次上山拜師之說。張儀卻不然，他雖然小鬼點子不少，說來也很不光彩，但那是由家境貧寒所逼；而他學習起來，卻是刻苦用功，精益求精，從不滿足，肯下苦功夫。

「縱橫學」，是一門遊說性學問，說得白一點，就是「橫說橫有理，縱說縱有理」。這對善於辭令的張儀來說，正對口味，所以學起來如魚得水。故此，他加倍努力，多苦都不怕。然而對滿足於一知半解的蘇秦來說，他這種刻苦是愚笨，常常諷刺挖苦張儀說：「腦子夠用麼？如不夠，我再借給你半個，省得一天到晚講個沒完沒了，怪煩人的。」張儀聽了，並不惱怒，他以為蘇秦真的比自己聰明，對所要學的早就滾瓜爛熟，得心應手了，便下決心趕上去。

這一天，張儀為了不影響別人，也不受別人影響，便在山後挖了個兩丈多深的大洞，每當鬼谷先生上課完畢，他便一人下到洞中，邊看書，邊演講。有時還自討苦吃，越是講得口乾舌燥的時候，他講得越來勁，越是不喝水、不休息；嗓子越是沙啞，他講的聲音越大，甚至扯著嗓門喊。

鬼谷子發現後，問他為何如此折磨自己，他說：「孟子過去說過，上

天將要把重大責任落到某個人身上的時候，就一定要先『苦其心志，勞其筋骨，餓其體膚，空乏其身』，只有這樣，才可以使他心靈震動，性格堅韌，完成大業啊！」鬼谷子聽了，心中很是高興，又單獨傳了他不少絕技。

有一天，鬼谷子將蘇秦、張儀同時叫到房內說：「你們每人去後山挖一個洞窖，然後分別在窖內發揮平生所學進行演講，誰能先把我說得哭泣流淚，誰就可以下山去說服人君，建功立業。」張儀說：「師傅，我早已挖了洞窖，能用嗎？」鬼谷子說：「可以。」蘇秦說：「我和張儀同用一個洞窖可以嗎？」鬼谷子說：「也可以。」

比賽開始，蘇秦下山心切，第一個進窖演說，口若懸河，聲情並茂。張儀聽了，感到雖然生動，但空而無實，準定挨師傅批評，心裡替他捏一把汗。但鬼谷子沒有聽完，便落下淚來，同意他下山。

接著是張儀進洞，假說真演，事理相合，寓意深刻，但直到演說完畢，才使師傅落下淚來，也准予他下山。但張儀感到自己學業尚未完成，不願下山，求師父留下自己繼續學習，得到師傅同意。

蘇秦臨下山前，張儀勸他說：「我認為你藝業未成，何必急於下山，還是求師父留下繼續學習吧！」蘇秦不聽。結果，蘇秦下山一年，處處碰壁，方知藝未學成，後悔當初未聽張儀忠言相告。蘇秦二次上山拜師時，張儀又多次為其說好話，鬼谷子才將蘇秦再次留下。為此，蘇秦對張儀很是感激，兩人關係密切。

十一年後，張儀經師父再三督促，方才同意下山創業。在他下山之前，蘇秦已二次下山，創造了「合縱」抗秦的光輝業績。張儀初次下山，人生地不熟，結果在楚國碰壁。後來他去找蘇秦，希望能被推薦一下，但

蘇秦竟十多天沒有見他。

張儀認為蘇秦太沒良心，一氣之下，便去了秦國。但是在去秦國的途中，總有趙國派來的一個侍者照顧他，不僅給他找地方住，還給他付飯錢。張儀到秦國後，趙國侍者還給秦惠文王送去了很多禮物，使秦惠文王收留了他。張儀十分感激這位趙國侍者，而侍者這時才說：「我所做的一切，都是蘇秦讓我做的。他說你的學問比他大，而且有恩於他，所以，才使用侮辱你的方法，使你不去『合縱』聯盟的其他小國，而逼著你去目前最強大的秦國，使你大顯身手。」

張儀聽了，方有所悟，很是感激蘇秦。可能就是基於這種感恩的思想，張儀運用他的三寸不爛之舌，說服秦惠文王在一個時期內沒有去破壞蘇秦的「合縱」聯盟。

西元前二八四年，蘇秦使用反間計，使有秦國參加的六國「合縱聯盟」擊敗了齊國，才使齊王發現蘇秦是個大間諜。結果蘇秦還未來得及離開齊國，就被齊王下令逮捕五馬分屍了。從此以後，張儀才開始使用「連橫」策略，使秦國用又打又拉、遠交近攻的方法，各個擊敗了其他六國，完成了一統天下的偉大事業。

魯仲連智難田辯士

魯仲連，又名魯連子，也稱魯連。戰國時期齊國人。史書說他少有奇少，號「千里駒」，曾拜當時著名學者徐劫為師，學習辯術，刻苦認真，很受徐劫喜愛。

當時，齊國有個叫田巴的辯士，是當時明辯學派的代表人物。據說

此人雄辯天下，能「服狙丘，議禾累下，毀五帝，罪三王，服五伯，離堅白，合約異，一日服千人」。意思是說，他在狙丘、禾累下一帶地區發表演說，沒有人是他的對手；他能以三寸不爛之舌，將歷史上的三王五帝、春秋時的五霸貶得一錢不值，也將「堅白」、「同異」這兩個完全不相同的名家基本命題，說得一模一樣。就是這樣一個詭辯高手，卻遇到了當時只有十二歲的魯仲連的挑戰。

有一天，魯仲連對老師徐劫說：「田巴辯論的這些，都是一些虛妄的奇談怪論，無濟於世，有什麼了不起？請老師抽時間領我去會他一會，煞煞他的銳氣，也好讓他知道天外有天，人外有人，免得他再目空一切，盛氣凌人！」

徐劫說：「這可使不得，如果你輸了，連我的名聲也不好聽。」

魯仲連卻信心百倍地說：「老師不必擔心，我自有辦法對付他就是了！」

其實，徐劫也對田巴不服氣，更深信弟子的才華，巴不得讓弟子和田巴辯上一辯；剛才那些擔心的話，只不過是激將法罷了。他見魯仲連如此有志氣，也就痛快地答應了。

第二天，徐劫便帶魯仲連連前去拜訪田巴。田巴也久聞徐劫有個叫魯仲連的學生，辯才很高，號稱「千里駒」，也想會上一會。今天見他專程前來，急忙迎出。

徐劫來到田巴客廳，拉著魯仲連的手對田巴介紹說：「這是我的學生，姓魯名仲連，今年十二歲。他久聞您的大名，很想向您請教！」

田巴打量了一下魯仲連，只見他個子不高，面色紅潤，兩眼有神，表情自若，不禁讚道：「聽說你小小年紀，就號稱『千里駒』，今日一見，果

然名不虛傳。你前來見我，有什麼話要說麼？」

　　魯仲連說：「聽說田先生雄辯天下，國中無人能及。不過我有一事不明，特來請您賜教。」

　　田巴說：「請講。」

　　魯仲連說：「現在我國南陽一帶，有楚軍壓境，虎視眈眈；高唐也受趙國攻打，情況十分緊急；聊城又被十萬燕軍團團圍住，形勢更為嚴峻。不知田先生可想過退敵之策？」

　　田巴想了想，很難為情地說：「沒有。」

　　魯仲連說：「是啊，身為一個日服千人的辯論專家，在國家遭受侵犯的時候，想不出退敵計謀；在民眾危難的時候，提不出安撫之策，那麼，您的辯才再高，又有什麼用呢？」

　　田巴聽了，覺得魯仲連說的有道理，深感內疚，低頭不語。

　　魯仲連又接著說：「我曾聽人言，事情都有個輕重緩急，當廳堂上的垃圾還沒有清除時，您還顧得上到院子裡去剷除雜草嗎？在短兵相接搏鬥的時候，您還去想如何防備遠處射來的冷箭嗎？現在面對國家的形勢如此危難，您一籌莫展，卻還在滔滔不絕地演講，像貓頭鷹一樣地哀叫。別人當面不說什麼，可您走了之後，人人都在罵您啊！我以為，身為一個真正的辯才，應該急國家之所急，想人民之所想，多解決點實際問題，少說點空話，才有價值。為此，我勸您今後少開口為妙。」

　　田巴聽到這裡，越發感到羞愧，無地自容，滿臉通紅地拉著魯仲連的手說：「你說的很有道理，很有道理！」爾後又對徐劫說：「你這個徒弟何止千里駒，簡直是飛兔啊！」

　　從此，田巴閉門謝客，終身不再侈談。

後來，魯仲連學業期滿，走上社會，周遊列國，以三寸不爛之舌，為人排憂解難。他曾幫助趙國平原君解邯鄲之圍；也曾射書聊城，勸燕國占領聊城的將領認清形勢，顧念當地父老的生命財產，放棄固守，書中情真意切，使燕將深受感動，以自殺來結束了這場戰爭，使聊城又回到了齊國手中。這就是後來有人記載的「魯仲連射書救聊城」的故事。

齊王念魯仲連射書救國有功，給他加官晉爵，但他堅辭不就，繼續周遊天下，後隱居海上，約卒於西元前二三八年。

甘羅十二說張唐

甘羅，戰國末期秦國人。他的祖父叫甘茂，官至右丞相。甘羅出生在這樣的一個將相之家，自幼受到良好的教育，加之天資奇優，聰敏過人，三歲時便能背誦《論語》、《孟子》和《莊子》，至於《詩經》和《楚辭》等一類民歌，更是張嘴就來。甘府上下，對甘羅之才無不稱讚，甘茂更是將他這個寶貝孫子視為掌上明珠。

甘羅幼有奇才的消息不脛而走，很快傳到了秦國相國、文信侯呂不韋耳中，遂召來當面測試。呂不韋提了《論語》、《孟子》、《詩經》等書中的不少問題，甘羅都對答如流，一字不遺。呂不韋驚喜之餘，徵得其祖父甘茂的同意，將其收為庶子；為炫耀甘羅的才能，還經常帶他上朝。

這一日，即西元前二四四年的一天，秦國為了征滅六國，又在舉行大規模的閱兵。將士們人山人海，一隊隊站立在閱兵臺的右邊；各種武器數不勝數，一排排豎立在閱兵臺的左邊木架上，單等秦王前來發放武器。

只聽得三聲炮響，旌旗舞動，秦王率領文武百官來到閱兵臺上。秦王

這年也才十五歲。雖然已登王位，但仍童心未泯。他想，兵將如海，武器如林，靠自己一人發放，何時才發得完？得想個好辦法才成！這時相父呂不韋便悄悄提醒秦王說：「可多選些將領，代為發放。」秦王搖搖頭說：「不可，那樣會發亂套的。」然後，稍一思忖，又對呂不韋說：「請相父代為發放如何？」呂不韋一聽，連忙擺手說：「不可，不可，如讓我發，三天三夜也發不完！」秦王笑著說：「既然相父沒招了，那就看我的吧！」

好一個小秦王，他想利用這個機會，開一個小小的玩笑，一方面顯示一下自己的才幹，也想檢驗一下眾大臣的智力。只見他不慌不忙地高聲對文武百官宣布：「誰能在十次擊掌的工夫內，查出我今天究竟是士兵多，還是武器多，就給誰記頭功！」

文武百官一聽，都是你望望我，我望望你，一碰上秦王的目光，便趕緊低下頭來，生怕秦王點自己的名字。就在此時，年只五歲的甘羅高聲答道：「我有辦法！」然後，便來到秦王跟前對秦王說：「只要你給我一支令箭，士兵能聽我的指揮，只須兩擊掌的工夫，便可查出士兵多還是武器多！」

秦王見他是個幼童，開始有點不相信，但又見他生得機靈，目光有神，更是一副非常自信的樣子，顯得十分可愛，於是便把一支令箭交給甘羅說：「也罷，常言道，有志不在年高，相信你能為我辦好這件事！」

小甘羅雙手接過令箭，一步跳到發令臺上，大聲宣布說：「眾士兵聽令，當我擊第一掌時，你們立即以列按序去取各排的武器；擊第二掌時，所有拿到武器的人都按列向前兩步。要準確迅速，不准有誤，違令者定斬不赦！」

眾士兵高呼一聲遵令，甘羅隨之擊了第一掌，眾士兵聽見掌聲，便飛

奔去拿武器。武器被拿光後，甘羅又擊了第二掌，所有拿到武器的人都向前走了兩步。還有幾個士兵沒拿到武器，只好原地站著不動。甘羅從容不迫地向秦王報告說：「啟稟大王，經過清點，結果為士兵多，武器少，請大王過目！」

文武百官見甘羅小小年紀，事情辦得如此俐落，無不目瞪口呆。秦王則拍手笑著說：「甘羅，真有你的，本王今天為你記頭功！」然後秦王又為百官解圍說：「我大秦國一個小小兒童，就如此足智多謀，何況文武百官及各位將士？」百官一聽，方才醒悟過來，立即和眾將士一起歡呼起來。

甘羅十二歲那年，燕國為了討好秦國，把太子丹送到秦國做人質；秦國為了聯合燕國去對付其他國家，也想派個人到燕國去做宰相，以示平等友好。

但派誰去好呢？丞相呂不韋想，張唐是最好的人選。但張唐擔心去了以後，不知哪天秦燕反目為仇，自己就沒命了，所以一再推辭不去。為此，呂不韋愁得整天唉聲嘆氣。小甘羅見到後，問他什麼事愁成這個樣子，呂不韋不耐煩地說：「你一個小孩子，乳臭未乾，問也無用！」甘羅笑道：「秤砣雖小，能壓千斤；人不可貌相，海水不可斗量。當初項橐七歲就能當孔子的老師，我今年十二歲了，難道還不如七歲的項橐嗎？您說出心事，也許我能給您出點主意。」呂不韋見他出語不凡，便給他說了張唐不肯去燕國的事。甘羅聽後，一拍胸膛道：「這有何難，包在我身上了，您靜聽佳音吧！」

甘羅來到張唐府中，說：「您和武安君比，誰的功勞大？」張唐道：「我不如武安君。」甘羅又道：「過去的范雎和現在的呂不韋，誰更有權？」張唐道：「范丞相不如文信侯（呂不韋）。」甘羅道：「是啊！當年范雎派白

起去攻打趙國，白起不聽調遣，結果被逼死；現在丞相讓您去燕，您因怕死不去，我看您在秦國也不可能活得平安了。」一席話，說得張唐毛骨悚然，冷汗淋淋，便對甘羅躬身下拜道：「是我一時糊塗，謝謝你的提醒。」

於是，張唐立即打點行裝，準備去燕國。

甘羅說服張唐後，又自薦自己先去趙國，為張唐鋪好去燕國的路。呂不韋喜出望外，趕緊報告了秦王。

秦王宣甘羅入宮，見他和七年前發放武器時相比，更加眉清目秀，英俊灑脫，非常喜歡，遂問道：「你到趙國要談些什麼呢？」甘羅胸有成竹地說：「這是到趙國以後的事了，我怎麼能未卜先知呢？只不過到時見機行事罷了。」秦王聽他言之有理，便放心地讓他作為秦國使臣去了趙國。

趙王正在為秦燕和好而坐臥不安，忽聽秦國使臣來到，馬上率眾大臣出城迎接。但一見甘羅僅是十幾歲的孩童，又大失所望，便帶有幾分嘲弄地說：「難道秦國沒人了嗎？派個小孩子為使臣。」

甘羅見說，隨即答道：「秦王用人，因人而異，大人去辦大事，小孩去辦小事。對於趙國的事，小孩完全能辦得了，又何必勞駕大人呢？」

趙王見甘羅言辭如此犀利，便不敢小視於他，遂謙恭道：「小先生此來敝國，有何要事嗎？」

甘羅問：「大王聽說燕太子丹到秦國做人質了嗎？」

趙王說：「聽說了。」

甘羅又問：「還聽說張唐將要去燕國做相國了嗎？」

趙王說：「也聽說了。」

甘羅再問：「大王可知秦燕如此往來，其用意如何呢？」

趙王老實地回答：「不知道，請小先生明說。」

甘羅道：「燕國離秦國遠，趙國離秦國近，秦與燕友好而不與您友好，不就是想聯合起來攻打趙國嗎？我看您這個國王是做不長了。」

趙王一聽，非常害怕，忙說：「小先生可有良謀補救？」

甘羅道：「秦燕友好，秦國只不過是想擴大自己河間一帶的地方，大王如果送靠近河間的五座城池給秦國，我就說服秦王與您友好而不親燕；到那時，趙國再去攻打燕國，您所得到的又何止五座城池呢？」

趙王一想，這個辦法對自己有利，便滿口答應下來，並馬上把五座城池的版圖拿給甘羅，還贈與他百金和兩對玉璧。

甘羅凱旋，秦王大喜，馬上取消了派張唐去燕國的決定，送回太子丹。趙國即刻派兵攻打燕國，得到三十座城池，又把其中十一座給了秦國。秦國不發一兵一卒，總計得到十六座城池。秦王讚不絕口，為甘羅大舉慶功，並破格提為上卿。

徐稚十一對大儒

「有志不在年高」是句成語，其意思是說，一個人的知識、學問和志氣，並不和一個人的年齡成正比，而在於能否刻苦地學習與大膽地實踐。這個成語的來歷，最早出自東漢和帝時期一個大學問家郭林宗之口，是他對年僅十一歲的孩子徐稚的讚譽。

徐稚，字孺子，出生於西元七九年，豫章南昌（今江西南昌市）人，東漢隱士，有「南州高士」之稱。他出生在一個普通農民家庭，家境貧寒。由於他生性機靈，勤奮好學，喜歡讀書，所以父母省吃儉用，也要

供他去私塾讀書。當他十多歲的時候，便熟知《尚書》、《論語》、《孟子》和《春秋》，已是很有學問了，常常被鄉鄰們稱為「神童」。可是徐稚並不滿足，凡遇到有學問的人，他都虛心求教。正巧，鄰村有個大儒（即大學問家），名叫郭林宗，學識淵博，為人正派，不貪仕途，很受時人尊敬。徐稚聽說後，常去拜訪，也常常帶著史書中的疑難問題前去求教。郭林宗也知道徐稚有「神童」之稱，經過幾次交往測試，深知這孩子的確與眾不同，從內心裡喜歡他那種勤學好問的精神，故對徐稚總是有問必答，從不感到厭煩；有時還故意提出幾個問題和徐稚切磋探討，以達到啟發和引導的目的。

在徐稚剛滿十一歲那年的一天，他又去郭林宗家拜訪，見郭林宗正指揮著他的三個兒子，準備將園子正中的一棵大樹砍掉，不由得感到莫名其妙。心想，這樹長著圓形的樹冠，長滿了墨綠色的葉子，像一把巨大的傘，夏日可以遮住太陽，冬天可以抵禦風寒，生氣勃勃，非常可愛；而且樹下是郭老乘涼讀書的好地方，自己也曾多次在這棵大樹下向郭老求教，還不少次聽到郭老稱讚這棵樹如何高大茂盛，可今天怎麼突然要砍掉呢？

徐稚想到這裡，急忙來到郭老面前說：「郭老，您老人家平時不是非常喜歡這棵樹嗎？今日為何突然要把它砍掉呢？」

郭林宗說：「前些日子，我看到一本有關宅基風水的書，書中說院中栽樹不吉利，所以才下決心把它砍掉。」

徐稚問：「院子裡栽樹有何不吉利的？」

郭林宗道：「你想想看，四四方方的一個院子，正中種上一棵樹，那是個什麼字呀？」

徐稚說：「口中有木，乃為『困』字。」

郭林宗笑道：「我學問高深，遠近有名，可如今卻連個差使都混不上，豈不是因為這棵樹把我『困』在了家中麼？」

徐稚一聽，覺得一個大學問家，竟然相信這些無稽之談，不由得感到可笑，便想刺他一刺，保住這棵大樹。他想到這裡，靈機一動，決定用「以其人之道，還治其人之身」的方法對付郭老。於是，他十分認真地對郭老說：「照您這樣說來，我們連房子也住不得了，要到露天去住才行。」

郭林宗吃驚地問：「噢？這我卻還未聞，願聽聽你的高見。」

徐稚說：「依你所想，院子中栽樹是個『困』字，那麼四面不透風的屋子裡住人，不成『囚』字了嗎？人若要在房子裡住，不都變成被『囚』禁的犯人了嗎？」

郭林宗的三個兒子聽了，無不目瞪口呆。

郭林宗聽了，不由得哈哈大笑說：「好，賢侄說得好，真是有志不在年高啊！」

隨後，郭林宗又指著徐稚對他的三個兒子說：「他就是我常給你們講的那個小神童。他所想到的，你們想到了麼？」他的三個兒子聽了，都羞愧地低下了頭。這時，徐稚霍然明白了郭老的用意，又看了看郭老，會心地笑了。

徐稚長大後，終於成為一代名士和著名學者。西元一六五年，當朝位列三公的太尉陳蕃去豫章任太守的時候，沒顧得去府衙，便立即前去拜訪徐稚。透過拜訪，陳蕃見徐稚學識淵博，才華橫溢，遂向朝廷上疏推薦。漢桓帝曾備厚禮徵召，但徐稚因不滿宦官專權，堅辭不就。此後，直到他於西元一六八年去世，一直親自耕稼，終生沒有為官。

黃琬智說日蝕

　　黃琬，江夏安陸（今湖北雲夢一帶）人，字子琰，出生於西元一四一年，是東漢桓帝時大司空（官名，三公之一）黃瓊的孫子。漢桓帝時，黃琬為五官中郎將，漢靈帝時任侍中，拜將作大匠（官名，掌管宮室、宗廟），後任太僕、太尉、光祿大夫、司隸校尉等職；西元一九二年，以與司徒王允合謀殺死董卓而震驚天下。

　　西元一四七年一月，黃琬的祖父黃瓊在魏郡（今河北山東交界處）任太守；黃琬因幼年喪父，隨祖父一塊生活，也來到魏郡。

　　同月七日這天，空中出現了日蝕，魏郡所轄十多個縣都能看見，但京城洛陽卻什麼都看不到。由於當時科學不發達，人們往往把日月星辰的變化和人間的吉凶禍福連繫起來。所以，歷代帝王對此事都十分重視。

　　魏郡看到日蝕的消息傳到京師，朝廷立即下旨，令魏郡太守速將日蝕情況行文上報；文件正在起草中，宮中又傳出皇太后旨意，令魏郡太守火速進京，說明日蝕情況。一天之中，黃瓊連接兩道聖旨，弄得手忙腳亂，不知所措。黃琬見此，對爺爺說道：「爺爺，以孫兒的看法，還是一併進京回覆為宜，先回覆太后詔問，後呈報朝廷。我想有太后的面子，聖上定然不會怪罪。」黃瓊想來想去，別無他計，只好帶黃琬一同進京。

　　黃瓊來到宮中，內侍馬上通報進去，太后立即傳旨，讓黃瓊在議事廳復旨。黃瓊帶著黃琬一起來到議事廳，見太后中間正座，漢桓帝也陪伴在側，急忙拉黃琬一齊跪倒在地說：「參見太后、皇帝陛下。」

　　太后道：「起來說話。」

　　黃瓊拉起黃琬，站立一旁，等待太后問話。

太后遂問黃瓊道：「你說說看，那天太陽究竟被天狗吃掉多少？」

黃瓊萬沒想到太后會問這樣的問題，一時不知如何回答，只急得面紅耳赤，冷汗直冒。黃琬看在眼裡，急忙用手拉了一下爺爺，胸有成竹地小聲說：「你說太陽被天狗吃後剩下的部分，就像月初的上弦月亮一樣！」

黃瓊的臉上頓時露出了笑容，他沒想到年僅七歲的黃琬，竟然一句話就把問題回答得那麼準確，遂按黃琬的話回覆了太后。

太后聽了，笑著說：「還好，沒有全吃掉。」

黃瓊見太后滿意，心中很是高興。黃琬在一旁也樂了。不料皇帝卻又問道：「黃瓊，你身邊那個小孩是誰，他剛才給你說了什麼？要如實回答太后。」

黃瓊一聽，心想壞了，剛才的事被桓帝看見了，只好拉孫兒又一同跪在地上，如實回答說：「回稟太后，剛才您提出的問題，臣下一時難以回答，是孫兒黃琬提醒了我，請太后恕罪。」

太后聽了，不由得大吃一驚道：「噢，怎麼？剛才你回答的是孫兒的話？」

黃瓊說：「正是，請太后恕我不實之罪。」

太后笑著說：「好了，恕你無罪。」隨後，又將黃琬叫到跟前，問道：「今年幾歲了？」

黃琬低著頭，小聲說：「七歲。」

太后又問：「剛才你爺爺所言是真？」

黃琬抬起頭道：「句句屬實。」

太后高興地說：「好聰明的孩子！」隨後，又對漢桓帝說：「這孩子將

來一定是個治國的良才，長大後要重用啊！」

漢桓帝回答說：「兒臣記下了。」接著下旨，晉黃瓊為司空，拜黃琬為童子郎。

黃瓊聽了，立即拉孫兒一同跪地謝恩，但黃琬卻以年紀尚小，正在讀書為由相辭。

太后越發高興，稱讚說：「好有志氣的孩子。」然後又對漢桓帝說：「不要勉強他了，讓他好好讀書吧！」

接著，太后便令人重賞了黃琬。

黃琬巧對司空

黃琬智說日蝕、拒封童子郎的事傳出後，大震京師。獨有司空盛允心中犯疑。他以為，黃琬畢竟是個七歲的孩子，能有多大能耐，竟討得太后如此喜愛，使得皇帝當即封賞？有機會時，一定要很好地試試他。

說來也是湊巧，就在這年的五月，盛允因有病在家休息，滿朝文武官員紛紛前去探望。剛任司空不久的黃瓊知道後，也很想前去探望，但因年老體衰，力不從心，近日又身體不適，便讓孫子黃琬代表他前去探望。

黃琬來到司空府，見到盛允，急忙跪地說：「祖父得知大人有疾，深感不安。但因年老體弱，又偶感風寒，不能親自前來問候，特派孫兒黃琬代為探望。黃琬這裡代祖父向大人請安，祝大人早日康復，福壽無疆！」

盛允聽了，心中樂滋滋的，急忙說：「賢侄快快請起！快快請起！真難為你了。也請你代我轉告你的祖父，首先謝謝他的關心，我也祝他早日康復！」

黃琬深施一禮說：「黃琬代祖父謝過大人！」然後又說：「如大人無事，小侄便告辭了，祖父還等著小侄的回話呢！」

盛允本想借此機會挑黃琬的毛病，但見他不失禮節，無懈可擊，也只好罷了。

恰在這時，江夏官員派人送來一份文件，報告江夏蠻人發生動亂的情況。盛允看後，見是時機，急忙喊住黃琬說：「賢侄慢走，我剛剛收到一個文件，報告江夏蠻人作亂。如此看來，你們江夏雖然是個大邦，人也眾多，但是因為有學問的人太少，素養太差，所以才常常發生蠻人作亂的事吧？不知賢侄對此事有何見解？」

黃琬見說，知道盛允有戲弄之意，他不動聲色，以言回擊道：「蠻夷猾夏，責在司空！」意思是說，蠻人盜賊增多，擾亂了江夏的治安，這應該是司空您的責任。

黃琬說罷，便甩了甩袖子，告辭而去。

盛允自討沒趣，無言以對，愣在當場。經過這次應對，使他對黃琬的才華有了深刻認知，從心裡感到佩服。

鍾毓和鍾會

魏文帝曹丕年間，有個丞相叫鍾繇，字元常，出生於西元一五一年，潁川長社（今河南長葛東）人，以其才華受到曹丕寵信。他有兩個兒子，老大叫鍾毓，也以才華出眾，十四歲就被封散騎侍郎，後官至尚書，遷將軍，都督徐、荊二州。老二叫鍾會，字士秀，出生於西元二二五年，也以才華出眾，初為祕書郎，後遷司隸校尉、鎮西將軍，官至司徒。

　　鍾毓、鍾會少而聰悟，讀書刻苦，精明練達。現輯其故事二則，以饗讀者。

　　鍾毓鍾會兩兄弟相處十分和睦，讀書互相督促，互相監督，誰也不許偷懶。他們私下立約，誰要被對方抓住一次學習偷懶，父母給的賞錢就得交給對方，而且不許告訴父母；父親測驗時，誰受到表揚，未受表揚的就得拿出平時的賞錢請客，如果請客沒錢，可以向對方借，等將來做了官再還。學習之餘，他們都是哥倆一起玩，不和社會上的孩子摻和。

　　這一日，他倆讀書讀累了，準備出去玩一會再讀，路過父親房間，聞到房內一股酒香，便悄聲躡腳地走了進去。

　　哥倆進屋之後，見父親躺在床上睡覺，便互相使了個眼色，老二搬過凳子，老大上去打開櫥子，把父親平時補身子的蛇酒拿了出來。鍾毓對鍾會說：「這酒太名貴，咱倆一人只許喝一杯嘗嘗。」

　　老大說著，便倒了一杯，放在桌上，然後拜了拜，才一飲而盡。

　　老二則不然，也倒了一杯端起來就喝掉了。正當老大準備將酒瓶放回原處的時候，父親一骨碌坐了起來，笑著說：「別放了，我都看見了。」

　　哥倆見父親沒有責怪，便一伸舌頭，做了個鬼臉就要離去，不想卻被父親叫住說：「剛才你們偷我的酒喝，怎麼一個拜，一個不拜呢？」

　　老大說：「自古以來，飲酒是表示禮節的行為，所以應先行禮，後飲酒。」

　　父親說：「有道理。」回頭又問老二：「你為何不拜？」

　　老二則言：「今日偷酒，本身就是沒禮的行為，再拜也是沒禮，又何必下拜呢？」

　　父親一思索，笑著說：「看來是拜有理，不拜也有理！我為你們都有

理而高興！」

其實，他是為兩個兒子小小年紀遇事各有獨特見解而高興，也為他們的辯才而驚喜。

魏文帝曹丕，對丞相鍾繇不但尊敬，而且寵信。談尊敬，是因為鍾繇自曹操挾天子以令諸侯開始，便為經營魏室天下立下了汗馬功勞；談寵信，是因為鍾繇琴棋書畫無所不通，是個難得的文武全才；他的書法讓人看了心中更是特別舒服，尤其精於隸楷。於是，曹丕把他與華歆、王朗同視為心腹之臣。

這一日，文帝邀鍾繇陪飲。酒酣之際，文帝對鍾繇笑著說：「聽人講，丞相家的兩位公子，聰慧過人，談吐不凡，且機智善辯，何不領進宮來，讓朕一觀？」

鍾繇跪拜道：「啟稟陛下，臣下二子才寡智拙，且不懂禮儀，恐有汙聖目，故不敢帶其入宮。」

文帝言道：「帶來無妨，朕不怪就是了。」

鍾繇回到家中，臉帶愁容地對妻子說：「皇上要見兩個兒子，你看如何是好？」

妻子說：「那好啊！兩個兒子都聰慧過人，皇上見了，說不定會龍顏大喜，還可能給他個官做做呢！」

鍾繇說：「想得美！他倆有多少斤兩，我還不清楚？他們雖然在家伶俐些，但未見過大世面，何況這是進皇宮？若見了皇上一緊張，說話前言不搭後語，若得龍顏發怒，後果將不堪設想！」

妻子說：「不會的。我的兒子我知道，知書識禮，言詞有度，絕不會出差錯！」

鍾繇嘆道：「但願如此吧！」

第二天，鍾繇帶著二子入宮，去見文帝。

文帝一見，便感到這兩個孩子果然相貌不凡。只見鍾毓，白淨秀氣，神態穩重，頗有父風；又看鍾會，只那一雙炯炯放光的眸子，便知其機靈慧敏，不同一般。

文帝看罷，對這兩個少年很是喜歡，便把他們叫到身邊。先問鍾毓說：「你是長子吧？叫什麼名字，今年多大了？」

鍾毓頭次見皇上，心情難免有些緊張，見皇帝發問，略加沉思，便叩拜答道：「臣乃鍾繇長子鍾毓，今年十四歲，祝吾皇萬歲，萬歲，萬萬歲！」

文帝高興道地：「好了，起來吧！」

隨後，文帝見鍾毓臉上汗珠點點，知其心情有些緊張，便故意戲道：「你臉上怎麼出那麼多汗呀？」

鍾毓道：「大殿莊嚴肅穆，聖上皇恩浩蕩，我怎能不『戰戰惶惶，汗出如漿』呢？」

文帝聽了，十分滿意地說：「好一個『汗出如漿』！」

文帝又看鍾會，見他稚氣未退，還有些滿不在乎的樣子，不由得問道：「你為什麼不出汗呢？」

鍾會則道：「皇宮威嚴顯赫，聖上恩威並舉，我是『戰戰慄慄，汗不敢出』呀！」

文帝一聽，不禁說道：「我看你是滿不在乎，無汗可出！」

鍾繇在一旁聽了，以為皇上生了氣，嚇得汗流浹背，急忙跪地謝罪說：「臣子鍾會，年只五歲，不知禮儀，罪在臣下，望皇上見諒！」

文帝哈哈笑道：「賢卿快起，我就喜歡他這種初生牛犢不怕虎的性格，何罪之有？」

然後，文帝又拉著兩個孩子的手說：「百聞不如一見，你們兩個果然滿腹經綸，非同凡響，將來必然俱為我朝有用之才！」

文帝低頭稍一沉思，即對鍾繇說：「鍾毓已年長，朕封他為散騎侍郎，留在朕的身邊；鍾會尚小，今賞碧玉一塊，長大後再入朝任職。」

父子三人跪地謝恩。

司馬紹「日近長安遠」

東晉明帝司馬紹，字道畿，是晉元帝司馬睿的長子。出生於西元二九九年，西元三一八年被立為皇太子。西元三二二年，元帝司馬睿病死，司馬紹即位，是為晉明帝。

司馬紹自幼聰慧，性至孝，有文才武略，尊賢愛客，雅好文學。在位期間，曾親率大軍，平定王敦之亂。平生擅長畫佛像、山水，用筆高超，力求神似。畫有《毛詩圖》、《輕舟迅邁圖》、《漢武回中圖》、《史記列士圖》和《洛神賦圖》等。

「日近長安遠」是他幼時的一個故事，集中表現了他的機斷聰敏。

據史書記載，司馬紹幼而聰慧，為元帝所寵愛，一有空閒，元帝就把他抱起來，讓他坐在自己的膝蓋上，問長問短，關懷備至。

一天，晉元帝朝事完畢，回到後宮，看見他的長子司馬紹走來，在宮門口一個人玩耍，就又把他領回宮，抱在自己的膝蓋上，坐著閒聊。恰在這時，長安派一個使者前來匯報情況，司馬睿靈機一動，便對司馬紹試問

道：「就現在而言，你說是長安離我們遠呢，還是天上的日頭（指太陽）離我們遠呢？」

司馬紹不假思索地說：「日頭遠，長安近。」

司馬睿又問：「這是什麼道理呢？」

司馬紹解釋說：「因為我看到了有人從長安來，卻沒有看見有人從日邊來。由此，使我知道日遠而長安近。」

司馬睿聽了，覺得兒子的回答很有道理，心中非常高興。為了顯示一下司馬紹的機敏聰慧，元帝決定次日中午宴會群臣。

滿朝文武聽說元帝設宴招待，以為定有喜事相告或有要事相商，便於第二天的早飯後，陸續來到了宴會廳等候。

中午，宴會開始。酒至半酣，司馬睿派人把司馬紹叫來。眾大臣在大廳中，見來了個三四歲的孩子，感到奇怪。因為這是從沒有過的事，都把眼光投了過去。司馬紹第一次看見這麼多人，卻並沒有害怕，而是大大方方地來到司馬睿的跟前，忽閃著兩隻有神的眼睛問道：「父皇，您派人把我叫到這裡來有什麼事嗎？」

司馬睿把他抱到自己的膝蓋上對眾大臣說：「諸位愛卿，這是我的長子司馬紹，今年三歲。現在，我想提一下問題，讓他回答，看看他講的到底有沒有道理。」

眾大臣早就聽說司馬睿有個聰敏過人的兒子，但到底聰明到什麼程度卻不知道，今聽司馬睿一說，也都想親眼見見，於是，便異口同聲地說：「願聞小殿下高見！」

只見司馬睿向司馬紹問道：「你今日再想想看，是長安離我們的皇宮近呢，還是天上的太陽離我們皇宮近？」

眾大臣覺得，這雖然是個很新奇的問題，但對稍有自然常識的人來說，卻是個很普通的問題。當然是長安近，太陽遠。可是，對一個年僅三歲的孩子來說，如果能回答出來，也是一件很不簡單的事。可「他能不能回答出來呢」卻還是個問號。於是，宴會廳內頓時鴉雀無聲，專等司馬紹的回答。

只聽司馬紹馬上次答說：「日近。」

眾大臣聽了，一個個驚得目瞪口呆。連司馬睿也一下子愣住了，心想：「這孩子怎麼了？昨天還說長安近，今日怎麼又說日近了？出爾反爾，莫不是昨天的回答是瞎矇來的？」於是，便有點不高興地問道：「你再想想看，怎麼和昨天的回答不一樣了呢？」

司馬紹也看出父皇有些生氣了，但他並沒有害怕，依然笑著答道：「昨天和今天不同。因為昨天有人從長安來，不見有人從日邊來，故謂長安近。但今天可舉目見日，而看不到長安，所以才又說日近。難道我的回答沒有道理麼？」

司馬睿一聽，司馬紹今日的回答，的確也有道理，便誇獎道：「說得好！」

他又望望群臣，只見一個個張口結舌，紛紛驚嘆道：「奇童，真是個奇童。」

小王浚難住老博士

王浚，字彭祖，生於西元二五二年，太原晉陽人。他的父親叫王沈，是位知識淵博、德操兼備的人。晉武帝時，官拜御史大夫，尚書令，加給事中。

　　王浚並不是王沈的親生骨肉。他的母親原為趙氏家的媳婦，懷孕後丈夫死去，改嫁給王沈為妻，不久生下王浚。王沈沒有兒子，把王浚視為親生。王浚自幼才思敏捷，對史書、兵法無所不讀，而且見解不同常人，深得王沈喜愛。

　　西元二六〇年，王浚年僅八歲。在讀《論語》時，他發現其中有一句話：「祭神如神在。」常人閱讀後，都認為這是很好理解的一句話。又因為是孔子之言，被歷代文人奉為至理名言，誰敢提出疑問？因此，千百年來，從沒有人提出過什麼異議。但是，王浚讀了這句話後，卻覺得令人費解。他想：「『祭神如神在』，這究竟是有神在呢？還是沒有神在呢？」

　　他去問父親，父親責備他說：「一個大聖人說的話，連我都不敢挑剔，你小小年紀，怎可胡言亂語？只要用心讀就是了。」

　　小王浚不服氣，又去問他的老師，他的老師也說：「古往今來，至理名言，無可非議！」

　　小王浚偷偷地笑了。他笑老師也說不明白這句話。他聽說博士盧景裕很有學問，以為肯定能給自己一個滿意的答覆，便去請教。

　　他對盧景裕十分尊敬地問道：「我在讀《論語》時，其中有句話不明白。聽說先生對孔子很有研究，特來請博士先生指教。」

　　盧景裕早就聽說王浚年紀雖小，學習卻是刻苦認真，而且愛提一些常人難以提出的問題。他不敢對其輕慢，於是謹慎答道：「孔子論著深奧，我也是略知一二。但不知你問的是哪句話？」

　　王浚說：「孔子說的『祭神如神在』，這究竟是有神在呢，還是沒有神在呢？

　　盧景裕一聽笑了，心想：這不是很明白的一句話麼？還有什麼不懂

的？便順口答道：「這話說得已經很透了，是說有神在。」

王浚又問道：「他既然說的是有神在，那為什麼不說『祭神，神在』，而又偏偏在中間加上了個『如』字呢？這『如』字又作何解釋呢？」

盧景裕緊張了：「這『如』字麼……，應該是『好像』的意思吧！」

王浚接著追問道：「既然『如』是好像的意思，那麼他這句話就是說『祭神，好像有神在』，那你又為什麼肯定他的意思是有神在呢？」

盧景裕冒汗了，道：「是啊！這個『如』字，是『好像』又『不像』，這句話是有點不能肯定的意思。」

他沒有想到，王浚會提出這樣一個問題。他研究了那麼多年孔子，還真沒有想過在孔子的言語中，也有含混不清的話。今天竟被一個八歲的孩子提了出來。

從此，小王浚的才智被傳開了。在他十五歲那年，王沈死去。他雖然不是嫡子，但因其才智過人，經過親族研究，一致同意讓他繼承父業，立為嗣，拜駙馬都尉。晉懷帝即位後，王浚進司空，後又進大司馬，加侍中、大都督，官位顯赫。不久，王浚控制了朝政，企圖篡位稱帝，後為劉淵部將石勒（十六國時後趙的建立者）所殺，終年六十二歲。

華譚駁王濟

華譚，字令思，生年不詳，廣陵人。祖父華融，曾為東吳左將軍，錄尚書事；父華谞，為東吳黃門郎。

華譚剛滿一週歲的時候，他的父親就去世了。其母年只十八歲，沒有改嫁，守著他過活。他從三四歲時，就聰慧機敏，口齒伶俐。到稍大一

點，便好學不倦。他十二三歲的時候，不僅學識淵博，而且能言善辯，在家鄉就小有名氣了。揚州刺史周浚所說後邀他去交談，便覺得華譚不同凡響。華譚雖然年齡不大，周浚對他卻很尊重，用賓友之禮對待他。

當時，晉武帝司馬炎統一全國後，下令各地推薦有才學的青少年到京都深造。太康年間，刺史嵇紹經過多次測試，將華譚選為秀才，並推薦他去京都洛陽繼續學習。這年，華譚只有十四歲。

華譚從江蘇廣陵來到京師洛陽，入太學深造。他心中高興，勁頭十足，學習也越發刻苦認真，連節假日也不出去遊玩。

一晃幾個月過去了。這一天，又是假日，幾個從江南一塊來洛陽的夥伴對他說：「來京師這麼長時間了，你一次也沒外出過，不覺得悶麼？京師畢竟是皇帝住的地方，和江南大不相同，今日和我們一塊去開開眼界吧！」

華譚說：「平時功課太緊，我全靠節假日讀點課外書，哪有時間出去？你們去吧！」眾人不允，硬是把他拉走了。

他們來到洛陽城內，見大街小巷，人流如潮；攤點叫賣，聲不絕耳；各種物品，應有盡有；說書的，賣唱的，隨處可見，果然處處新鮮，老家江南的集市遠沒有這裡熱鬧。

華譚和他的幾個朋友正四處遊逛，忽然迎面碰上了博士王濟。王濟的隨從指著華譚和他的朋友們說：「這就是江南揚州等地新來京師學習的一批秀才，其中有個叫華譚的，只有十幾歲，很有才氣，連揚州刺史也不敢小看他。」

王濟是個很有學問的人，但性情高傲，對華譚的才華雖然也早有耳聞，心中卻不以為然，今日巧遇，便想對他測試一番。於是，他大模大樣

地來到華譚等人跟前說：「聽說你們是江南來的一批秀才？」

華譚很有禮貌地上前答道：「正是，不知博士大人有何賜教？」

王濟說：「聖上詔令天下推選人才，要的是英傑。吳楚之地，乃亡國之鄉，像那地方的人，多為孤陋寡聞之輩，有什麼奇才之士可選？我想你們也可能就是鶴立雞群吧？」

聽他如此一說，華譚的幾位朋友頓時羞得面紅耳赤，無言以對。但華譚聽了，卻坦然自若，微微一笑，爾後不緊不慢地以言相擊說：

「大人此言差矣。我聽說，許多秀異之物，多產於外地，而不是產於中原，就像明珠文貝生於江海之濱，夜光之璞出於荊藍一樣；我還知道，文王生於東夷，大禹生於西羌。難道你沒有聽說過？過去武王攻滅商朝，定都鎬京，同時把那些愚昧保守的殷商頑固分子都遷到了洛陽；我聽你的口音，也不是本地土生土長的，想必就是那些頑民的後代吧！」

王濟聽說，羞得面紅耳赤，但仍不甘心失敗，又道：「一個國家發生危險的時候，沒有人挺身而出；受到顛覆的時候，不能保住它，君臣失位，國內無主，你們這些年輕人還有什麼希望呢？」

華譚答說：「存亡有運，興衰有期。天之所廢，是任何人也挽救不了的。徐偃修仁義而失國，仲尼逐魯而逼齊，段干偃息而成名，這是歷史所賜的必然結局。」

王濟聽了，覺得華譚不同凡響，當即改變態度，以禮相待。廷尉劉頌是華譚的同鄉，聽說後深有感觸地說：「真沒想到我的家鄉能出現這樣一個有才華的少年啊！」

華譚長大後，初封郎中，遷太子舍人，後遷廬江內史，封都亭侯。建武初年，授祕書監，後加散騎常侍，有著作《辯道》三十卷流傳後世。

孫潛兄弟答庾亮

東晉成帝年間，有個人叫孫盛，字安國，太原中都（今山西平遙）人。此人博學多才，善著史書，有著作《魏氏春秋》、《晉陽秋》等，並有詩賦數十篇。他起家佐著作郎，又補瀏陽令。太守陶侃曾請他做參軍，後為征西將軍庾亮主簿；不久，又從桓溫平蜀，入關平洛，以功封吳昌縣侯，出補長沙太守，又遷祕書監，加給事中。

故事就發生在他為庾亮征西主簿的時候。

孫盛既有文才，又有謀略，很受平西將軍庾亮的信賴，經常隨意出入將軍府。他有兩個兒子，一個叫孫潛，一個叫孫放。兄弟二人自幼和他們的父親孫盛一樣，機敏聰慧，勤奮好學。現今一個十一二歲，一個七八歲，不僅頗知史書，而且長於辭令，在家鄉已經小有名氣。

庾亮是很愛惜人才的，當他聽說孫盛有如此兩個有才的兒子，便吩咐他約個時間帶到府內，讓他好好地看上一看。

約定的時間一到，孫盛便把大兒子孫潛和小兒子孫放帶到了庾亮府中。

只見老大孫潛，細長身材，皮膚白皙，眉清目秀，神態平靜，舉止有度，很有點小文人的風度。

又觀老二孫放，個子不高，結實體胖，兩眼有神，腮掛酒窩，帶著一臉稚氣。

庾亮看罷，不由得心中十分歡喜，遂想加以測試，以探其才虛實。

首先，庾亮問老大孫潛：「你叫什麼名字？」

孫潛彬彬有禮地回答說：「姓孫名潛，字齊由。」

庾亮又問：「為什麼字叫『齊由』，有什麼講究嗎？」

孫潛回答：「許由，是古代一位很有名氣的賢士。當初，堯帝準備把君位讓給他，但他自感才德淺薄，不敢遵命，遂逃至箕山，農耕而食。堯帝又準備請他做九洲長官，他便去穎水邊上洗耳朵，表示不願意聽到。他具有的這種謙讓謹慎的精神，永遠值得後人學習，我要向他看齊，這就是『齊由』的意思。」

庾亮聽後，十分滿意地點點頭，他又問老二孫放：「你的名字呢？」

孫放則滿不在乎道地：「姓孫名放，字齊莊。」

庾亮又問：「你這個齊莊的『莊』字是指誰呢？」

孫放說：「當然是指莊周了。」

庾亮聽後，哈哈一笑道：「這下我明白了，你的哥哥是決心向許由看齊，而你是決心向莊周看齊嘍。然而據我所知，仲尼的名氣勝過莊周，你為什麼不向仲尼看齊呢？」

孫放聽後，眼神一動說：「但是，我聽人說過，仲尼是生而知之，他的知識是常人可望而不可即的。而莊子，是學而知之的，雖然他比孔子相差很多，卻可以學得到，所以，我決定向莊周學習。」

庾亮聽了，對孫盛大笑說：「如果我的兒子都能像你這兩個孩子一樣，我就心滿意足了。」

孫潛、孫放長大後，都很有才學，並且都做了官。其中，孫潛官至豫章太守。西元三九七年，殷仲堪起兵討伐王國寶，逼他做諮議參軍，他堅辭不就。他看到朝政如此腐敗，局面如此混亂，很是憂愁，不久鬱悶而死。

高洝妙語譏師

高洝，字子深，出生於西元五三三年。他是南北朝時期東魏丞相高歡的第五個兒子，高洋的弟弟。他自幼聰明，喜愛讀詩吟賦，到六歲時，就善詩文，且應對如流，人稱神童。可是，他不注意練字。在他八歲時，高歡為他請了一個名叫韓毅的博士，來到家中教高洝的書法。

韓毅聽說高洝有神童之稱，以為他的字也必定寫得不錯。不料，高洝寫字糟糕，毫無基本功，韓毅便有些瞧不起他。因此，韓毅在教他寫字時，不免時不時說出一些譏諷的話。對此，高洝一則感到自己的字確實很差，二則感到韓毅是自己的老師，應該尊重，所以，當韓毅有時說些瞧不起他的話時，他都裝作沒有聽明白，不予理睬，或者一笑了之，不予計較。不料，高洝的忍讓，倒使韓毅產生了誤解，以為高洝反應遲鈍，根本不是什麼神童，也就更不把他當回事了。

就在這年秋天，皇帝因高洝父親擔任丞相職務，推恩臣子弟（意思是大臣有功，子弟可以沾光封官），授予高洝三品官並開國公爵。

高洝本人倒有自知之明，知道這是父親功勞所致。他的老師韓毅，卻生了妒意。於是，在一天上課時，韓毅便以開玩笑的口氣對高洝說：「五公子不愧為神童，就憑這種寫字的程度，就弄來了個三品高官和開國公爵，實在是有些『神』。今後如果再加把勁，把字練得好些，一定會弄來個更大的官。」說畢，哈哈大笑。

高洝聽了這樣的挖苦話，自然氣惱。想想這位老師以前對自己的諷刺，今日更是得寸進尺，也該回敬一下了。於是，他不動聲色地款款說道：

「老師，我聽說戰國時有個甘羅，十二歲就做了秦國丞相，可是並沒有聽說他的書法很好。所以，我以為，評價一個人的才華，不能只看他的書法，更應該看他是否有真才實學，是否有應變的機智和能力。如果按先生剛才所說的話推論，似乎你早該做上高官了，怎麼到現在還沒有位居三公（古代稱太尉、司徒和司空為三公，是國家的三個最高職務）呢？」

韓毅本以為高澎被自己取笑後，更加無話可說，不料高澎知識淵博，反被他用歷史人物挖苦了一頓，不由得滿面羞愧，無言以答。從此，他再也不敢小看高澎了。

高澎長至十五歲，於西元五四八年出任滄州刺史。他約束屬吏，整肅內部，嚴察奸宄，大治風化，深受當地百姓稱讚。後來高澎調離滄州入朝任職時，滄州百姓傾城而出，夾道相送。

陸琇巧言解父憂

陸琇，字伯琳，代（今山西北部）人。他是南北朝時期北魏太保陸馥的兒子。他在九歲時，就有一個「巧言解父憂」的故事，被後世傳為佳話。

陸琇九歲那年，父親陸馥很是為自己繼承人的事情發愁，他感到自己已經年老，精力不濟，必須儘早在六個兒子當中選一人來繼承家業。可大兒子忠厚有餘，而智力不足；二兒子雖然精明，卻不喜讀書；三兒子體弱多病，不能為業；四兒子性情魯奔，難以統攬全局；五兒子呆痴，更無指望。看來，只有六兒陸琇比較合適。可是，陸琇現在只有九歲，年齡實在太小，難以支撐大業。為此，他憂心忡忡，一連幾日寢食不安。

父親苦惱，做兒子的陸琇非常擔心，遂問道：「父親，我看您近日來愁容不散，必有心事。不妨說給兒子聽聽，我或許能為您分憂呢！」

陸馥見陸琇發問，長嘆一聲道：「唉，想你祖父有十二個兒子，我為長子，以才學繼承了家業。如今，我已老矣，而你的幾個哥哥都難撐大業。你勤奮好學，是我心目中的理想人選，可是你尚年幼，怎麼能讓我放心呢？」

陸琇聽罷，不禁一笑，回答說：「父親，繼承家業不是比力氣大小，您又何必為兒的年幼擔心呢？」

陸馥聽兒子如此一說，自感眼力不錯，心中釋然，於是放心地讓陸琇接替了自己的爵位。

陸琇果然沒有辜負父親的重託。他在繼承爵位以後，越發勤奮讀書，專心事業。由於政績卓著，很受朝廷賞識。他在父親死後襲封建安王，歷任侍御長、給事中和光祿大夫，後又轉任祠部尚書和司州大中正等重要職務。

王雱五齡辨獐鹿

王雱，宋朝宰相王安石的兒子，字元澤，出生於西元一〇四四年，初中進士，調旌德尉，神宗時為太子中允，後至龍圖閣直學士。

王雱小的時候，聰明伶俐，才思敏捷，在父親王安石的教育下，他從兩三歲就開始讀書識字，到四五歲時，便能背出大篇大篇的文章來了。

就是在這期間，王雱五齡辨獐鹿的故事傳揚開來，使其才華嶄露了頭角。

當時，他的父親王安石在朝為官，德高望重，家中經常是車水馬龍，門庭若市，達官貴人絡繹不絕。

這一日，一位少數民族領袖派人給王安石送來兩隻動物，一隻叫獐，一隻是鹿，裝在一個大鐵籠中。由於這兩種動物生長在山區，平原人很少看到，所以引來不少人觀看。

王雱當時五歲，正處於童心好奇的年齡，他一會看看這隻動物，一會看看那隻動物。這兩隻動物模樣差不多，頭上都長著長長的角，身上也都是土黃色的毛；所不同的，就是一隻動物身上露出白色的斑點，而另一隻身上沒有斑點而已。有一隻動物性情有些暴躁，人一靠近，便「哦哦」直叫；而另一隻則顯得性情溫馴，人一靠近，牠便抬起頭，把嘴伸到鐵籠孔中往外拱，似乎在向觀眾要食物。

客人們見一個孩子靠近鐵籠，又看得那麼仔細，便覺驚奇，忍不住問王安石道：「請問王大人，這小公子是您什麼人呢？」

王安石笑道：「乃老夫的兒子，名叫王雱，今年五歲。」

有一位客人道：「噢，原來他就是王雱，我早就聽說王大人有一個兒子，人小智多，今日一看，果然是相貌非凡。」

另一位客人聽後，心中有些不服，暗想：此人真會拍馬屁，一個五歲的孩子，智謀再多，能多到哪裡去？僅是耳聞，就認為相貌非凡，可謂是庸俗之極。

於是，那人來到王身邊，微笑著問道：「小公子，聽到了麼？別人都說你人小智多，相貌不凡，那麼我來問你，籠中的這兩隻動物，一隻是獐，一隻是鹿，你能分辨出哪隻是獐，哪隻是鹿麼？」

眾人一聽，都愣住了，多數人認為這位客人太不懂禮貌了，這不是成心讓王大人難堪嗎？一個五歲的孩子，哪裡見過什麼獐和鹿？根本連見都沒見過，又怎麼去分辨呢？還有的人私下議論說，不要說他一個孩子，就是我們

這些大人，沒有見過獐和鹿的，恐怕也是大有人在，能分辨得清麼？

眾人把一雙雙疑惑的目光投向王安石。王安石只是微微一笑，沒有言語，神態自若；因為他心中有數，憑他這個小兒子的智力，他相信一定會給人一個滿意的答覆的。

再說王雱，見客人提出這樣一個問題，也不由得一驚，因為他的確不知道哪是獐，哪是鹿，但他不願說不知道，便笑嘻嘻地對那位客人說：「這還不好分辨麼？鹿旁邊的是獐，獐旁邊的是鹿啊！」

眾人一聽，無不哈哈大笑，都一致稱讚王雱回答得十分正確，十分巧妙，也十分得體。

那位問話的客人更是沒有想到王雱竟能做出這樣的回答，不禁向王安石祝賀說：「奇才，奇才，真可稱得上是小王半仙了！可喜可賀啊！」

從此，王安石生怕孩子驕傲，對王雱的讀書安排更緊湊，要求更嚴了。結果，王雱在十四五歲的時候，便寫出了長達數萬言的著作；中進士後，又作策三十餘篇，極論天下事；不久，又作《老子訓傳》及《佛書義解》，也是數萬言；宋神宗時，受詔撰《詩義》、《書議》。

王西元一〇七六年卒，終年三十三歲。

黃永年御前應變

黃永年，是宋朝徽宗年間有名的神童，曾以「御前應變」大顯才華，受到宋徽宗賞識，長大入朝為官，官至別駕。

西元一一〇〇年，黃永年出生在一個書香家庭。他的祖父和父親都喜讀史書，學識淵博。黃永年天資穎悟，在祖父和父親手不釋卷的影響下，

兩歲學識字，背詩歌，過目不忘。到他剛剛三歲的時候，就開始模仿祖父和父親，自學經書了。如此小的年齡讀經書，是令人不敢想像的事，而黃永年卻獨具其能。開始，他有很多字不認識，也有很多看不懂的章句，他都隨時隨地向祖父和父親請教；可後來，他怕長輩嫌煩，便一一記下來，集中向長輩詢問，請他們指教。他六歲的時候，已能獨立看懂《史記》、《左氏春秋》等大部頭著作了。

這一日，父親的幾位朋友來家做客，聽說黃永年六歲能讀《春秋》，甚感懷疑，便將其叫來測問。其中一位友人道：「《春秋》這部書，是用編年體形式寫的，枯燥無味，有啥可讀的？」

黃永年卻一本正經地回答說：「《春秋》雖為編年體史書，卻記載了二四二年的歷史；記事雖然簡單，含義卻極為深刻，而且是非觀念評判明確。試想，如沒有《春秋》，哪有後來的《左傳》？」

黃永年幾句話，把眾人說得目瞪口呆。他們沒有想到，也沒有去想，自己讀《春秋》十多年，甚至幾十年，竟沒有一個六歲的孩童概括得這麼全面、這麼深刻。於是，他的「神童」之名便廣泛地傳播開來。

西元一一〇八年，黃永年八歲，由他的父親帶著去京城應試童子科。宋徽宗聽說一個八歲的孩子竟能讀透《春秋》一書，甚感驚奇，便召見了他。宋徽宗見黃永年生得皮膚白皙，聰慧機靈，心下甚喜，便很親切地和他一起吟起《詩經·小雅》裡的〈天寶〉篇來。這是一首請求上天保佑多壽多福的詩，最後一章的六句是：

如月之恆，如日之升。如南山之壽，不騫不崩；如松柏之茂，無不爾或承。

詩中的「騫」，就是虧損的意思，「崩」就是崩潰、垮臺的意思。在封

建王朝，皇帝的「死」稱「崩」，因此，這個字在皇帝面前是不能念出口的。徽宗一時高興，沒有想到這個忌諱，順口念了出來。但黃永年很敏銳，把「不騫不崩」一句，順口改成了「不騫不墜」。「墜」與「崩」的意思相同，既沒有改變詩的意思，又避免了在皇帝面前念「崩」的罪過。宋徽宗一時沒有反應過來，以為他唸錯了，便問他說：「原文是『不騫不崩』，你怎麼會唸成『不騫不墜』了？」

黃永年笑著回答說：「詩人之言（指《天寶》詩）不識忌諱，臣怎敢再重複呢？」

徽宗聽了，這才明白過來，更是驚喜，遂命黃永年逐個與朝官相見。眾臣見黃永年如此機警聰慧，善於應變，都很佩服他的才華，因此對他都很客氣，見其來拜，接待也很熱情後，後宮嬪妃聽說這件事後，也都喜歡見他，並競相賞給他各種禮物。

黃永年考中童子科後，更加如饑似渴地讀書。後來，終以精通五經考中進士，從而走上了仕途。

當時，宋朝是一個大興文字獄的王朝，如果黃永年不識時務，一不注意，在皇帝面前念了「崩」字，任何人抓住他這個罪證，都有可能治罪於他，甚至會給他的全家帶來滅頂之災。但黃永年懂得皇帝的這個忌諱，還巧妙地避了過去，並且當皇帝問他時，又能巧於應變，不但沒有惹禍上身，反而受到皇帝及朝野上下的賞識，也真是善於應變之才了。

王鼎駁「孔子無鬚眉」

王鼎，字定九，出生於西元 1768 年，陝西蒲城人。西元一九七六年中進士，授編修。道光年間先後任內閣學士、直隸總督、刑部尚書，官至宰相。

他小的時候，有一個「駁孔子無鬚眉」的故事，說來有趣。

王鼎出身於書香門第，從小酷愛讀書。他讀書有一個很大的特點，就是認真、愛動腦子，不管讀什麼書，都要一字一句地扇，不但要知其然，而且要知其所以然，從不放過任何一個弄不明白的地方。

在他六歲那年的一天，家中來了許多客人。由於他的父親是個著名學者，所以來他家做客的人，也多是文人墨客，談經論詩，評判古今人物，真可謂談笑有鴻儒，往來無白丁。

今日他們談論的話題，是孔子在學術上的重要貢獻。

有的說：「孔子的最大功績，就是興教辦學，傳播文化。」

也有的說：「他在治學態度上，主張『知之為知之』，強調做到『毋意，毋必，毋固，毋我』，不抱主觀成見，對後世影響也是很大的。」

還有的說：「依我看，孔子的最大貢獻，莫過於寫《春秋》，是他開闢了用文字系統書寫歷史的先例。」

……

年僅六歲的王鼎，此時已經讀過不少經書，對他們的議論，認真地聽著思考著，興趣很濃，不願漏聽一句。

就在此時，忽然有位客人別出心裁地提出了一個問題：「你們說孔子有鬍子，還是沒鬍子？」

另一位客人笑著回答說：「真是無稽之談，孔子豈能沒有鬍子？」

那位客人說：「不，孔子是沒有鬍子的！」

他這一說，眾人都愣住了，於是有的問道，「這可是個奇聞，你有什麼根據？」

那客人說：「你們沒看過《孔叢子》這本書嗎？書中清清楚楚地記載著子思對齊國國君說：『我的祖父雖然沒有鬚眉，但天下人並沒有因此而瞧不起他。』由此可見，孔子是沒有鬍子的，後來人們畫的孔子像，都非畫上鬍子不可，所以是錯誤的。」

眾人聽了他這種奇談怪論，都覺得可笑，但一時又想不出話來駁他。

可王鼎聽了，嗤的一聲笑了，插言問道：「如果照叔叔這麼解釋，那孔子豈不是連眉毛也沒有了嗎？」

在古代，「鬚眉」一詞，固然也有指鬍鬚和眉毛的意思，但也是男子美貌的代名詞，以鬚眉為美。從這一點來說，子思那句話應該是：「我的祖父雖然貌不出眾，但天下人並沒有因此而不尊重他。」那位客人由於讀書太少，卻要不懂裝懂，故弄玄虛，才鬧出了笑話。

所以，當王鼎來了個反問之後，眾人聽了大笑不止。直到此時，那人方知自己實在是才疏學淺，羞得滿面通紅。

王鼎長大做官後，也和他讀書一樣，辦事很是認真。他做宰相後，受命治理黃河，恰在這時，第一次鴉片戰爭爆發，林則徐因主戰受到投降派攻擊，被發配伊犁充軍，當行至河南時，被王鼎挽留下來，共同治河。治河完畢，王鼎愛惜林則徐是個人才，多次上書，要求將林則徐治河之功折罪，免其充軍之刑，但未被批准。王鼎回京後，對大學士穆章阿主張投降、專權誤國更是憤慨，在留下遺書之後，懸梁自盡，企圖以屍諫來驚醒皇帝。

但王鼎死後，他的兒子在穆章阿的高壓之下，交出了遺書，結果此舉並沒有感動到皇帝，仍被以暴病亡告天下，只是在官職上加封太子太保。

一、巧舌如簧

二、以理智辯

老子年幼論禍福

在中國古代哲學史上，有一個道家學派，它的創始人就是老子。

老子姓李名耳，又名聃，字伯陽，楚國苦縣（今河南鹿邑縣）人。關於他的出生，傳說不一。有傳聞說他的母親懷孕七十二年，也有傳聞說懷孕八十一年，剖開左脅，才生下了李耳。傳聞他一出生，便會說話，睜眼看見一棵李樹，便說：「就以此樹做我的姓吧。」又傳聞他一生下來，耳朵就特別大，約長七尺，所以取名叫耳。他的耳朵雖大，但無耳輪，所以又取名叫聃（聃，即無耳輪的意思）。

上述一些關於他出生時的說法，無非是一個用意，即說他不同於常人，給他加上了神祕的色彩。

其實，老子的身世並不離奇，他出生在一個貧困的平民之家。他自幼聰明，性情柔順，讀書過目不忘，未說先笑，很討父母歡心。在他剛剛八歲那年，父母相繼去世，又無親朋，他怎麼生活下去？鄰人出於憐憫之心，這家送湯，那家送飯，是百家飯使李耳活了下來。李耳買不起書讀，其他孩子因他平時對人和善，與人無爭，都願和他一起玩。又是這個給書，那個給筆，是百家書使老子的學業沒有中斷。在這種十分艱難的條件下，李耳更加刻苦學習，到十餘歲的時候，便顯得博學多識了。

有一次，他隨大人們上山打柴，正趕上楚國出兵攻打宋國，國人無不歡欣鼓舞，獨有李耳嘆氣說：「這不是好事啊！」

　　有人問他為什麼，他說：「槍打出頭鳥。宋國正準備爭奪霸主地位，眾多諸侯不服氣，但又都不敢和它輕易地動刀動槍。楚國前幾年由於弱小沒有人注意，國內平靜，民眾安寧，漸漸發展起來；現在，它自以為強大了，想爭奪霸主而去攻打宋國，就要引起別人的注意。這次戰爭，楚國可能會勝利，但從此也不會有安寧了。還有什麼值得高興呢？」

　　眾人聽了，都覺得他說的有些道理。由於這些話如傳了出去是會殺頭的，誰敢去說？戰爭的結果，楚國凱旋，舉國慶賀。

　　先前聽過李耳見解的人，私下議論說：「都說李耳有學問，看來畢竟是個小孩子，是信不得的。」

　　有人將這些話對李耳說了，他微笑道：「樂極生悲，禍患不久就要來了。」

　　這話又傳了出去，人們不以為然。不料，一年多後，便發生了楚晉城濮之戰，楚國慘敗，主帥子玉自殺。聽到過李耳議論的人這時才心悅誠服地嘆道：「他有未卜先知之明，真是神童啊！」

　　從此，李耳未卜先知的名聲就一傳十、十傳百，最後傳到了楚國國君成王耳中，他當即派人去逮捕李耳，鄉親們無不傷心落淚。

　　李耳卻對大家說：「這不一定是壞事，父老鄉親不必為我擔憂。」

　　楚成王把李耳抓去，正要以「謠言惑眾」的罪名處死，卻接到周天子襄王的命令，讓成王把李耳解往京師。原來，南襄王聽說李耳能未卜先知，認為必是神仙，自己也想成仙，就把李耳從楚國要了來。

　　李耳來到京師，周天子對他說：「請你把做神仙的祕訣傳給我吧！」

　　李耳說：「我不是神仙。」

　　周天子不信，說：「你既不是神仙，為什麼能未卜先知禍福呢？」

　　李耳回答說：「世間的事物，都有它內在的規律，即有無相生，難易相成，長短相形，高下相傾，一切事物都是相輔相成的，又是可以互相轉化的；『福兮禍所倚，禍兮福所伏』就是說的這個道理。」

　　周襄王聽了，覺得很有道理。他雖然沒做成神仙，但覺得老子很有學問，人才難得，不但沒有對他治罪，還把他留在朝中，做了管理圖書館的官，稱「柱下」。故後來人們又稱老子為「柱下史」。

　　不久，李耳覺得做官風險大，使辭職回家，專做學問，並收了一些徒弟，講授他的學說。

　　就是在這時期，孔子拜訪了老子。當孔子講了自己周遊列國宣傳自己的主張，企圖撈個一官半職的想法後，老子笑著說：「人生在世，不要活得太累。順利的時候，你就去行動，不順利時，就可以躲避起來。我曾聽人說，會做生意的人，平時卻讓人看不出他有錢，一個很聰明的人，平時表現得讓人看了感到他很愚蠢。你為什麼不學學這樣的處世之道呢？」

　　據說，後來天下大亂，老子騎著青牛，避禍西走，途經散關（地名）。守關將尹喜早就聽說老子很有學問，強行留他住了幾天，兩人談得十分投機。臨離關時，尹喜非要老子把他的學問寫成書留下。老子無奈，只好寫了本五千字的書，這就是流傳至今的《老子》一書。也有的說這本書是老子的徒弟根據平時的學習筆記整理出來的。

　　此後，老子西走，不知所終。有的說他活到一百六十歲，也有的說他活到二百歲。

子產十四言國是

春秋時期的大政治家、思想家子產，是鄭國穆公的孫子、鄭國大夫子國的兒子，姓公孫，名僑，字子產。關於他的出生年月，史料沒有具體的記載，據歷史學家推算，約生於西元前五七九年，因他十四歲那年便懂得治國之道，所以當時被稱為「神童」。

子產生於貴族之家，自幼有著優越的學習條件，受到良好的教育。耳濡目染，他三歲時識字四百餘個，五歲時就能習文賦詩了；到了八歲那年，子產不僅讀完了歷代史書，而且有獨到見解，能說出各朝興衰的原因。家人都很驚奇，說他將來必然大有作為。

西元前五六五年春天，鄭國大夫、子產的父親子國準備親自率領大軍進攻蔡國。

子產聽到後，當即表示反對說：「鄭國和蔡國相比，鄭國強大，蔡國弱小；如果我們因人家弱小而欺凌人家，那麼，比我們強大的國家不也會來欺凌我們嗎？做這種不義之事，遲早要惹來禍亂的！」

準備和子國一塊出師的子耳等聽了，十分震驚，他們想不到一個十多歲的孩童竟能分析出如此深刻的道理，便一起勸子國三思而後行。

但是，子國是個十分武斷而且又死要面子的人，見眾人出師之心有所動搖，立即對子產訓斥說：「你一個小孩子懂得什麼？」爾後又對眾人說：「我意已決，不必聽一個小孩子胡言！」

子國不聽子產之言，率軍伐蔡。楚國聽說鄭國出兵去攻打蔡國，乘機出兵攻打鄭國。子國聞訊後，急忙撤軍，不再去攻打蔡國，並立即向晉國求救。由於鄭國是晉國的被保護國，聽到鄭國求救，晉景公立即派大將荀

林父帶兵去與楚軍作戰。結果，楚和晉在城展開大戰。最後，晉國雖以失敗而告終，但楚國也大傷元氣，無力再去進攻鄭國了，才使鄭國免去了一場滅頂之災。

經過楚晉城一場激戰，子國出了一身冷汗，後又想起子產之言，很後悔。從此，子產「幼而多智真神童」的名聲便傳了開去。

西元前五六三年，鄭國諸大夫帥盜為亂，殺死了子產的父親子國，子產率親族出兵，與國人共同平息了叛亂，名聲更為大振。鄭國宰相子孔當國後，向子產請教治國之道，子產只說了三句話：「對外，不可以武力稱強；對內，要建立民主政治，廣泛聽取眾人意見；平時，切忌個人獨斷專行。」子孔聽了，認為子產說的很有道理，就照著去辦，從而為他執政後所奉行的民主政治奠定了基礎。

西元前五五四年，鄭簡公誅殺權相子孔，用子產為上卿。由於政績卓著，西元前五四一年子產升為宰相，開始了在鄭國執政的生涯。

鮑牧智辯勝相國

鮑牧，齊景公在位時期的重要謀臣，幼時好學，善於辭令。在他剛剛六歲的時候，就以敢與相國爭論是非而被稱為神童。

故事約發生在西元前五二一年的春天。當時有個叫田無宇的，在齊莊公時被封為相國。此人多有才學，謙恭有禮，廣交天下有才之士，據史料記載，他家有食客三千餘人。這年四月的一天，正值相國生日，朝中大小官員紛紛送禮祝賀，有的送來金銀珠寶，有的送來古玩字畫，有的送來珍禽異獸，也有的送來牛羊和美酒。不管禮物輕重，田相國一律熱情招待，不分厚薄。

鮑牧的父親名叫鮑宇，是個地方小官，曾經做過田家的食客。今日聽說相國生日，也想帶些禮品前去祝賀，但他為官清廉，實在拿不出什麼貴重物品可送，心中很是發愁。

鮑牧知道後，對父親說：「我家有自種的瓜果和新鮮蔬菜，送去兩擔，說不定比別人送金銀珠寶還會令相國高興呢！」

鮑牧的父親一想，覺得有理，便帶著小鮑牧，令人挑著兩擔瓜果蔬菜來到相府。

田相國一見，大為稱讚說：「這才是最有意義的禮物，難為你想得如此周到！」鮑宇聽了，心中很高興。

正在這時，有位客人抬進一條幾百斤重的大魚，還有一隻用籠子裝的珍奇大雁。眾賓客見了，無不讚美稱奇。

那位客人對田相國見禮說：「小人聽說相國生日，無以相報，特從南海覓來此物，望大人笑納！」

他本以為田相國見了，也會大為欣賞。但是，相國見了只微微一笑，爾後才捋著鬍鬚說：「看來上天對它的子孫臣民關心備至啊！它不但會令高山大地長出五穀供我們生存，還令江河特意產出如此大的美味和珍禽供我們享用。要說感謝的話，這真是要好好感謝上天啊！」

其他賓客聽了，爭相奉承。有的說：「相國真是妙語驚人，實在令人敬佩。」

也有的說：「相國高瞻遠矚，真是社稷之福！」

還有的說：「此雖為上天之德，但更是相國之德啊，感動上天，賜此奇魚佳雁！」

田相國聽到這些，並無表情，轉問鮑宇說：「鮑宇對此有何高見？」

鮑宇覺得其他賓客說得有點肉麻，又礙於相國的面子，不好相駁，想了想只好說道：「大家說的都很對。但是這位客人從南海專程為相國覓來如此珍品，倒也實在辛苦他了！」

小鮑牧對其他人的奉承早就聽不下去了，此時待父親話音一落，便抬頭對田相國說：「眾人都言相國德高過天，高瞻遠矚，妙語驚人，但我卻有些不同看法。」

鮑宇一聽，生怕觸犯相國，急忙對鮑牧訓斥說：「你小孩子懂得什麼？不要胡言亂語！」

然而田相國見一個小孩子有不同看法，卻很感興趣，忙制止鮑宇說：「這是你的兒子吧？不要阻止他，讓他說說，說錯了我也不怪。」

鮑牧見此，眼珠一轉，便不慌不忙地對田相國說：「據我所知，自女媧造人之後，便有萬物生存，人類經過探索，才找到了可以食用的食物。為此我認為，人類之所以有今天的佳餚美味，並非上天的安排，而是人類順應自然、改造自然，才使萬物為人類服務。」

眾賓客見如此一個毛孩子，竟有這種見識，且字字落地有聲，大為驚奇；也有的認為他狂妄，不屑一顧；更有的對他勇於當面發表對相國不敬的意見而捏一把汗；特別是鮑宇，此刻更是嚇得面色蒼白，以為他這個不知天高地厚的小兒子就要大禍臨頭。然而小鮑牧卻沉著自若，毫無驚恐之色。

田相國並不以鮑牧顯露奇才而驚喜，也不為他反駁自己的意見而惱怒，他對鮑牧說：「你的看法似乎也有一些道理，但是，我再問你一個問題，如依你所見，這巨魚奇雁如果不是上天專門賜予，為何牠們的味道這樣鮮美呢？」

鮑牧聽了，微微一笑回答說：「那麼，我倒要反問一句，蚊蟲叮人吸血，虎狼撕咬人肉，都以為是最好的美餐，都吃得津津有味，如果按照相國的意見，我們人類的存在，豈不也是上天專門賜給蚊蟲和虎狼做美食的麼？」

田相國聽後，再也忍不住惜才愛才的喜悅，待小鮑牧話音一落，便吩咐身邊侍從：「拿酒來！」

然後，他親自倒滿兩杯，給鮑牧一杯說：「好，你是今日眾賓客中年齡最小的一位，但也是最使我滿意的一位。現在，在大家入席之前，讓我們這一老一小為初次的相識乾杯！」

自此之後，田相國徵得鮑宇的同意，把鮑牧留在府中，和他的兒子田乞一塊學習，長大後又一起在朝為官，侍奉齊景公。

據說，田乞為官後，徵收賦稅用小斗，救濟災民開倉放糧用大斗，行德政於齊國，深得民心，後終繼任相國之職，他的謀略，皆出於鮑牧。

姬行父一語解父危

姬行父，魯國相國季友的兒子。他自幼喜讀史書，並愛舞槍弄棒，甚討季友喜愛。季友常對人言：「犬子喜文愛武，氣度不凡，將來準能成為國家的有用人才！」所以，當姬行父長到七八歲時，季友行軍作戰，常將他帶在軍營之中。

西元前六六〇年，魯國慶父刺殺魯閔公，篡位自立。季友知道後，急和公子申避難鄭國。慶父篡位後，國人不容，紛紛聚集聲討，於是魯國大亂。慶父害怕，帶著珠寶財物，連夜逃往莒國。莒國國君見慶父帶來那麼多財物以求安身，當即同意了。然而，當莒國國君拿走財物之後，又以國

小為由,將慶父驅逐出境。在此期間,齊桓公見魯國無君,遂派上卿高率軍三千,將公子申迎回魯國即位,這就是魯僖公。魯僖公即位後,復封季友為相國。季友在魯國一向足智多謀,很得國人敬服。他為相後,出榜安民,國家很快又穩定下來。

慶父被莒國驅逐後,沒有地方安身,就託人給僖公帶信,說只要讓他回國,願終生為民。

僖公見他說得可憐,剛要表示同意,季友說:「弒君之賊不誅,其患無窮。」

僖公一想,季友言之有理,便沒有同意接納。慶父知道後,自知無路可走,便在汶水自殺身死。

莒國國君聽說慶父自殺,認為是由於他沒有接納慶父的結果,自以為為魯國除了一害,於是派他的弟弟贏領兵去魯,居功索要財物。

季友見莒國如此相欺,不由得大怒,主動請求帶兵迎敵。臨出戰前,僖公將腰間佩帶的寶刀贈給季友,並對他說:「這是祖傳寶刀,名叫『孟勞』。雖然長不滿尺,卻鋒利無比,現請叔父(因僖公是季友同母哥哥莊公的兒子)帶上,以備上陣急用。」

季友出戰,來至陣前,剛要對敵,他的兒子姬行父對他說:「殺雞豈可用牛刀,讓我先去擒賊!」

季友說:「贏力大無比,武藝高超,你尚年幼,不是對手。況且,魯國剛立新君,局勢尚未安定,今如戰而不勝,人心就要動搖,所以,必須由我出陣。」

姬行父說:「我聽人言,贏為一魯夫,有勇無謀,父親出戰,只宜智取,不可力敵。」

季友出陣後，根據兒子的建議，見嬴粗大笨拙，便以言語相激道：「我久聞公子力大善搏，很想領教真假，咱們能否都放下兵器，徒手決一勝敗？」

嬴見季友身小體弱，不堪一擊，就痛快地答應了。於是，兩人徒手對打，一來一往，戰將起來。約有五十個回合，嬴雖然笨拙，畢竟粗壯，越戰越勇。季友雖然靈活，但體力太弱，漸不能支。

緊急關頭，姬行父見父親難以取勝，脫口大喊一聲：「『孟勞』何在？」

嬴聽了，不覺一愣，沒有聽清姬行父喊的什麼；季友一聽，猛然醒悟，故意賣個破綻，讓嬴趕前一步；季友略一轉身，於腰間拔出「孟勞」，刷地回手一刀，便將嬴連眉帶額削去一半，當即倒地而死。莒軍見主帥已死，不再交鋒，各自逃命而去。

姬行父急中生智，大喊一聲，使季友轉敗為勝，深受僖公稱讚。當時，姬行父年僅八歲。

小婧救父

歷代被譽為神童的，多為男孩子，對女孩子記載卻不多，這是因為古代重男輕女的思想比較嚴重。其實，女孩在智力和才幹方面，並不比男孩子差，本文所述的「小婧救父」，便是其中一例。

女童小婧，春秋時期齊國人。由於她出生在平民之家，其父輩也不顯貴，故史書沒有記載她的姓氏。據有資料說，她的父親叫衍，只有一女名叫小婧，沒有男孩。也許正是由於這個原因，父母常被鄰人瞧不起。但衍

卻脾氣固執，別人越是看不起女孩，他越是喜歡女孩，不僅自幼讓小婧讀書識字，還讓她舞槍弄棒。小婧十分爭氣，讀書一學就會，習武一練就熟。到十二歲時，她不僅熟知詩書禮儀，有一副好口才，而且練就了一身好武藝。據神話傳說，驪山老母雲遊天下時，發現小婧有奇才，遂收去為徒。從此，她的父母才受到鄉里尊重。

西元前五四八年，權臣崔杼殺死齊莊公後，立莊公的同父異母弟姜杵臼為國君，這就是歷史上的齊景公。齊景公奢侈好遊。有一年夏天，齊景公帶武士郊遊，來到一棵大樹下，見大樹不僅枝葉繁茂，且多有鳥做巢於樹上，不時啾鳴飛舞。齊景公見景吟詩作賦，頓覺心曠神怡。此後，他便下令派人看護這棵大樹，這裡也就成了他時常前來遊樂的場所。為了禁止平民百姓損傷大樹，他又令人在樹旁豎了一塊木牌，上面寫著告示：

「碰到此樹的受刑，損壞此樹的處死。」

此牌一立，周圍百姓誰也不敢到這棵大樹下乘涼了。

也是該當有事。就在此牌立下的當天下午，小婧的父親衍去外村串門回家，路過此樹，因多喝了幾杯酒，想坐在大樹下休息一會再走。不料，他剛到大樹跟前，腳下一歪，沒有站穩，兩手趕快向大樹抓去，不慎抓下一塊樹皮。看守此樹的人正打瞌睡，被響聲驚醒，見後大驚失色，立即去向景公報告。景公大怒，馬上派武士將衍抓住入獄，準備處死。小婧知道後，覺得景公如此草菅人命，十分震怒，便欲去宮中評理。但她又一想，齊景公立牌本身，就是不講道理，如果因此事去找他評理，不但救不了父親，弄不好連自己的小命也得搭上。這時，有人告訴她，齊景公雖然武斷，但聽丞相晏嬰的，而且晏嬰關心民眾，只有去求他，你父親才有希望活命。不過，「閻王好見，小鬼難纏」，你一個女孩子怎麼能進得了相府的大門呢？小婧一聽，高興地說：「我自有辦法。」

隨後，小婧便來到相府門前，果被門人攔住。小婧冷笑說：「人們都說晏丞相關心民眾，而你們卻連門也不讓進。依此看來，晏丞相只不過是徒有虛名罷了。」門人見這個小女孩竟敢說丞相的壞話，不由得大怒，便上前舉手要打小婧。小婧也不示弱，用手輕輕向上一迎，門人便被推倒在地。其他門人一見，知道女孩有些武藝，便呼啦圍了上來，準備一齊動手。正在此時，有人報告晏嬰，晏嬰急忙走了出來，對門人大喝一聲：「住手！不得無禮！」然後心平氣和地對小婧說：「我就是晏嬰，找我有什麼事嗎？」小婧見丞相果然平易近人，便滿腹委屈地哭訴了父親被抓的經過，然後又接著說：「我認為，如果因此將我父親處死，不僅使我成了孤兒，更主要的是有損我們國家的尊嚴，人家會笑話齊國制定的法律，把樹看得比人還重要啊！」晏丞相聽了，連聲稱讚道：「好聰明的孩子，你說得太對了。我現在就去找主公，你就放心地回家去吧！」

小婧到家後的第二天，她的父親就被釋放了，並帶回了齊景公贈送給小婧的一件禮物，以表彰她為維護法律的尊嚴而隻身闖相府的膽識。人們再去大樹下一看，木牌已經不見了。

孟嘗君以語啟父

孟嘗君，戰國時期的一位大政治家，也是聞名於世的「戰國四公子」（即平原君、信陵君、春申君和孟嘗君）之一。孟嘗君年僅五歲的時候，有一個以語啟父的故事，至今為人們傳誦。

孟嘗君，小時名田文。他的父親名叫田嬰，是齊威王的小兒子，齊宣王的弟弟，在齊國當了十一年的宰相。齊王繼位後，把薛地分給了田嬰，故名稱他為薛公。薛公妻妾成群，有兒女四十多個。本文的主角田文，就

是田嬰的一個小妾生的。

由於田文是五月五日生的，所以田文一出生，田嬰就命令他的母親將其扔掉。這是為什麼呢？因為當時人們迷信，認為五月五日這天生的孩子，長大後會跟門一樣高，男會克父，女會克母。田文的母親心地善良，她怎麼捨得把自己的親骨肉扔掉呢？但夫命難違，於是，田文的母親便瞞著田嬰，將田文偷偷地養在另一個宅院裡。

田文生性聰慧，一歲會說話，兩歲會認字，三歲讀詩文，到五歲的時候，便能談古論今了，很討母親喜歡。

事情發生在田文剛滿五週歲的這一天。田嬰外出未回，母親決定給田文過一個生日，讓平時侍奉田文的侍女們一塊參加，熱鬧一番。田文從來沒有像今天這樣高興，一會作文，一會賦詩，大展風采。田文那一張帶有稚氣的小臉，一副認真得像大人的樣子，不時逗得母親和侍女們捧腹大笑。誰料正當笑聲滿屋的時候，外出的薛公回來了，一步踏進宮中。

這突如其來的情況，使得田文的母親和眾侍女目瞪口呆，室內頓時鴉雀無聲。田文的母親見事情再也隱瞞不住，只好如實相告，並叫田文上前認父。

田嬰一聽，立即火冒三丈，怒斥田文的母親說：「我當時命你將其扔掉，誰讓你私自把他養大的！」

田文的母親嚇得渾身發抖，連一句話也說不出來。倒是小田文鎮靜自若，首先不慌不忙地給父親叩了個頭，然後問道：「聽說父親因為我是五月五日生的，才要把我扔掉。但五月五日生的為什麼不好，兒子想向父親討教其中的道理。」

田嬰氣呼呼地說：「五月五日生的兒女，將來長得會像門一樣高，男

會克父，女會克母！」

田文聽了繼續問父親：「我想再向父親請教，一個人的命運究竟是由上天支配呢，還是受門支配？」

田嬰聽了，無言以對。田文見父親回答不出，接著說：「父親如果以為人的命運受天支配，那就聽天由命就是了，您又何必發愁？人的命運如果受門支配，等兒子長成，再把門加高一些就是了。可是，誰又能長得像門一樣高呢？」

田嬰聽了，覺得年僅五歲的兒子講的很有道理，態度有些緩和地說：「不要再說了，既然你已經活下來，就順其自然吧！」

但田文卻未就此罷休，他決心徹底解決父親心裡的疙瘩，所以又接著問父親：「我再向父親請教個問題，兒子的兒子是什麼輩數？」

田嬰說：「剛才看你很聰明，怎麼這會又如此蠢了？兒子的兒子是孫子，誰還不知道！」

田文並不驚慌，又問：「那麼孫子的孫子呢？」

田嬰有些不耐煩了：「叫玄孫！」

田文接著問：「那麼玄孫的玄孫呢？」

田嬰沉思了一會說：「這我就不知道了。不過，你問這些有什麼用？」

田文見父親被問住了，乘機對父親說：「您在齊國當宰相，歷經三位國君。這些年來，齊國的疆域並沒有擴大多少，但您的財富卻與日俱增；再想一下，您雖然有了這麼多的財富，但您的幕僚中卻連一個賢才也沒有。使我更不明白的是，您後宅的人穿著綾羅綢緞，可一般才士，卻連粗服也穿不上；您後宅的侍妾米飯肉菜吃不完，剩下扔掉；可一般才士，卻連糟糠也吃不飽。現在，您還在念念不忘地聚集財富，大概是留給您剛才

所說的孫子、玄孫和一些連您也叫不出輩數的後代吧？但您卻忘掉了一個大問題，這就是國家的政事卻一天比一天變壞了！」

田嬰聽完了田文的論述，心中很感動，也十分高興。他萬萬沒想到自己這個只有五歲的兒子，對問題看得那麼遠，想得這麼深，真是「將門出將，相門出相」。這個有幸沒被自己扔掉的孩子，將來必定是個有用之才。

後來，田文長到十幾歲，田嬰便讓他主持家務，接待賓客。田文沒有辜負父親對他的希望，不僅把家務處理得井井有條，且處處禮賢下士，很多有才之士都願意和他結交，田文的名聲也越來越大。

田嬰死後，田文繼承父位，做了薛公。這就是歷史上有名的孟嘗君。

緹縈救父告御狀

在中國古代史上，有一個九歲的女孩子，以她驚人的膽識和毅力，步行千里，歷盡艱辛，進京告狀。她動之以情，曉之以理，感動了皇帝，為她的父親洗去冤屈。這個女孩，就是名留知古的女神童緹縈。

事情發生在西漢文帝十三年。齊國（漢代封王之國，位於山東臨淄）有個職務為太倉令的小官，名叫淳于意。他不僅為官清正，而且上知天文，下知地理，尤其愛好醫學，常於工作之餘攻讀醫術，所以，他的醫術很高明。他為人們治病，不僅不收診費，而且常常自己出錢為貧苦百姓買藥，深受當地百姓稱頌。

後來，由於他酷愛醫學，又看不慣官場上的爾虞我詐，便辭官回鄉，在家中開了個藥鋪，一心一意地為百姓看病。有一次，一個大商人的小老

婆得了急病，請淳于意治療，淳于意經過再三檢查，確定那女人患的是不治之症，而且到了晚期。當他將那女人的病情給商人講清後，又為她開了一些止痛藥，就讓他們走了。那女人回家後，不幾天就死了，商人便誣告淳于意庸醫害命。於是，淳于意被抓到官府，不容辯解，就判了肉刑。

所謂肉刑，就是在犯人臉上刺字，或割鼻子，再不就是砍左右足，這是漢朝時一種殘酷的刑罰。

淳于意被判處肉刑的消息傳到家中後，家人如五雷轟頂，驚得目瞪口呆。他的妻子和五個女兒更是哭得死去活來。淳于意在被解往長安行刑前，他的五個女兒前來送行。淳于意見五個女兒哭得眼睛都像熟透的桃子，不由得老淚縱橫，對天長嘆說：「我淳于意一生清白，不料受人誣告，竟落到如此悲慘下場！蒼天啊蒼天，好人沒有好報，這個世道太不公平了！」

他的妻子和四個女兒聽了，越發傷心。然而，他的小女兒緹縈卻停止了哭泣，大聲對父親說：「爹爹，不要傷心，我隨你一道去長安，到皇帝那裡去告狀。我就不信天下沒有說理的地方！」

淳于意頓時一怔，但停了一會，又長嘆一聲說：「唉，可惜你是個女孩，要是個男孩就好了！」

緹縈卻堅定地說：「女孩怎麼了？女媧造人，西施忍辱救越，不都是女孩做的事麼？我一定要去見皇帝！」她的幾個姐姐此時也停住了哭泣，都幫緹縈說：「我們幾個年齡雖長，但不懂詩書，五妹年紀雖小，但聰明機靈，知書達理，說不定真能感動皇帝呢！」淳于意見說，也只好同意了。

緹縈隨押解淳于意的公差來到京都長安，自去皇宮，但被侍衛攔住。緹縈便向侍衛哭訴冤屈，侍衛們被緹縈的孝心所感動，便說：「小女孩，不

是我們不讓進，只是沒有皇帝的允許，誰也不敢讓你進。這樣吧，你可以寫上一張狀紙，我們給你送上去。能不能感動皇帝，那就看你的運氣了。」

緹縈在訴狀中寫完冤屈之後，又懇切地給皇帝寫道：「即使陛下認為我父親犯有罪過，也不應該判肉刑。因為一個人死了，不能再活，砍掉了左右手足，無法再接上，割了鼻子，也不能再長出一個來，這是一種令人慘不忍睹的刑罰。再說，這種刑罰也不利於犯人改過自新，試想一個失去手足的人怎樣再去為國為民做事呢？這才是真正成了社會的廢人、家庭的罪人。為了救父親，讓他有個悔過的機會，我願意給皇家做奴隸，替父親贖罪。」她在信的最後還寫道：「以上所言，不但是為我父親求情，而且是為天下所有因罪被判肉刑的人求情，免了他們的肉刑吧！給他們一次再為國家效力的機會吧！」緹縈言真意切，漢文帝看了十分感動，當即將她召進殿上，宣布為她父親平反昭雪，並下令廢除了肉刑。

緹縈九歲長安告狀，使皇帝動了惻隱之心，不僅救了父親，也使天下所有被判處肉刑的人免去了災難。從此，緹縈上書救父的故事就被世世代代地傳了下來。

陳元方斥客無禮

陳紀，字元方，潁川許縣（今河南許昌）人。他的父親叫陳寔，出身卑微，曾為縣吏、都亭佐，歷任督郵、郡西門亭長、太丘長等職。特別在為太丘長時，修德清靜，百姓安寧，甚有政績，被稱為陳太丘。他西元一八七年去世時，弔祭者達三萬餘人，刊石立碑，諡文範先生，可見聲譽之重。

陳紀很有父風，從小以孝著稱，遠近聞名。時人常稱其字，不呼其名，故曰陳元方。他長大後曾任中郎將，遷侍中、尚書令，拜大鴻臚。他

的弟弟陳諶，字季方，也從小以德著稱，與父陳寔、兄陳元方齊名，時稱「三君」。豫州百姓為紀念他們，競相繪三人像。

這個故事發生在陳元方七歲那年。

漢桓帝延熹九年，即西元一六六年，第一次黨錮之禍發生，河南尹李膺等二百多人被打入獄中，陳太丘受到牽連，也被收入獄中。後黨錮解禁，陳太丘被釋放回鄉，心灰意冷，決心再不當官了。桓帝多次派人請他再次入朝，並以高位相許，他都堅辭不就。

陳太丘回鄉後，讀書會友，甚是清閒自在。

一次，陳太丘與一個朋友約好，準備一同出門，約定上午那位朋友到陳太丘家中。陳太丘為守信約，自早飯後便在家中泡好茶，一邊自斟自品，一邊耐心等待。

一個時辰過去了，陳太丘出來望望，朋友未到；兩個時辰過去了，他又走出村口望望，朋友仍未到。陳太丘心想：「怎麼還沒來呢？難道他忘記了麼？不會的，他的記性特別好。難道有什麼急事，脫不開身麼？那也該來說一聲呀。即使自己不能來，也該讓別人來說一聲才對。再等會吧，他絕不會失約的。」

兩個時辰過去了，中午已過，那位朋友仍然未到。陳太丘對他的長子陳紀說：「元方，時間到了，你那位叔叔還沒來，我不能再等，只好先走了。等他來後，你告訴他，請他後邊趕來就是了。」

陳太丘說罷，簡單地吃了點飯就匆忙出門了。

陳太丘走後，又過了兩個時辰，直到下午半晌，那位朋友才急匆匆地來到陳太丘家中。

此時，陳元方正在門外玩耍，那位朋友問道：「你父親呢？」

陳元方答：「家父從早飯後就泡茶等您，到村口看了您好幾趟，一直等到午飯後您還沒有來，便簡單吃了點才走的。家父走時留下話說，請您來後趕去。」

那人一聽，勃然發怒說：「你父做事好無道理，約好了一同前往，怎麼可以扔下別人，自己先走？這哪裡是人做的事呢？」

陳元方見那人來晚了，不但沒有自責，還辱罵自己的父親，也不由得火大起來，對其怒斥說：「您這位叔叔怎麼如此不講道理？您和我父約好太陽正中以前準時來到，可是您沒有按時來，這說明您自己不守信用。如今，您既失約，不但連一句道歉的話沒有，反而去責備別人，並且還當著朋友孩子的面辱罵他的父親，就更是一種沒有禮貌的行為。虧您還是個讀書人呢，難道孔老聖人就是這樣教導您的麼？」

陳元方一席話，說得那人張口結舌，無言以對，最後，終於面紅耳赤地走下車來，要和陳元方好好談談，以表歉意。但他未料到陳元方說完之後，一甩袖子，進門去了，再沒有理他。

陳元方巧對袁公

陳元方的父親陳寔，在當時是一個很有學問的人，特別是辭官後，專門習書修文，這對陳元方有著重大影響。陳元方書讀得很精，也善於辭令。每當他父親的朋友來訪，賦詩誦文，切磋討論的時候，他時常旁聽，也時有插言，而且常有獨到見解，令友人大為驚奇。時間一久，父親的那些文朋書友，都很喜歡他，還常常有意識地提出一些問題，聽聽他的見解。

陳元方十一歲那年的一天，一個被稱為「袁公」的學者前來拜訪。因當時陳外出未回，陳元方熱情地接待了他。

袁公久聞陳元方品學兼優，只是因為每次都是匆匆而來，匆匆而去，從沒有來得及和他細細交談過。今日，袁公見陳寔外出，不知何時回來，便要離去，可陳元方卻說，父親很快就回來，熱情地將他讓到客廳，泡了茶，並主動地陪著他說話。陳元方的這一系列舉動，給了袁公一個很好的印象，便在客廳內坐了下來。

袁公讓陳元方坐到自己的身邊，拉著他的手說：「你父親現在不做官，和過去相比，算是『門前冷落車馬稀』了，心中還愉快嗎？」

陳元方回答說：「我父親一向有志學問，不願為官，後來出仕，也是迫不得已，並常常以公務繁雜，沒有時間讀書而感到不安。現在辭官回鄉，專修學問，如願以償，其悠然自得之感，那是不言而喻的。」

袁公又問：「你父親在太丘做官，得以『太丘』為名，說明當地人民很擁護他。那麼他在太丘究竟為百姓做了哪些好事，你清楚麼？」

陳元方說：「父親做過的事，特別是有關他政績方面的事，是從不願向人提起的。不過，他辭官後，從太丘來看望他的人不少，其中有名人、富戶，也有平民百姓。從他們的口中，我對父親在太丘的情況也略知一二。聽他們說，我父親在治理太丘時，大致做了兩個方面的工作：一是還給了太丘一個公道。對仗勢欺人的土豪劣紳，輕者批評教育，重者繩之以法。對無權無勢、善良受欺的平民百姓，則關心他們，保護他們。二是緝匪懲盜，維護社會治安，創造了一個安定的環境，使百姓安居樂業，專務農桑。這樣，時間一久，太丘人就只知有「陳太丘」，而忽視了他的真實名字了。」

陳元方見袁公聽得那麼認真，那麼興致勃勃，不由把話題一轉，又說：「這也和您一樣，過去做鄴縣縣令時，愛民如子，懲惡揚善，聲譽鵲

起，老幼敬重，鄢縣百姓不也是只呼『袁公』而不呼您本名了嗎？」

袁公聽後十分高興地說：「說得好，說得好！我和你父親之所以成為至交，也許關鍵就在於此吧！」

袁公心想，百聞不如一見。過去對陳元方的名聲只是耳聞，今日一見，果然機警靈透，是個難得的人才。於是，他進一步測問道：「元方，我再問你一個問題，不知你能否回答？」

陳元方知道袁公學識淵博，為人正直無私，從心中敬佩。現見他有意考問自己，也想乘機向袁公請教，於是謙虛而又禮貌地說：「侄兒才疏學淺，孤陋寡聞，很想請伯父指點。但不知您提的是何問題，請賜教！」

袁公微微一笑問道：「你父在太丘，我在鄢縣，理政安民，想法一致，方法相似，政績不差上下，聲譽難分高低，這究竟是你父親從我那裡學來的呢，還是我從你父親那裡學來的？」

陳元方一聽，不由得一愣。但他略一思考，便已胸有成竹，於是也笑著道：「伯父，這個問題侄兒不敢妄議。不過，小侄想從側面談點看法，不知伯父能否應允？」

袁公說：「請講。」

陳元方從容說道：「西周有公旦，春秋有仲尼，都是當時著名的政治家。他們倆一先一後，生於不同的時代；一東一西，處在不同的地區。但是，他們的政策都是把百姓的利益放在第一位，都深受百姓的愛戴和擁護。但是，卻從來沒有人認為孔子的治理方法是從周公那裡學來的，也更不會說周公的治理方法是從孔子那裡學來的。伯父，您以為我這個比喻對嗎？」

袁公聽了，高興得一下子將陳元方摟在懷中說：「好孩子，你的回答完全正確，真是難為你了！」

鄭均十三勸兄廉

鄭均，字仲虞，東平任城（今山東濟寧東南）人，東漢大臣。漢章帝重其品德才學，初為公車（漢代官署名。臣民上書與徵召皆由此官署接待）特徵，後晉尚書。為官期間，他潔身自好，造福於民，深受百姓歡迎。後辭官歸家，被章帝賜予「終身尚書俸祿」。

鄭均有個十三歲勸兄清廉的故事。

鄭均自幼失去父母，和哥哥鄭瑤一塊生活，鄭均喜歡讀書，也許受哥哥做官的影響，好讀史書，尤其對《老子》更是愛不釋手。

哥哥鄭瑤在縣衙當官，是個專門負責處理各種案件的小官。常言道：「縣官不如現管」，別看鄭瑤的官不大，由於負責具體案件的處理，一些人為了打贏官司，常常送禮賄賂。鄭均每看到這些，便覺心中不安，生怕哥哥「吃了人家的嘴軟，拿了人家的手短」，斷案不公，遭人唾罵。為此，他常以史書上的例子，勸哥哥引以為戒。但他的哥哥對他的勸告，以為是書生之見，往往一笑置之，對禮物照收不誤。

有一天，鄭均正在書房讀書，從窗戶中見僕人又領著一個中年婦女到哥哥房中去了，他料定是前來送禮的，便尾隨而去，躲在窗下。

鄭均隔窗往裡一看，見哥哥拿著一個金鐲，前看後看，上瞧下瞧，一會用牙咬咬，一會用手敲敲。

那婦人道：「老爺別再檢驗了，這是祖傳寶物，不會有假。」

鄭瑤檢驗之後，臉上露出了一絲得意的笑容，然後又收斂笑容，裝出一副為難的樣子，嘆了口氣，對那婦人說：「唉，不是我不肯幫忙，只是你夫傷人性命，理當斬首；若說成誤殺，又證據不足。不過，你既然找到

我，這個忙是要幫的；但能不能幫得上，就看你的運氣了。」

那婦人一聽，立即趴在地上痛哭流涕說：「這案子由您經手辦理，忙肯定能幫的，務請老爺開恩！」

鄭瑤沉思了一會，又對那婦人說：「別哭了，我盡力而為就是了，你先回家去吧！」

待那婦人走後，鄭均立即進屋責問鄭瑤說：「哥，你又收人家的東西了？這可不好，你身為地方官員，應當為百姓秉公辦事。可你不是這樣，誰送的禮多，誰送的禮好，黑的也能變成白的了；否則，白的也變成黑的了。我真為哥哥的行為感到羞恥！」

鄭瑤不高興地說：「你又來多管閒事了，一個小孩子懂得什麼？快回去讀書，我的事不用你管！」

鄭均不肯相讓，又說：「這事我是管不著，可你供我讀書又是為了什麼？難道就是為了讓我和你一樣，去做貪官嗎？與其這樣，我寧願不讀書，也不願去做昧良心的事！」

鄭瑤見弟弟說得如此尖銳，不由得惱羞成怒道：「你有良心，是哥哥沒良心；既然這樣，你就給我滾出這個家去，滾得越遠越好！」

鄭均流著淚說：「好吧，既然哥哥聽不進我的話，那我也只好離開了！」

鄭均說完，回到自己房中，簡單收拾了行裝，給哥哥留下個字條，便出門走了。

鄭均第一次獨自出門，人生路不熟，到哪裡去呢？

他走了一村又一村，過了一鎮又一鎮。天黑了，又沒有賣東西的，他又渴又餓，再也走不動了。他見一家大門前的臺階光滑乾淨，準備坐下來

休息會再走，不料一坐下來，便呼呼地睡著了。

待他醒來的時候，睜眼一看，見自己躺在床上，身邊有兩位老人，忙要下床致謝。二位老人笑著說：「別起來，醒來就好，快吃點東西吧！」

鄭均在床上坐著吃過飯後，對老人說：「小可（庶民對官員，或後輩見尊長的自謙之詞）父母雙亡，流浪到此，我願給您幹活，不要工錢，請二老收留我吧！」

老人聽了，高興地說：「孩子，我們身邊沒有子女，你如果願意留下，我們是非常高興的。」

從此，鄭均便在這家住了下來。

鄭均每天早起幹活，侍奉老人，十分勤快；晚上，在燈下讀書，很是認真。老人對鄭均，像對待親生兒子一樣，又是給他買書看，又是給他買衣穿，很是疼愛。

鄭瑤原本也是很喜歡弟弟的，事過之後，見弟弟獨自出走，心中也很後悔，便派人四處尋找，但始終未有音訊。這時他細細想來，又覺得弟弟所言有理，不正之風有所收斂。

正是這年，漢章帝劉即位，整頓綱紀，打擊危害百姓的貪官汙吏，一大部分官員被罷官免職，嚴重的還被判處死刑。

鄭瑤雖未被觸及，卻也是嚇了一身冷汗，覺得幸虧弟弟及時提醒，否則，後果不堪設想。於是，他更加思念弟弟。

三年後的一天，他正在房中看書，忽見弟弟來到房中。兄弟相見，各有感慨，抱頭痛哭。而後，弟弟講了出走後的情況，拿出一個包袱對哥哥說：「這是我三年的工錢，雖不算多，但是，是我自己工作換來的，用著心裡踏實啊！」

鄭瑤流著淚說：「弟弟，哥哥現在一切都明白了，我今後再也不會幹昧良心的事了！」

從此，鄭瑤嚴格要求自己，秉公斷案，拒收賄賂，受到民眾稱讚，終於變成了一個清官。

吳祐十二析吉凶

吳祐，字季英，東漢陳留長垣（今河南長垣東北）人。小時曾隨父至南海，父死後放牧於澤中。四十歲才開始做官，頗有政績。後見朝政腐敗，辭職回鄉，躬耕自給，講授經書，不再復仕，至九十八歲卒。

吳祐自幼喜歡讀書，遇事善於動腦，深思熟慮。正是這一特點，在他十二歲那年，幫助父親避免了一場殺身之禍。

吳祐的父親叫吳恢，官為廣東南海太守。

南海這個地方，遠離中原，盛產黃金、寶石，民眾富庶，社會安定。吳恢見政事不多，想乘此抄寫經書，以累積資料。於是，他命人砍些青竹，破成竹簡，沒多長時間，竹簡便堆滿了書房。

吳祐十二歲，就熟知史書，常與父親談論學問。他見書房中那麼多竹簡，不知有何用處，就問父親。吳恢得意地說：「現在南海太平，民眾富庶，政事不多，我何不趁此機會抄寫經書？等我任期屆滿，經書也已抄寫完畢，運往家鄉，存放起來，豈不是價值連城的財富？也不枉我到南海任職一場！」

吳祐說：「這一屋子竹簡若都抄成經書，那怎麼運回去呢？」

吳恢說：「這好辦。先把寫好的竹簡打成捆，然後分別裝入箱內，再

把箱子裝上馬車，不就運回去了！」

吳祐問：「那得裝多少箱子和幾輛馬車呀？」

吳恢說：「恐怕得上百箱，馬車也得裝十輛。」

吳祐失色道：「如果是那樣，禍事就要來了！萬萬不能這樣做！」

吳恢見兒子如此說話，不由得一驚，急忙問道：「快說來聽聽，我抄經書能有什麼禍事呢？」

吳祐說：「據我所知，南海這個地方盛產黃金和珠寶，所以，是個肥缺。那些當初推薦您來做太守的大員們，認為早就該給他們送去一份厚禮了，可是您至今未辦，他們能對您滿意麼？」

吳恢生氣地說：「我一不貪汙，二不受賄，他不滿意又能怎樣？這和我抄書又有什麼關係？」

吳祐道：「大有關係，弄不好就會招來殺身之禍！」

吳恢笑著說：「這是根本不可能的事。」

吳祐嚴肅起來，認真地說：「您把抄好的經書裝入箱內，上百箱，十幾輛馬車往回運，萬一別人認為您裝的不是經書，而是貪汙來的金銀珠寶怎麼辦？」

吳恢聽了，也有些緊張，不過沉思了一會，又放鬆下來說：「真的假不了，假的真不了，打開一看就完全清楚了。」

吳祐說：「沒那麼簡單。古人云：『欲加之罪，何患無詞？』當初開國元勛、伏波將軍馬援，從南方把優質薏薏種子運回一車，準備在北方推廣種植，就被人誣為是受賄珠寶。在他死後，還有人對他揭發誣陷，馬援能說得清麼？王陽平時出門，喜歡駕精美的馬車，穿華麗的衣服，遭人嫉

妒，造謠說他以受賄手段撈取不少黃金，害得他有口難辯。您現在說箱內裝的是經書，那些對您懷恨在心的人，如果硬說是黃金、珠寶，您能向誰說得清？誰又會為您作證？若皇帝聽信讒言，要治罪於您，您就是全身是嘴也難以說清啊！所以，我認為像這種易被嫌疑的事是絕不可以做的！」

吳恢聽了，嚇得冷汗淋漓，臉色都變了。當他心情平靜後，無限感慨地摸著兒子的頭說：「好兒子，虧你想得深遠，否則，後果真是不堪設想。看來，我們吳氏家族中，不乏季札（春秋時吳王弟，以多次推讓君位而得留賢名）那樣的人才啊！」

沈子正智訓華歆

沈友，字子正，出生於西元一七六年，吳郡（今江蘇蘇州）人。喜讀經書，善於义辭，兼習武功，時人稱他筆、舌、刀三者皆絕。小時有神童之稱。孫權當政時，納他為謀士。

東漢靈帝中平年間的一天，新任議郎的華歆（後為三國時期魏國軍師，文帝時任相國），坐著華麗的馬車，帶隨從數百人，走在吳郡的大街上，前呼後擁，很是威風。

華歆，字子魚，平原高唐（今山東禹城）人，出生於西元一五六年，很有才學，初為郡吏，後為豫章太守。因為清正廉潔，深受民眾愛戴，被提拔為議郎。此時，他因公務來吳郡與孫策議事，自認為是朝廷派來的命官，神態很是傲慢。

華歆正驅車行走，忽有侍從來報告：「大人，前方迎面來了一個少年，沒有讓路！」

　　華歆發怒說：「吳郡人好沒禮貌，區區一個少年，見了本官竟不讓路，速交官府治罪。」

　　那侍從又低聲說道：「稟大人，如果是個普通少年，奴才也不用報告，早就把他轟走了。因為他就是那個被稱作神童的沈友，擅長辭令，現今敢迎面而來，想必來者不善，所以才請大人定奪。」

　　華歆對沈友也早有耳聞，知道此人不僅知書達理，而且博學多才，今聞沈友前來，也想會他一會。於是，華歆讓人停住車馬，掀開布簾，對其大聲呼道：「迎面來的可是神童沈友麼？快快過來，讓我見識見識，看你究竟有多大學問。」

　　沈友聽說華歆來吳郡後，竟傲慢自大，目中無人，很想找機會教訓教訓他。因此見到他的車馬，並不讓路，有意迎面而行。今見華歆對自己大呼小叫，沒有一點禮貌，頓時心中更加有氣，神態嚴肅地對華歆道：「君子會友，應該以禮相待，而今你坐車直呼，這哪是一個有學問人的行為？而且你現為朝廷命官，竟如此不知禮儀，我實在為你感到羞愧！」

　　華歆見沈友當著眾人的面，如此大聲訓斥自己，便想發作。但轉念一想，沈友剛才那幾句話句句在理，無懈可擊，自己的做法也確實不對，如果再發火，會引起他更激烈的反擊，那將自找沒趣，也有失身分。

　　華歆畢竟也是個聰明絕頂的人，待沈友的話一落，便急忙走下車來，對沈友重新以禮相待說：「剛才實為下官魯莽了，請你不要見怪！」

　　沈友見此，急忙還禮道：「大人說哪裡的話，小民剛才的一些話，也有些過分了，大人你不計較，小民已是萬幸了。」

　　華歆高興地說：「好個神童，真是百聞不如一見。走，快快和我上車，到驛站定要和你一醉方休！」

曹植妙辯遠近

曹植，字子建，出生於西元一九二年，沛國譙（今安徽亳縣）人，曹操第三子。初封平原侯，後遷臨淄侯。由於他才華出眾，曹操很喜歡他，數次想立他為王太子（曹操時稱魏王）。文帝曹丕篡漢稱帝后，立曹植為鄄城王，明帝時改封陳王。

一提起曹植，人們便會想起他七步成詩的故事。曹植自幼聰明伶俐，博學多才，當時已在天下名士中很有影響。後代更有一種說法：「天下的才學有十斗，曹植一個人便占了八斗。」這種評價雖說有些誇張，但他的才氣確實使許多人傾倒。

一年中秋節的晚上，曹操帶領妻子兒女在後花園中飲酒賞月。他的幾個兒子知道父王最喜歡即席作詩吟賦，便你一首我一首地作了起來。平時，要說起詩的才分，那是要數曹植最高了。然而今天，曹植卻沒有作詩的興致，只是一味地稱讚哥哥和弟弟們的詩。曹丕說：「三弟，平時最受父王稱讚的，是你作的詩，為什麼今日月色這麼好，你不來一首呢？該不是你瞧不起我們吧？」

曹植說：「不是的，我也想作，只是一些好題目都讓你們搶去了，我還作什麼呢？這樣吧，今日大家都這麼高興，就請父王出個上聯我對下聯吧！」

眾兄弟一聽，都表示贊同，可是曹操卻說：「你想以聯對奪魁呀，今天別想了。我給你提出一個問題，看你能否回答。」

曹植說：「那就請父王出題吧！」

曹操一抬頭，望著空中一輪圓月，突然向曹植說：「你說月亮和外國相比，誰遠？誰近？」

眾兄弟怎麼也沒想到父王會提出這樣一個問題，都覺得太好回答了。稍有一點自然科學知識的人，也會回答：月亮遠，外國近。

不料曹植想了想卻說：「月亮近，外國遠。」

眾人都被曹植的回答驚呆了。

曹操又問：「根據是什麼？」

曹植不慌不忙地說：「月亮，我們抬頭就能看見，所以說它近。外國我們現在看不到，所以說它遠。」

曹操聽了，很高興，稱讚他回答的很有道理。但是，曹丕和其他幾個兄弟聽了，卻迷惑不解。然而，父王已經表態了，誰還敢說不對呢？

第二年中秋，正好有幾個外國朋友前來拜訪曹操。曹操為了對友人表示誠摯的歡迎，特在後花園設宴招待。席間，外國友人都知曹操和他的兒子們作詩有名，便提出要欣賞曹氏父子即席作詩的才華。

曹操想了想說：「即席吟詩，是我中華兒女的特長，何足為奇？我今卻想出個題目，以使我們中外朋友共展才華，豈不更加別具風采？」

幾個外國朋友當即表態說：「如此也好，但不知魏王要出個什麼題目？」

其實，幾個外國朋友要曹氏父子即席吟詩，是想投其所好，以取得曹操的歡心，而曹操呢，是想趁此機會，進一步展現中華民族的聰明才智，以使外國人更加佩服中國人。對於題目，他已胸有成竹，仍出去年中秋節時的那個題目，如果他們回答的還不如一個中國小孩，豈不是更加服氣了麼？

想到這裡，曹操微笑著對幾個外國朋友說：「貴國和月亮相比，哪個離我們遠，哪個離我們近？」

幾個外國朋友有說月亮遠的，也有說他們的國家遠的，各持己見，相持不下。

過了一會，曹操又對他們說：「各位別爭了，現在聽聽我三兒子回答好嗎？」

幾個外國人早就聽說曹植智慧過人，今日也很想一觀風采，遂異口同聲地表示同意。

曹植很明白父王的心思，知道他是想讓自己在外國人面前露一手，於是他很有禮貌地對他們說：「以我的看法，是貴國近，月亮遠。」

曹操一聽，心中大驚，很生氣地對曹植說：「同樣一個月亮，去年中秋節你說月亮近，外國遠，怎麼今日又說外國近，月亮遠了？」

曹植解釋說：「去年和今年不同。這是因為，去年月亮能看見，而外國看不見，所以說外國遠，月亮近。今日呢，就月亮而言，雖然抬頭就能看見，但是它只可望，而不可即；外國呢，去年和我們既沒有來往，也看不見，豈不是遠麼？今年就不同了，外國和我們不但有來往，而且還有思想的交流，這不是近了麼？」

客人們聽了，沒有不誇曹植聰明的。

曹操自從把漢獻帝迎到許昌，挾天子以令諸侯，便開始策劃南征北戰統一天下的大業。在這過程中，他常常利用各種時機，考察選拔將才，為他在統一大業中效力。

有一年的中秋節，天高雲淡，氣候溫和。曹操為與眾將士過一個愉快的節日，便在這天一早，帶領兒子曹丕、曹植和五位將領，去狩獵場打獵。

所謂狩獵場，是當時封建統治者為了遊樂，在生活著各種動物的山林

中，圈出一塊場地，規定每年中秋之後，皇親國戚及三公大臣，都可隨皇帝到這裡行獵，而平民百姓皆不准入內。

曹操來到狩獵場，對眾人說：「本王今日高興，諸將士射獵，不僅所得獵物全部歸射者所有，而且對射獵最多者重賞！」眾將士一聽，無不躍躍欲試。特別是那五位將軍，其中有都尉許褚、司金中郎將王修、振威將軍孫觀、中軍校尉史渙、典農中郎將任峻，更想乘機露上一手，以討魏王歡心。恰在這時，一隻梅花鹿從樹林中穿過，向正西山中飛奔而去。在其他將士還未反應過來的時候，五位將軍箭已離弦，「嗖嗖」射出，只見那鹿一聲哀鳴，便倒在了地上。

眾人正欲呼嘯而上，去取那鹿，曹操突然一聲令下，眾皆立於原地，無一再敢前往。然後，曹操大聲對眾將士說：「諸位將士聽清，今日出獵，旗開得勝，可喜可賀。但是，五位將軍射出五箭，誰能說出那鹿身中幾箭？射中何處？」

眾人聽了，紛紛猜測。有說中兩箭的，有說中三箭的，還有說中五箭的。但對射中哪個部位，卻無人敢斷定。

曹操見眾說紛紜，即令暫止，回頭問世子曹丕說：「你有何看法？」

曹丕說：「我想可能只中一箭，至於射中哪個部位，也是一時難於斷言。」

曹操又問三兒子曹植：「你的意見呢？」

曹植說：「我看雖有五箭射出，而只有一箭射中，且這一箭只有射中咽喉，才可立時而斃。」

曹操笑了笑說：「好，那鹿如只中一箭，我就封箭主為『神射手』，如中一箭以上，凡中者都予重賞！」

曹操說完，立即派出兩個人前去驗箭取鹿。那兩人將鹿取回後，大聲笑著說：「三公子說對了，只中一箭，正中咽喉！」

眾將士頓時歡呼起來，無不稱讚曹植才智過人，只有曹丕沉默不語。

曹操接過箭來一看，又對眾人說：「五箭齊發，只中一箭，諸位猜猜看，射這一箭的是哪位將軍？」

有的說是孫將軍射中的，也有的說是王將軍射中的，還有的說是任將軍射中的。」

曹操又問五位將軍：「你們自己說是誰射中的？」

任將軍說：「我看是孫將軍射中的。」

王將軍說：「我猜是孫將軍或許將軍射中的。」

史將軍說：「我以為是許將軍射中的。」

孫將軍說：「是我射中的。」

許將軍說：「反正我沒有射中。」

曹操笑著對曹丕道：「他們五人中有三人說對了人，其中包括王將軍，你能斷定是誰射中的麼？」

曹丕正為自己的才智不如曹植而煩惱，故五位將軍說的什麼，他根本沒有聽到，又怎麼能根據五位將軍的意見去斷定呢？見父親問他，只好無奈的搖了搖頭。

曹操明白曹丕此時的心情，不由得狠狠瞪了他一眼，又轉向曹植說：「你的意見呢？」

曹植說：「這神射手是非孫將軍莫屬了。」

曹操高興地說：「植兒說對了。我現在宣布，封孫將軍為『神射手』，

賞一萬錢！」

眾人對曹植的回答仍沒反應過來，遂問曹植說：「三公子根據什麼斷定是孫將軍射中的？」

曹植說：「其實，我父王已經說出是誰射中的，只是諸位沒注意分析罷了。第一，五位將軍用的箭，都是他們個人的箭，箭上有名字，所以我父王一看就知道是誰射的了；第二，父王說五位將軍中有三人說對了，那麼這三位必然都提到了射中者的名字，而只有孫將軍被三位提到了，其中包括他自己；第三，父王又說其中包括王將軍的意見是對的，王將軍提到了孫將軍和許將軍兩個人，而許將軍又把自己排除了，這不更清楚地說明是孫將軍射中的了麼？」

眾人聽了，對曹植的才智越發敬佩。

曹操不僅是中國歷史上一位傑出的政治家和軍事家，還是一位著名的文學家。他「登高必賦，及造新詩，被之管弦，皆成文章」，即使行軍作戰，稍有閒暇，便吟詩作文，常常通宵達旦。他曾以賞重金為孔融收集遺散了的文章；也曾派遣使者，帶著金、璧、布帛和大量貴重物品去匈奴，贖回流落十二年的女文豪蔡文姬。正是由於曹操如此擅長文學、重視文學，故海內文人學士紛紛來歸，以鄴城為中心，逐漸形成了一個龐大的文學團體。

在社會和家庭的影響下，曹植從牙牙學語起，就開始學詩誦文。加之曹植本身天資過人，聰明好學，史載其十餘歲時，不僅已經誦讀了數十萬字的詩論及辭賦，而且寫出了大量的詩歌和各種體裁的文章。在鄴城除「建安七子」外，還有楊修、吳質、丁儀等人，都是當時有名的詩人和文人，很令曹植羨慕。所以，曹植每有得意之作，都主動地拿給他們看，並

虛心地請他們幫助修改指點。這些詩人和文人看了曹植的詩文，感到不僅詞采華美，而且情真意切，無不為他的智慧和才華拍手叫絕。

曹操由於經常在外征戰，很少了解三兒子曹植的進學情況，所以每次聽到別人稱讚曹植的智慧和才華時，總是半信半疑。這一日，曹操外出征戰回到鄴城，又聽到有人稱讚曹植，便把曹植叫來說：「不少人都在稱讚你的詩文寫得好，去拿些來讓我瞧瞧！」

曹植知道父親的文學造詣深厚，要求也甚嚴格，便立即挑選了一批自己比較滿意的作品，拿去給他。曹操看了之後，不由得大吃一驚，心想：曹植年只十二三歲，能寫出這麼好的詩文麼？說不定是抄襲來的吧？

想到這裡，曹操便將曹植叫來，故意動怒說：「你小小年紀，怎麼學會撒謊了？快快說來，你這些文章，是不是別人替你作的？是誰替你作的？快快如實說來！」

曹植笑著說：「父王說哪裡的話，兒子作文賦詩，向來是有感所思而就，怎麼會找人替作呢？即使作品能替，文中所表達的感情能替麼？放心吧，這些都是孩兒的作品，父親如不相信，可當面測試嘛！」

曹操見曹植回答得如此坦然自若，也就深信不疑，越發從內心喜歡曹植的才華，並有意讓他將來做接班人。

西元二一○年冬，銅雀臺（曹操所築三臺之一，其他兩臺是金虎臺、冰井臺）落成。曹操登臺設宴，大會群臣。為了活躍宴會的氣氛，他讓武將當場比武，文官即席賦詩，各顯其才。他的幾個兒子以為今日父王不會點他們的將，便放量豪飲。不料，在宴會即將結束的時候，曹操突然對他們說：「我現令你們幾個，以臺為題，各作一賦，為臺增輝。」當曹丕等人毫無心理準備，聞言正在冥思苦想的時候，曹植卻一揮而就，交上了第一

篇《銅雀臺賦》。

曹操看後，感到曹植所作《銅雀臺賦》，不但構思精巧高人一籌，更以詞美句絕而使他的幾個兄弟望塵莫及。從此，曹操對曹植更是另眼相看了。

此時，曹植年只十七歲。

由於曹植才華出眾，曹操曾多次流露出讓他做太子的意思。但是後來，又逐漸感到，曹植雖有才華，但常感情衝動，喝酒誤事，而且很少關心國家政治。與其相比，曹丕卻性格內向，城府深沉。他文才雖不如曹植，但對政事時刻關心，而且謹慎持重，可委以重任。

所以，在西元二二〇年，曹操去世前留下遺言，讓曹丕接替了他的位置。曹丕當了魏王后，因嫉妒曹植的才能，想殺掉曹植，才逼出了曹植的力作七步詩《煮豆燃萁》。詩中云：

煮豆燃豆萁，豆在釜中泣。
本是同根生，相煎何太急。

曹丕被詩中的情意所感動，動了惻隱之心，方給了曹植一條生路，封其為東阿王，卻禁止他再回京師。曹植為東阿王后，不久又改封陳王，曾多次請求任用，終未如願，於西元二三二年憂鬱而死。因死後謚思，故世稱陳思王。有《曹子建集》傳世。

信都芳不聞雷聲

信都芳，字玉林，河間（今河北獻縣）人。他精通算術，構思巧妙，曾將「渾天美器」、「地動銅鳥」、「漏刻候風」等諸巧事撰寫成書，並繪上

插圖，名為《器準》；又著有《樂書》、《遁甲經》、《四術周髀宗》傳世。

據史書記載，信都芳從小愛好讀書，尤喜算術，還愛思索一些稀奇古怪的問題。他思索問題，遇有難點，可以一連幾天廢寢忘食，母親喊他吃飯也聽不見。直到母親來到跟前，用手拉他時，方才知道母親在叫他。吃了沒幾口，他便又回到了書房中繼續計算，從晚上直到天明。有一天上午，他正在計算一個鄰人托他求解的問題，母親讓他去買些鹽來。他應了一聲，只得出門。他一邊走，一邊思考，因為過於專心，竟撲通一聲掉進路邊的一個水坑。不料這一跤，反倒讓他突然想到了解開那個難題的關鍵。他不知疼痛，興高采烈地從坑中爬出，顧不得渾身泥水，一口氣跑到托他的那人家中，說出了結果。鄰人見他如此，非常感動，要送給他報酬，被婉言謝絕；繼而留他吃飯，他才猛然想起來，笑著對那人說：「我得走了，母親還在家等著我買鹽做菜呢！」

事後，別人問他，怎麼大白天會跌進水坑？他回答說：「我只要一解起算數題目來，就是轟轟的雷聲，我也聽不到呀！」

何妥戲答顧良

何妥，字棲鳳，西城郫縣（今屬四川）人。他初在南梁做官，後為北周太學博士。隋朝建立後，任國子博士。他留下的著作很多，有《周易講疏》、《孝經義疏》、《莊子義疏》、《封禪書》和《樂要》等，另又有文集十卷傳世。

何妥出身商人家庭，他的父親何細胡做買賣來到四川郫縣，成為巨商，號稱四川大賈。

何妥雖然出生在這樣一個家庭，但不喜銀錢，卻愛讀書。他八歲時便已讀完《詩經》、《論語》和《左氏春秋》，亦讀過《易經》、《孝經》和有關封

禪方面的書。他所掌握的知識，就連一些成年人也比不上，方圓幾十里，沒有人不佩服。有一天，何妥的鄰人中有人對他開玩笑說：「在十里八鄉之內，你的才學，沒有人能比得上；可要是在國子監，那裡最差的恐怕也比你強。」何妥把這話記在心中。

不久，何妥來到國子監。這時，剛講完課的博士助教顧良正走出來。他看見一個八九歲的孩子站在教室窗外，覺得奇怪，便上前詢問。顧良知道他就是何妥，非常高興：「原來你就是大名鼎鼎的神童何妥，今日一見，果然有風度。」

何妥見顧良稱讚他，有些不好意思，遂謙虛地說：「先生不要取笑，我只不過徒有虛名。剛才聽了您的講解，才真是受益匪淺。」

顧良見何妥出語不凡，便想考考他的應變能力。於是，顧良故意問道：「何妥，你這姓何的『何』字，是荷葉的『荷』還是河水的『河』呢？」

何妥聽了，知其用意，便笑著答道：「博士問得好。不過，我倒想先請教博士，您的姓氏『顧』字，究竟是眷顧（關懷照顧的意思）的『顧』，還是新故（死的意思）的『故』呢？先生把這個問題講清楚了，你向我提的問題就會迎刃而解！」

然後，兩人都面帶愧色，灰溜溜地告辭而去。

李德裕不答宰相

李德裕，字文饒，出生於西元七八七年，趙郡（今河北趙縣）人，是唐朝後期著名的政治家，博學多識，膽略過人，曾兩度出任宰相，甚有名望。

李德裕出身名門。他的祖父李棲筠，通曉經史，在唐肅宗時任御史大

夫。他的父親李吉甫，未成年便做了太常博士，先後兩次出任宰相。

在這樣一個家庭環境中，李德裕無論從性格上、愛好上都受到了很深的影響，幼有壯志，刻苦好學，喜讀史書。他七八歲時，便讀完了《春秋》、《史記》、《漢書》、《後漢書》，尤其對《後漢書》和《左氏春秋》更為精通。在性格上，李德裕也和他的祖父、父親一樣，遇事善於思考，穩重深沉，不愛與人交流，把全部精力用在學問上。

大約在李德裕八九歲時，因博覽群書、文才超群而名聲大震，被稱為神童。當時，朝中有一個叫武元衡的宰相，不但學識淵博，才華出眾，而且治國有績，在朝中德高望重；並且以寬宏大度，愛才、薦才受人崇敬。武元衡和李吉甫同朝為官，聽到李吉甫有個兒子，因有奇才而被稱為神童，便想單獨見識見識，一睹神童風采。

有一天，武元衡派人把李德裕叫到府中。李德裕來到相府，首先向武元衡施禮問安，然後恭敬地站在一旁，待得到允許後方才就坐。武元衡見李德裕不僅生得眉清目秀，舉止莊重，而且十分謙恭有禮，心中已是喜歡，便親切地先問了一些家中的情況，李德裕都一一做了回答。不料，當武元衡問起他的學習情況時，卻出現了一個意想不到的場面。

武元衡問道：「孩子，聽說你讀書很用功，平時喜歡讀的是什麼書？」

李德裕正襟危坐，沒有言語。

武元衡以為他心情緊張，或是讀了些壞書，不敢貿然回答，便又和顏悅色地開導他說：「說說看，不要怕，就是說錯了，我也不會怪你的！」

李德裕仍然面無表情，低頭不語。

武元衡失望了，便吩咐家人立即把李德裕送了回去。

第二天，武元衡見到李吉甫，把他召見李德裕的過程說了一遍，然後

用帶有諷刺的口氣嘲笑說：「都說你那裡子是個神童，可我昨天一見，就連平時最愛讀的書是什麼也回答不上來，這不是『神』得發呆了嗎？像這種『神』法，還不如不神的好。」

李吉甫聽了，又羞又驚。他回到家中，一看到兒子，便火冒三丈地責問道：「你怎麼得罪宰相了，讓他說你又呆又笨？」

李德裕則微笑著對父親說：「請父親不要生氣，其實昨天那種場面，完全是宰相造成的。你想，他身為宰相，關心的應是國家大事，要問的話，也理應問我在治理國家方面的知識；但是，昨天他卻問我愛讀什麼書。讀書的事，是禮部和太學官員管理的範圍，而他身為當朝宰相問這些小事，豈不有失身分？所以，我沒有回答他。」

李吉甫聽了兒子的解釋，感到很有道理，遂轉怒為喜，並向武元衡作了說明。武元衡聽後，很感羞愧地說：「這的確是我的過錯。」

事後，武元衡將此事報告了唐德宗。德宗十分高興，立即派人將李德裕召來，把他抱起來放在自己的膝上，問長問短，很是親暱，並賞賜了很多貴重物品。

李德裕長大後，兩次為相，針對唐朝後期朝政日益腐敗，國勢江河日下的嚴峻形勢，全力投入到朝廷大事上。他節制四方，興利除弊；反對藩鎮割據，擁護中央集權，抑制宦官專權，打擊佛教勢力；主張整頓吏治，反對虛浮作風。唐朝廷經他的精心治理，逐步扭轉了後期衰敗的形勢，曾一度出現了「會昌中興」的局面，受到朝野上下的稱讚。

李德裕著作頗豐，先後有《會昌一品集》、《次柳氏舊問》、《文武兩朝獻替記》、《會昌代判記》、《太和辯謗略》等傳於後世。

翟永齡止母唸佛

翟永齡，是明朝中期一位小有名氣的神童。他的父親是個教書先生，整日以讀詩書為樂。翟永齡在父親的影響下，自幼就養成了刻苦讀書的習慣，到七八歲時，寫詩作文章就很有名氣了。他還有個特點，就是愛動腦子，街坊鄰居有了什麼難以解決的事，只要讓他遇上，保證一會就能想出辦法來。時間一久，誰家有了難題，都願意找他出個主意。這年，翟永齡只有十一歲。

他的母親是個佛教徒，平時，每天都要燒香唸佛，而且一唸起來，就是要從點一炷香開始念，直唸到香燒完，才算完事；如果碰上逢年過節，那更是不得了，要設香案，燒紙錢，特別是燒香，要連燒三次，每次也要念三次佛，家中人沒有不煩的，但誰也不敢吭聲。

這一日，父親把翟永齡叫到書房說：「你母親終日這樣唸佛，有用處嗎？」

翟永齡說：「有什麼用處！只能是浪費時間，浪費錢財，還招人生厭，我心中早就煩了。」

父親說：「你有法子讓她不唸麼？」

翟永齡道：「她脾氣那麼大，誰敢呀？你要敢的話，你就去制止呀！」

父親笑著說：「別人家中的大事小事，只要作了難，你都能想出法來，難道自己家的事就沒法了麼？」

翟永齡笑著說：「我不是沒法，只是不忍心騙她。」

父親道：「你不忍心騙她，『佛』可忍心，不僅騙了她，還騙了咱們全家的錢財呢！」

翟永齡說：「那好吧，我這就去。」

翟永齡來到堂屋，見母親正跪在佛像前，口中唸唸有詞，便走上前去猛地大聲喊道：「母親！母親！」

母親沒有理睬，照舊唸佛不止。

翟永齡又一連大聲喊了兩次。

母親這才一邊唸佛，一邊說：「我聽見了，什麼事？」

翟永齡沒有回答。

當母親問他後，又繼續唸佛的時候，翟永齡又大聲喊道：「母親！母親！母親！」

連喊三聲，喊得母親心煩意亂，不由大怒，立即停下唸佛，站起身來，回頭對他責罵說：「煩死了，叫魂麼！我又不是聾子，你這麼大喊大叫幹什麼？」

翟永齡見母親生氣，遂笑著解釋說：「母親，不必生氣。我只叫了你幾聲，你就覺得煩死了；可你一天要念『阿彌陀佛』幾百遍，甚至上千遍，佛祖不是更煩麼？這樣下去，佛祖煩到一定時候，就會發怒，到那時，可就不得了啊！」

母親一聽，有些害怕，急問：「怎麼個不得了法？」

翟永齡說：「佛經上講，如果教徒得罪了佛祖，活著要遭殃，死後去不了極樂世界！」

「啊！」母親聽後，嚇得臉都變了色，從此再也不敢有事無事地唸佛了。

三、一語驚人

秦始皇忍辱取王位

秦始皇，姓嬴，名政，秦莊襄王的兒子，出生於西元前二五九年，西元前二四六年繼位，西元前二三八年親政。

秦始皇是中國封建帝王史上的第一個皇帝，故史稱「始皇帝」。他第一次結束了中國的分裂局面，完成了統一大業；第一個建立了中央集權的封建王朝，為推動中國歷史的發展做出了卓越貢獻，聲震宇內，被史學家稱為「千古一帝」。

秦始皇因出生於趙國，所以又名趙政。《史記》說，戰國時期，秦莊襄王（名異人，又名子楚）在趙國做人質的時候，被大商人呂不韋看中，視為奇貨可居，認為如果掌握他，將來肯定會得大利。於是，主動將已懷有身孕的愛妾趙姬許配異人為妻。次年，即西元前二五九年，趙姬生下一子，因為出生在正月，取名為政，這就是後來的「千古一帝」——秦始皇。

秦始皇在歷史上是個有重大貢獻的皇帝，他的聰明才智，早在孩提時代就已充分表現出來了。這裡所談的「兒語震撼不韋心」就是其中一例。

那是在西元前二五五年農曆正月十一日，正值嬴政四歲生日。此時，子楚已回到秦國，秦昭襄王見重孫嬴政聰明機靈，十分歡喜，為其生日大操大辦，一連三日，整個秦宮通宵達旦地歌舞宴飲，熱鬧異常。正是在這期間，呂不韋瞅了個機會，來到子楚宮中，將嬴政抱在自己的腿上說：「今

天高興嗎？」

嬴政回答：「高興極了，我從來沒見過這麼熱鬧的場面！」

呂不韋又問：「你知道這麼熱鬧的場面是怎麼來的麼？」

嬴政說：「當然知道啦，我曾祖父是秦國國君，我祖父是太子，也是未來的國君，我將來也能成為太子，也是秦國未來的國君。你想，一個未來的國君過生日，能不熱鬧麼？」

趙姬急忙把話接過來說：「但從根本上說，是你呂伯伯給你的。如果不是他設法把我們從趙國送回秦國，不要說過生日，連命能否保住也很難說呢！」

嬴政問：「如此說來呂伯伯比我曾祖父、祖父、父親還要親了？」趙姬說：「可以這樣說。」

嬴政又道：「如果真是這樣，等我將來當上國君後，一定封他做最大的官！」

呂不韋高興得一下子將嬴政雙手舉起來說：「好，你真是我的好兒子。」

嬴政聽了，不高興地說：「快放我下來，我是未來國君子楚的兒子，怎麼說是你的兒子？你這樣胡言亂語，不怕犯欺君之罪麼？」

呂不韋不由得心中一震，他沒有想到一個只有四歲的孩子，竟然說出這樣的話來！但他並不露聲色，而是繼續以開玩笑的口氣說：「那你怎樣治我的罪呢，總不會砍我的頭吧？」

嬴政做出一副很認真的樣子說：「念你對我秦氏社稷有功，可以不殺你的頭，但也可以用酒賜你自盡。歷代君王不是有許多用這種方法治大臣的罪麼？」

　　嬴政話雖不多，卻深深刺痛了呂不韋的心，臉色頓時變得十分難看。就在這一瞬間，他突然感到，自己過去在子楚身上所做出的一切努力，似乎都是在為別人做嫁衣裳。

　　趙姬見狀，當即對嬴政訓斥說：「小孩子怎能如此胡說？還不快給呂伯伯說聲對不起！」

　　嬴政倒也知趣，當即嬉笑道：「我說著玩的嘛，怎麼都認真起來了？呂伯伯，對不起！」

　　然後，趙姬也對呂不韋說：「你也是，小孩子一句話，怎可當真？再說一切還有我呢！」趙姬稍停頓了一下，又對呂不韋小聲嬌嗔說：「你也是，我倆之間的感情怎麼可以在孩子面前表露出來？」

　　呂不韋聽了，勉強露出了笑容。可小嬴政的話，卻成了他的一塊心病，每當回想起來，總覺得有些後怕。這也是他以後千方百計阻撓嬴政親政的原因。

　　西元前二五○年，秦孝文王病死，子楚繼位，這就是秦莊襄王，嬴政被立為太子。

　　秦莊襄王即位後，為了感謝呂不韋謀立之功，任命他為相國，加封文信侯，以河南洛陽十萬戶為食邑。按說，呂不韋以千金的投資，贏得侯爵和一人之下萬人之上的相位，應該知足了，但他並未就此罷休。他總以為子楚的王位是他給的，動不動就對秦莊襄王指手畫腳，擺出一副太上皇的架勢來。自趙姬入宮後，他懼於王室的威嚴，和趙姬不怎麼來往；可自秦莊襄王繼位後，他卻常常明目張膽地私入宮禁。對此，秦莊襄王心中也是窩火，但又覺得呂不韋畢竟對自己恩惠非淺，況且趙姬原本是呂不韋的愛妾，自己不便治他的罪，也只好睜一隻眼，閉一隻眼。

　　嬴政隨著年齡的增長，漸通事理，聽到大臣們的私下議論，很是氣憤，便去對他的父親哭訴說：「秦律規定，外人擅入宮禁是要殺頭的，相國為何例外？眾大臣對此私下議論紛紛，難道父王沒有聽到？不殺呂不韋，孩兒實在嚥不下這口氣！」

　　秦莊襄王聽了，正想說什麼，見身邊有人，心中震驚，便使個眼色，然後對嬴政大加訓斥說：「你一個小孩子懂得什麼？還不快快退下！」

　　儘管如此，這件事還是被呂不韋的心腹聽去報告了。呂不韋知道後，心中有些害怕，也有些後悔。他後悔自己辦事一貫精明，怎麼忽視了嬴政年齡的增長；他後悔自己已得高位，不該忘乎所以。他忽又記起嬴政四歲生日時說的話，更是不寒而慄。幾天來，儘管秦莊襄王和嬴政對他像往常一樣敬重，而他卻心懷鬼胎，暗蓄家奴，廣收賓客，以備不測。

　　西元前二四六年五月的一天，秦莊襄王突染風寒，臥床不起。呂不韋蠢蠢欲動，伺機潛入後宮，對趙姬說：「我看莊襄王已不久於人世，嬴政處處和我作對，難說靠得住，不如取而代之，你以為如何？」

　　趙姬一聽，大驚失色說：「相國何出此言？嬴政是你的親骨肉，你為了一句話，就不扶他繼位了？我知道你已蓄家奴萬人，但和秦室大軍相比又算得了什麼？滿朝文武多為秦室老臣，嬴政又是當朝太子，豈不一呼百應？到那時你身敗名裂，後悔也來不及了。」

　　呂不韋說：「我也擔心這一點。但是，我總覺得小嬴政年齡雖小，但心計不小，總在設套讓我鑽，實在害怕將來靠不住啊！」

　　正在此時，嬴政一步跨進來，哭泣說：「伯父，都是我不好，受了外人的挑動，才對您有所冒犯，請您原諒我的年幼無知。父王和母后多次對我說過，父王的王位是您給的，將來我能不能繼位，也全靠您的扶持。請

您千萬不要為我一時的過失而扔下不管啊！小侄這裡給您賠禮了！」嬴政說著，便要下跪。

呂不韋萬沒想到嬴政突然進來，也沒想到會向他行如此大禮，頓時不知所措，又見嬴政真要下跪，便驚慌地急忙攔住說：「使不得，使不得，臣下怎敢受此大禮？我剛才是和王后說著玩的，殿下何必當真？請殿下放心，只要有我呂不韋在，您的王位繼承權誰也搶不去。」

呂不韋說著，又看了趙姬一眼，趙姬笑著說：「相國確是和娘說著玩的，他對你從小就比親兒子還親，不保你保誰啊！不過，將來你繼位之後，又如何報答相國呢？」

嬴政說：「事之如父！」

一場即將爆發的動亂，就這樣被年僅十三歲的嬴政一舉平息在萌芽之中。

但嬴政也沒想到，就在此事發生三天後，秦莊襄王子楚突然死去。當時。有人私下說，大王是吃了呂不韋送去的藥後死的；也有人說是大王病後咳嗽得厲害，一口氣沒上來憋死的。

秦莊襄王死後，年僅十三歲的嬴政在呂不韋的扶持下，登上了王位，史稱秦王。秦王繼位後，加封呂不韋為相父，並以自己年幼為由，將國事委以呂不韋，從而使呂不韋對秦王完全失去了戒備。

項羽年少有大志

以「楚漢戰爭」而稱著後世的西楚霸王，姓項，名籍，字羽，故又叫項羽。他之所以能成就一番霸業，一個重要原因，就在於他還是個八九歲

的少年時，胸中已經有了宏大的志向。

　　項羽，是戰國後期楚國名將項燕的孫子，下相（今江蘇省宿遷西南）人，出生於西元前二三二年。西元前二二三年，楚國為秦國所滅，項燕自刎而亡，項羽時年九歲，隨叔父項梁逃亡他鄉。面對國破家亡的慘狀，項羽對秦朝恨得咬牙切齒，立志長大後復國報仇。項梁見侄兒小小年紀竟有如此大志，心中十分歡喜，把報仇復國的希望寄託在他身上，著意培養。

　　開始，項梁教項羽讀書寫字。項羽雖然生得虎背熊腰，外表看四肢發達、頭腦簡單，不是塊讀書的料。可是他天資聰慧，對叔父所教的東西一學就會。項梁心中自然高興。可是過了不久，項羽就對學習產生了厭煩情緒。有一天，項梁外出辦事，臨行前囑咐項羽溫習功課，項羽滿口答應。可是中午回家一看，項羽不是在做功課，而是身披一床大紅被面，手舉一把木劍，做占山為王的遊戲。項梁大怒，當即讓他跪在祖宗牌位前，厲聲訓斥說：「你如此玩物喪志，將來憑什麼復國報仇，對得起祖宗麼？」項羽沒有吭聲。此後，項羽不再舞槍弄棒了，但是言談也少了，學習也沒什麼進步，急得項梁整日唉聲嘆氣。

　　有一天，項梁與友人交談，提起了項羽不愛讀書的事，友人說：「凡事不能強求，我看項羽虎頭虎腦，既然喜歡舞槍弄棒，何不讓他習武？如果能順其自然，說不定能成大將之材！」

　　項梁一想，認為有道理，便又教項羽學習劍術。項羽學劍，又是一學就會，可過了幾天，又厭煩起來，常常趁叔父不在的時候，偷懶睡覺。項梁發現後，很是傷心，流著淚對項羽說：「我看你自幼聰明有志，把復國報仇的希望寄託在你身上。可是你文不成，武不就，將來怎成大業？沒想到我滿腔熱情訓練你，到頭來得到的卻是一盆冷水。你太讓我失望了！」

項羽見叔父如此傷心，也難過地流淚說：「我知道叔父對我恩重如山，您讓我讀書、練劍，都是為了使我將來成才。可我想，讀書識字，學點就行了，學得再深有什麼用？練劍，練得再好，將來最多能和一個人單打獨鬥，也不會有多大的出息。所以我覺得不值得一學，也不願學！」項梁一聽，驚得瞪大眼睛問：「那你覺得什麼才值得一學？」項羽咬著牙，發狠說：「我要學就學能戰勝一萬個人的本事！」項梁聽了，以為項羽的話是眼高手低，可細細一想，侄兒不論是學文，還是學武，開始都掌握得很快，後來的厭煩情緒很可能正像他自己說的那樣，滿足不了他要學「萬人敵」的志向！

項梁又被侄兒的志向感動了，便千方百計地把《孫武兵法》、《孫臏兵法》、《吳子兵法》和《尉繚子》等兵書找來，一章一節地教項羽學習。這樣一來，項羽感到如魚得水，越學越解渴，越學越有勁。幾個月之後，項羽便把那一字長蛇陣、二龍出水陣、三山天地陣、五虎群羊陣、六環金鎖陣、七星陣、八卦陣、九宮絕戶陣和十面埋伏陣等都記在了心中，並晝夜學習演練，直至運用自如方止。項梁見侄兒學習如此刻苦，高興地稱讚說：「真不愧是項氏後代。」

西元前二一〇年的一天，秦始皇南巡來到項羽的家鄉，項羽在觀看的人群中，見秦始皇前呼後擁，耀武揚威，氣憤地說：「有什麼神氣的？我早晚要把他拉下皇位，取而代之。」項梁急忙捂住他的嘴說：「不要胡說，給人聽到要殺頭的！」

西元前二〇九年，陳勝、吳廣揭竿而起，在大澤鄉（今安徽宿縣東南）發動了轟轟烈烈的農民起義。項羽和他的叔父項梁見推翻秦朝的時機已到，在會稽殺死地方官段通，聯絡地方豪傑士紳，組織起八千精兵，加入了推翻秦王朝的起義大軍洪流中。經過幾個月的時間，項梁所領導的起

義隊伍就發展到十多萬人。

西元前二〇八年九月，項梁戰死，項羽成為這支隊伍的主帥。次年九月，項羽率軍渡黃河，破釜沉舟，大敗秦軍於鉅鹿。

西元前二〇六年十月，項羽和各路起義軍聯合奮戰，終於推翻了秦王朝的統治。起義軍擁立楚懷王為義帝，並將各路起義軍首領分別封王；項羽自稱西楚霸王，定都彭城（今江蘇徐州），成為王中之王，從而實現了他少年時代的遠大理想。

陳勝少有鴻鵠志

西元前二〇九年七月，秦二世胡亥頒布命令，讓陽城（今河南登封縣東南）官吏調發貧民九百人去漁陽（今北京郊區密雲縣）戍邊。當這支戍邊隊伍來到大澤鄉（今安徽宿縣東南）時，突遇大雨，河水橫溢，四野一片汪洋。戍卒們知道，誤了到達漁陽的期限就要殺頭，而現在大雨不停，道路淹沒，如何行走？於是人人唉聲嘆氣，不知如何是好。

正在此時，有人大呼一聲：「弟兄們，我們遇上大雨，尚有幾千里的路程，看來期限誤定了，殺頭無疑了。與其這樣窩窩囊囊去死，倒不如起事造反，另圖大業。將來事成，也稱侯稱王。我就不信，那些帝王將相都是從娘胎裡帶來的！」

眾人一看，說話的是帶領他們的屯長陳勝。陳勝的話音一落，立即有人響應：「陳大哥說得對，與其被殺頭，還不如起來造反，我們同意跟陳大哥一起幹！」大家隨之異口同聲說：「對！我們願意跟著陳大哥一起幹！」

正在這時，吳廣和幾個人買來一筐鮮魚，高聲對大家說：「為了祝賀我們大家同心，今日改善生活！」夥夫首先揀起一條大魚，當場用刀破肚，發現魚肚內有塊紅綢子，展開一看，上面有「陳勝王」三個字，不由得驚呼道：「這真是天意啊！」戍卒一聽，爭相觀看，頓時一片歡騰。

就這樣，大家一致推選陳勝為將軍，吳廣為都尉，拿起刀槍和木棒，以紅布為旗幟，爆發了中國歷史上的第一次農民大起義。

也許小朋友要問：魚肚子裡的紅布真是上天安排的麼？不是，這是陳勝預先安排的計謀。他事先在紅布上寫上字，讓吳廣伺機塞到魚肚子中的。陳勝是一個出苦力的農民，為何有這種才能？這正是本文所要講述的「陳勝少有鴻鵠志」。

陳勝，字涉，陽城（今河南登封東南）人，農民出身。由於父母早喪，他十餘歲的時候，便給富豪人家做了長工。他年齡雖小，工作也很累，卻喜歡讀書。每天完工後，別人都躺下休息，他卻搶時間看書。晚上，更深夜靜，別人鼾聲四起，他卻藉著月光讀書。

有一天下午，陳勝又跟著其他長工去田裡幹活。由於天氣炎熱，大家頭頂溼毛巾，光著膀子，打著赤腳幹活。就是這樣，一個個仍然熱得汗流浹背，喘不過氣來。約兩個時辰後，他們又熱又累，連打頭的也受不住了，才允許休息一小會。命令一下，眾人便一起扔下鋤頭，爭先恐後地去找陰涼處休息。有的在樹蔭下閉目養神，有的跑到地邊的水溝中洗澡，有的索性在地上仰面朝天地呼呼睡起大覺來。唯有陳勝，只到水溝邊洗了把臉，找到一個沒人的樹蔭下，從衣服內掏出了一本書，專心致志地讀了起來，好像不覺得累似的。

有人看見後，出於同情勸他說：「孩子，夠累的了，別看書了，趕快休息會吧。」也有人瞧不起地說：「一個農夫娃子，天生做牛做馬的坯子，

讀什麼書！」還有人連嘲帶諷地說：「說不定人家還真是個帝王將相的坯子！陳勝，將來做了將相，也想著咱們這些窮哥們點！」

陳勝一開始沒聽出話的本意，還很鄭重地說：「苟富貴，勿相忘！」意思是將來我真有了富貴，絕不會忘記大家的。那人聽後，卻哈哈大笑說：「哈哈，一天不給人做工，就得餓肚子，還想當將相？真是癩蛤蟆想吃天鵝肉！」眾人聽了，也不由得隨著大笑起來。

對於別人的嘲笑譏諷，陳勝並沒有感到難堪，反而不屑一顧地搖了搖頭，長長地嘆了口氣說：「唉！燕雀安知鴻鵠之志哉！」意思是，燕雀只知在房檐上下飛來飛去，哪裡明白鴻鵠（一種大鳥）一飛萬里的遠大志向啊！

不久，陳勝工作之餘刻苦讀書的事被富豪的管家知道了，因對他十分妒忌，便去富豪少爺那裡打了小報告。富少爺將陳勝找來大加訓斥說：「聽說你不好好工作，常常偷著讀書？」

陳勝說：「我是利用晚上或休息時間讀書，從來沒有工作時讀過！」

富少爺張了張嘴，無話可說，管家趕緊接過來道：「那也不行！你晚上讀書，一讀就是半夜，把勁都用完了，白天還有勁幹活麼？」

陳勝不示弱地說：「分給我的活我都做完了，一點勁也沒少使！」

富少爺說：「不管怎麼說，我給你飯吃，是讓你給我工作的，不是供你讀書的。今後再見你讀一次書，就扣你一天的米！」

陳勝說：「隨你扣吧，不讓我讀書是辦不到的。」

富少爺見陳勝一句不讓，氣急敗壞地說：「好，我一個東家大少爺，竟管不住你一個農夫娃子，這還了得！」回頭對管家說：「今日給他算算帳，讓他滾吧！」

陳勝毫不退讓地說：「大丈夫志在四方。想讓我做，我還不想受這份氣呢！」

管家說：「你過去看書用的時間，到算帳時也得把米扣回來！」

陳勝說：「隨你的便吧！」

陳勝離開富豪家後，再不去從事農作餬口，而是走上江湖，廣交朋友，直到西元前二〇九年被徵去戍邊，和陽夏人吳廣結為兄弟。吳廣一身武藝，陳勝滿腹經綸，二人常在一起切文磋武，互相取長補短，五年過去，都成了文武雙全的人才。

黃童一語救萬民

秦朝末年，西楚霸王項羽和漢王劉邦為了爭奪天下，連年征戰，老百姓深受其害。陳留外黃有一個年僅十三歲的孩子，在緊急關頭，一語震醒項羽，使萬名百姓避免了一場殺身之禍。這孩子雖然沒留下姓名，但他機智勇敢的事跡卻廣泛流傳。為記述方便，我們就稱他為黃童吧。

外黃，是陳留地區的一個策略重鎮。那一年，項羽率領大軍前去攻打，遇到了城中守軍的頑強抵抗，不但一連幾天沒有攻下，反而損失了不少人馬。項羽正為此事發愁，探子飛馬前來報告說：「大王，外黃的軍隊投降了漢軍將領彭越！」項羽一聽大怒：「踏平外黃，活捉彭越。」

項羽一聲令下，遂增兵三萬，拚死攻打外黃。彭越料知寡不敵眾，便下令守軍暫時退出外黃。於是，楚軍當日便占領了外黃鎮。項羽怒氣未息，便拿城中百姓出氣，下了一道命令：外黃凡是十五歲以上的男丁通通活埋。

　　一時間，外黃城內，雞飛狗跳，哭聲震天。外黃縣令的一位門客有個十三歲的孩子，名叫黃童，這時自告奮勇地要去說服項羽，免殺城中百姓。門客著急地說：「孩子，不是我不同意你去，因為縣令去說過了，連項羽手下的一些將領也為百姓說情，但項羽一概不聽，並且揚言：『凡是再來說情者，不管是誰，一律斬首示眾！』你一個孩子，再去有什麼用，還不是去白白送死嗎？」黃童說：「請父親放心，我會有辦法的！」

　　門客深知兒子平時讀書用功，機敏聰慧，又見他這麼小就能見義勇為，且決心已下，所以也沒有再加阻攔。

　　黃童來到楚軍營地，立即被守軍攔住了。黃童故意裝出一副十分神祕的樣子對守軍說：「我有重要機密報告大王！」守軍問：「你一個小孩子有什麼機密，快快滾開！」黃童說：「這機密事關兵家勝敗，我必須當面向大王報告！如今你們橫加阻攔，萬一貽誤了時機，你們還要命嗎？」守軍見黃童說得那麼認真，便不敢阻攔，立即帶他去見項羽。項羽聞聽一個十多歲的孩子前來求見，覺得奇怪，便讓他進來，說：「你一定要見我，有什麼大事嗎？」

　　黃童見項羽高大魁偉，出聲如雷，兩邊武士刀槍緊握，不僅毫不害怕，而且坦蕩自若地朗聲說道：「外黃守軍投降了彭越，並不是城中百姓的罪過。他們因為十分痛恨守軍的燒殺搶掠，才歡迎您進駐外黃。如今您進城後，不僅不安撫百姓，反而下令活埋十五歲以上的全部男丁，豈不要激起城中男女老幼對您的痛恨嗎？你還能在外黃站得住腳嗎？而且外黃東邊還有十多個城鎮，聽到您這個命令後，誰還敢歸附您呢？我年齡雖小，但『得民心者昌，失民心者亡』的道理還是懂得的，難道你一個大軍事家就不懂麼？」

項羽聽了黃童的一番慷慨陳詞，不但沒有發怒，反而哈哈大笑說：「孩子，好樣的，若非你的提醒，險些誤了大事。」隨後下令釋放了準備活埋的外黃男子，並出榜安撫外黃百姓。

外黃以東的幾個城鎮百姓聽到這個消息後，都歡呼雀躍，主動歸附了項羽。

劉淵十四論文武

劉淵，字元海，匈奴人，大約出生於西元二四九至二五四年之間，十六國時期漢國的創始人。他本為匈奴族，為何姓劉？其中有一段緣故。

劉淵的祖父名叫於扶羅，是南匈奴的單于；父親名豹，封左賢王。因當初漢高祖劉邦時，曾以宗室女為公主，與匈奴王冒頓聯姻，故其後代都自認為是西漢皇室外孫，改姓劉氏。其父改名為劉豹，元海則名劉淵。

史籍在記述劉淵出生時，也和記述其他有作為的帝王一樣，加上了一段神祕的色彩。

傳說劉淵的父親劉豹和母親呼延氏婚後，多年未有生育，夫妻二人很是心焦。呼延氏為早生兒子，常去龍門祈求。這一日，呼延氏又來到龍門，虔誠地跪在地上，燒香祈禱。過了許久，呼延氏正準備離去，忽見一條大魚，頂有二角，搖首擺尾地朝她游來，在她面前停了好長時間，又朝原方向游去。呼延氏不知吉凶，便問一個男巫。男巫告訴她說：「這是吉祥之兆！」

呼延氏回到家中，當晚又夢見那魚變成一個人，將一個如半個雞蛋大小的東西遞給她說：「這是太陽精，你服下必有貴子。」說完，忽而不見。

呼延氏隨後推醒丈夫，將此事說了一遍。劉豹高興地說：「好徵兆，這與當初邯鄲張的母親所言完全相符，她為我相面時曾說：『你應有富貴，子孫三代必大貴！』」

夫妻二人喜不自禁。

十二個月過去，呼延氏果然生下一男孩，就是本文要介紹的劉淵。

劉淵出生後，半年餘便會說話，而且吐字清楚，口齒流利。劉淵長到三四歲時，便跟著母親學識字，五六歲學經書，記得牢固，理解深刻。不料，在他七歲那年，母親因病去世了。劉淵和母親感情深厚，哭得非常傷心，在場者無不難過落淚。

母親去世後，沒有人教他讀書了，他常常一個人坐著發呆，飯也吃得很少。父親請人教他，他不學；父親為他從屬下挑選了一個漢人，他覺得那漢人還不如自己的學識多，也不學。後來，他聽說上黨人崔游是個儒學大師，很有名氣，便前往拜師。崔游經過當面考察，見劉淵雖為異族，但酷愛中原文化，且天資聰穎，便收留了他。崔游教他學《詩經》，他如饑似渴；教他學《易經》，他晝夜攻讀；教他學《尚書》，他廢寢忘食。

崔游見他學習刻苦勤奮，理解很快，也來了興致，索性拿出看家本領，教他學習《左氏春秋》和《孫武兵法》。不料，劉淵學習勁頭更大，不久便能倒背如流。幾年中，劉淵還自學了不少沒有列入課程的經典，對包括《史記》、《漢書》在內的諸子百家典籍，無所不讀。

幾年後，隨著年齡的增長，劉淵的志向也越來越大。他認為，要真正幹一番大事業，只有文沒有武不行。於是，他在刻苦學習經書的同時，又練起武來。有一天，劉淵對他的同窗好友朱紀、范隆說：「我每讀經書史傳，常為隨何（即蕭何）、陸賈不長武功，周勃、灌嬰不諳文章而惋惜。

大丈夫立世治業，應該文武雙全，如果二者不能兼備，實為君子之恥辱啊！」

他還說：「蕭何、陸賈遇到漢高祖那樣的明君，卻不能建封侯之業，周勃、灌嬰遇到漢文帝那樣的賢主，卻不能興庠序（指古代學校）之教，實在是太遺憾了。」這時，劉淵年僅十四歲。

從此，劉淵不僅全力以赴攻讀漢族的經典，對匈奴族擅長的騎射之術亦鍥而不捨，到十七八歲時，便以文武雙全而震驚匈奴。

西晉武帝當政時，他曾以人質的身分被送到洛陽。在那裡，他廣泛結交漢族官僚，受到司徒王渾及其子王濟以及大將軍李喜的賞識。劉豹死後，劉淵襲位為匈奴左部統帥，後封北部都尉。他在任北部都尉期間，嚴肅法制，懲治奸邪，輕財好施，以誠待人，很快吸引了一大批有志之士。匈奴的五部、幽州的名儒，潮水般湧向劉淵。晉惠帝見他才華出眾，遂封他為五部大都督，後又調到鄴城任寧朔將軍，負責匈奴五部的軍事工作。

八王之亂發生後，北方匈奴企圖獨立，並祕密推選劉淵為大單于。西元三〇四年，劉淵乘王浚、司馬騰起兵之機，以平叛為藉口，率軍離開鄴城，奔向左國城，自稱大單于。同年十一月，劉淵建都離石，起兵反晉。不久，又遷都左國城。為收買人心，劉淵以漢室外甥自居，建國號為漢。

西元三〇八年，劉淵即皇帝位，成為十六國中漢國的開國皇帝。

苻堅少有大略

苻堅，又名文玉，字永固，中國北方少數民族氐族人，是五胡十六國中前秦的皇帝。他的父親苻雄，受封東海王。據史載，苻雄婚後多年未有

兒子，其妻苟氏為求子嗣，常去漳水西門豹廟內燒香拜佛。這一日，苟氏夢有天神送子懷中，遂有孕。十二個月後，生下一子。該子出生時，苻雄曾見紅光覆照庭院；生後，又見其背有赤文，似成「草付」二字。苻雄大為驚奇。苻堅長到兩三歲時，便生得兩耳垂肩，雙手過膝，目有紫光，為非常人之相。他的祖父苻洪見孫子有如此奇偉之相，便為他取名苻堅。

苻堅的父親苻雄喜讀中原兵法，多謀善斷。在他的影響下，苻堅長到四五歲的時候，便也喜讀中原經書；到七歲的時候，便已是聰慧機敏、舉止有度、很有才識了。他在祖父苻洪身邊的時候，侍候祖父非常精心。祖父想要什麼，不用開口，苻堅就能及時給他拿來。苻堅的記憶力很強。他的祖父是氐族首領之一，他對祖父接見大臣時的神態，甚至連祖父走路的姿勢和說話的聲音，都能模仿得唯妙唯肖。為此，祖父每與人談到苻堅時，總是自豪地說：「我這個孫兒，姿貌雄偉，質性過人，可不是個一般的人才啊！」

苻堅有一個幼而懂法的故事，一直被人傳誦。

那是在他七歲那一年，有一天，苻堅在街上玩耍，一會從路的左邊蹦跳到路的右邊，一會又從路的右邊蹦跳到路的左邊，玩得十分開心。這時，鄴都守備高平人徐統走來，他看見一個小兒在路上蹦來跳去，不由大吃一驚，心想：「這是誰家的孩子，如此大膽，敢在街的中央蹦來跳去？」

於是，徐統上去一把將苻堅拉到路邊上說：「你是誰家的孩子，不靠邊走，卻要在街中心蹦來跳去？」

「我叫苻堅。為什麼不能在街上玩耍？這又不是供你一個人走的路！」

徐統見苻堅毫無懼意，還振振有辭，便接著說：「你說的對，這不是供我一個人走的路。可你該知道，這叫御街，是供皇上走的路，你如此蹦

來跳去，萬一讓公差看到了，會把你抓走的。難道你不害怕麼？」

苻堅聽了，微微一笑，坦然答道：「先生，這你就不懂了，公差要抓的人，都是犯有罪惡的人。我一個小孩，在街上玩耍，又沒有做什麼壞事，他們是不會抓我的！」

徐統聽了一愣，他沒有想到，一個五六歲的孩子，就如此懂得法度了。徐統善於相面，此時便不由得對苻堅仔細端詳起來。

苻堅見徐統沒有再說什麼，卻只是愣愣地打量自己，有些不耐煩了，便猛然掙脫徐統的手，一溜煙似地跑了。

待苻堅跑得看不見影了，徐統才回過神來。他十分感慨地對手下人說：「我看這孩子出語不俗，有霸王之相，將來必成大業！」

徐統的手下人聽了很不理解，問徐統道：「我們並沒有看出他有什麼特別的地方呀！」

徐統說：「這正是你們所不能達到的啊！」

後來，徐統再一次遇到苻堅。他跨下車來屏退左右，悄聲對苻堅說：「我看苻郎相貌很不平常，必有大貴。可惜我是看不到那一天了！」

苻堅聽了，像個小大人似的一本正經地說：「如果確像你所說的那樣有那麼一天，那我終生都不會忘記你的恩德的！」

苻堅八歲的時候，請求祖父為他請個家庭教師，教他讀經書。祖父半開玩笑地說：「你真成了我們戎狄（系北方少數民族的統稱）的異類啊！想我們戎狄，世代只知道打仗、飲酒，只有你才想讀書，追求知識啊！」隨後，祖父高高興興為他請來了家庭教師。

苻堅長大以後，不僅博學多才，而且胸懷宏圖大志，廣交天下朋友。他初襲父職，為東海王，因治理有方，深受屬下擁護。西元三五七年，苻

堅率軍入宮，殺死慘無人道的暴君苻生。此舉深得民心、軍心，群臣一致擁推他繼位稱帝。苻堅先是推辭，要讓哥哥苻法繼位，然因苻法也堅決推辭，後來才勉強答應。但苻堅又以自己力不勝任為由，提出必須去掉帝號，改稱大秦天王。群臣同意，苻堅這才答應即位。

苻堅即位後，經過二十八年的努力，不僅完成了中國北方統一大業而成為一代明君，而且以其雄才大略成為十六國時期一位傑出的少數民族政治家。

王紘語震無稽談

王紘，字師羅，太安耿那（今山西朔州市西北）人。他的父親名叫王基，因自幼喜讀史書，長大後智勇雙全，受到朝廷的重用。先為義寧太守，後為南益、北豫二州刺史。王紘在父親的影響下，也喜歡讀書，而且刻苦勤奮。除讀書外，他還喜歡騎馬射箭。當時，有個太原人，名叫郭元貞，任揚州刺史，很有學問，與王基是知己好友。王紘十三歲那年的一天，隨父親王基去拜見郭元貞。郭元貞對王紘的聰慧好學早有所聞，今見其來十分高興，立即將王拉到身邊，很關心地問道：「我早就聽說你博覽群書，而且比別人理解得深刻，是這樣嗎？」

王紘知道郭元貞是個大學問家，不敢班門弄斧，謹慎地答道：「小姪是愛讀點書，但談不上博學和深刻，只不過略知皮毛而已，還望郭伯伯多多教導。」

郭元貞答道：「哈哈，好個王，初次見面就如此會說話，我倒要看看你的真本事呢！我來問你，近來都讀了些什麼書？」

王紘答道：「讀的《孝經》。」

郭元貞問：「《孝經》裡講的都是什麼呀？」

王紘說：「講的是『在上不驕，為下不亂』。意思是說，在上面做官的，不能驕橫，要關心下屬，愛護民眾；而下面做平民百姓的，要服從治理，遵紀守法，不能犯上作亂。」

郭元貞說：「解釋得很好。不過，我已做了幾年刺史，有沒有聽說我有驕橫的名聲呀？」

王則答：「我從沒有聽說您有過驕橫的名聲。不過，君子都有自知之明，才會防患於未然，我希望郭伯伯還是留意點才好！」

郭元貞聽了王紘的回答，深感震驚，親切道地：「孩子，你不但《孝經》讀得好，解釋得好，而且用得也好，使郭伯伯也受到了啟發。今日，我要重重地賞你。」

從此，王紘便成了郭元貞家中的常客，而且每來一次，都能在學識上得到指教，深感受益匪淺。

王紘十五歲那年，父親王基被任命為北豫州刺史。上任時，也把王紘帶到北豫州。其時，侯景為河南道大行臺，領兵十萬，專制河南。北豫州屬侯景所轄範圍，王基上任後，常去行臺府拜訪。

這一天，王基帶著兒子王紘來到行臺府，正趕上侯景閒暇無事，在與人探討人們穿衣服前襟應是向左掩還是向右掩的無聊問題。王紘聽了，感到十分可笑。當時，有一位名叫敬顯俊的尚書，竟然還引經據典地與眾人爭論起來。只聽他煞有介事地說：「孔子云：『如果沒有管仲，我們這些人不但要披散著頭髮，衣襟也要向左掩。』從這句話可以看出，衣襟向右掩才是對的。」

　　王紘再也聽不下去了，於是來到眾人面前，毫無顧忌地慨然說道：「現在我們的國家，像龍一樣正在騰飛，雄偉的步伐已經跨入中原地區。在這裡，五帝所設置的禮儀和北方不一樣，三皇（中國遠古時期最早的三個帝王）所建立的制度也和北方不同。我們要在中原立足，就要千方百計地適應這些變化。現在有許多事等著我們去討論，去研究，對於掩衣襟這種微不足道的事，我們哪有時間去討論它的是與非呢？」

　　一個熱烈爭論的場面，被王紘幾句話一下鎮住了，屋內頓時鴉雀無聲。侯景聽了，先是一愣，後又覺得王紘說的很有道理。他見王紘只是個十多歲的孩子，竟能說出這樣的話來，很是喜歡他的膽量和才識。侯景哈哈大笑道：「好，說得有理。如今看來，我們的見識竟不如一個孩子啊！」王紘隨父離開時，侯景還挑選了一匹好馬和一張好弓贈送給他。

　　王紘長大為官以後，不但清正廉潔，而且勇於直言進諫。北齊文宣帝高洋晚年，沉溺酒色，常誤國事。王紘時為都督，常行勸諫。有一次，高洋飲酒大醉，王紘又行勸諫。高洋大怒，拿起刀來要殺王紘。刀已架在脖子上，王紘仍面不改色，慨然直諫。高洋終於感動，遂將刀擲地，嘆道：「王師羅是殺不得的！」

　　此後，高洋又將其封為驃騎大將軍；北齊後主高緯於武平初年，又加封王開府儀同三司。

何仲舉以詩免稅

　　何仲舉，湖南營運（今湖南道縣西）人。史書對其出生年月及其後來政績記載雖然不甚詳細，但其在年僅十三歲時，以吟詩受到賞識而得免賦稅的故事，卻被廣泛地傳為美談，流傳至今。

自唐朝滅亡後，中國歷史進入了五代十國時期。這個時期，戰亂頻繁。各國的統治者為了支付龐大的軍費開支，都把擔子壓在了平民百姓的身上，苛捐雜稅名目繁多，民眾負重苦不堪言。如果交不起稅，輕者坐牢，重者充軍，生死不保。何仲舉因詩得免稅的故事就是在這種背景下發生的。

何仲舉出身於普通的平民家庭。因他天資聰慧，自幼喜歡讀書，所以，儘管家中一貧如洗，父母仍然替他買書，請鄰居中識字的人教他。

何仲舉就是在這種情況下，讀了不少書，認了很多字。不久，他的父親因病無錢醫治而去世了，剩下他母子二人，相依為命。他的母親為人家紡織，何仲舉上山砍柴，日子很是艱難。即使在這種情況下，年僅八歲的何仲舉，依然不忘讀書。他白天砍柴，晚上靠點著松枝讀書，長期堅持，從不間斷。因此，何仲舉到十歲那年，寫出的詩文，已經是遠近馳名了。

這一日，何仲舉吃罷早飯，和往常一樣，帶上繩和筐，準備上山砍柴。不料，剛要出門，就聽外邊公差喊道：「這是何仲舉的家嗎？快快開門交稅！」

何仲舉聞言，急忙開門，對公差說：「我家母子二人，吃穿尚不能維持，哪有錢交稅呢？請兩位公差叔叔給縣令多多美言幾句，寬限幾天，待我上山砍了柴，換回錢來，主動去交就是了。」

公差一聽，便指著眾多戴鎖鏈的百姓對他說：「這就不是我們說了算的事了，既然今日交不上，那就和他們一樣，跟我們走一趟吧！」

公差說完，便一搭鎖鏈，將他鎖了就走。

何仲舉的母親邊哭邊央求說：「好差人，放了他吧，他才是個十二三歲的孩子啊！」

差人根本不理。這時，有一個好像頭目模樣的公差，見何仲舉母親哭得如此悲傷，心生憐憫，於是上前說道：「老人家，不要過於悲傷，上司逼稅甚緊，縣令也是無可奈何，待我回去向縣令稟明你們家的情況，興許有救。」

何仲舉的母親聽後，立即向那頭目連連磕頭說：「如果能把孩子放回，我和仲舉是永遠忘不了您的大恩大德的。」

何仲舉被帶到縣衙，和其他被鎖來的人一同被關到獄中。

班頭向縣令覆命時稟報說：「今日鎖來的人中，有個叫何仲舉的孩子，年僅十三歲，家中只有孤兒寡母兩人，生活極其貧困。他們不是有意抗稅，而是實在交納不起，特向老爺稟明，希望能將其從輕發落！」

這縣令素來喜歡詩文，一聽到何仲舉的名字，便急著問：「是那個會作詩寫文的何仲舉麼？」

班頭一聽有戲，連忙回答說：「正是，方圓幾十里，沒有不知道他的詩文寫得好的。」

縣令頓生愛才之心，令班頭把何仲舉從獄中提出問道：「聽說你能詩會文，遠近馳名，不知是否屬實。本縣也略懂詩文，你可否當場作上一首，如果作得好，可以詩代稅；如果作得不好，說明你徒有虛名，本縣會加重治罪。」

何仲舉聽了，坦然問道：「不知大人以何為題？」

縣令說：「就以今日之事為題吧！」

何仲舉略一思索，張口吟道：

似玉來投獄，拋家去就枷。
可憐兩片木，夾卻一支花。

　　在這首詩中，小作者前兩句把自己比做潔白的玉石，無辜被戴上枷鎖，拋棄了家庭，被投入獄中，很感冤屈；後兩句則把自己比做初開的花朵，被扼殺在兩片木枷之中，實在是太殘忍了。

　　縣令聽後，很受感動，認為他人才難得，長大後必成大器，不僅免了他的賦稅，還送給他一些銀兩，囑咐他要繼續讀書，並派人將他送回了家中。

　　何仲舉回家後，繼續一邊工作，一邊讀書，到十八歲那年，進京應試，一舉得中進士。先後被派到全州、衡州做判官，後又到楚地任刺史。

　　他在為官期間，深知民間疾苦，清正廉潔，為百姓做了不少好事；同時，他也是當時的著名詩人。他的詩句「樹迎離鳥歸深野，雲傍斜陽過遠山」，被稱為千古名句，廣為吟誦。

劉恕出語驚人

　　劉恕，字道原，筠州（今江西高安）人，出生於西元一〇三二年。初為進士，官至祕書丞。他是北宋時期的歷史學家，著名學者。他除協助司馬光編修《資治通鑑》外，另有著作《十國紀年》四十二卷，《通鑑外紀》十卷。西元一〇七八年卒，終年四十七歲。

　　劉恕出生在一個世代書香之家，幾代人都以捧讀儒家著作聞名。到了他的父親劉渙，靠苦讀儒家學說一舉中第，走上仕途，曾為潁上（古地名）縣令。從此，他更加認為儒家著作是興家旺族之寶，直到去世前夕，仍然手不釋卷，孜孜以求。在這樣的觀念下，劉恕兩三歲的時候，劉渙除教他識字外，便一句一句地教他讀《論語》了。劉恕生來天資聰穎，記憶力強，對父親所教的知識，學一兩遍就記住了。史書中說他有「過目成誦」之才。

此外，劉渙手不釋卷的學習精神，也對劉恕產生了很大的影響。

開始，他只是傚法父親的手不釋卷，漸漸地他自己也養成了勤奮學習的良好習慣。劉恕從小上進心強，特別是當他明白了儒家學說可以「興家旺族」的道理以後，更加激發了刻苦攻讀的自覺性，一讀起書來，便廢寢忘食，通宵達旦。當他長到六七歲的時候，已熟知儒家經典，尤其精通《春秋》。

劉恕八歲那年的一天，發生了這樣一個故事。

劉恕的父親劉渙在為穎上縣令時，由於性情剛直，受到排擠，最後終於棄官回家，定居廬山之陽。在此期間，劉渙常與友人說詩談文，生活倒也十分充實。

這一日，劉渙又與友人在家中談史說經。在談到孔子寫《春秋》一書的時候，一位朋友說：「孔子是上無兄姊，下無弟妹，隻身一人。」

另一位友人惋惜地說：「是啊，如果他有哥哥或者弟弟，也定是個大學問家！」

此時，年只八歲的劉恕，正因一個典故出處不明，查閱歷史資料，聽到他們的議論後，立即應聲糾正說：「誰說他沒有哥哥？《論語·公冶長》明明白白地記載著這樣一件事：當時有個叫南客的人，學識淵博，品行端莊，孔子的哥哥很喜歡他，就把自己的女兒嫁給他了。這就表示，孔子不但有哥哥，而且他的哥哥還有女兒；否則，後來為何人稱他為『孔老二』呢？」

友人們聽了無不驚異，急問劉渙：「這個小孩子是誰呀？」

劉渙微微答道：「在下之子，名叫劉恕，今年八歲。」

又有一位朋友稱讚說：「好有記性的孩子，他說的這篇文章，我也讀過，可如今早就忘得沒影了！」

劉渙棄官回鄉後，沒有了俸祿，家中漸漸貧寒起來，只能以粥充饑，哪裡還有錢供劉恕買書讀？但是劉恕並沒有因為家中無錢買書而放棄讀書，而是到處求親問友，借書來讀。因為他記憶力強，看書速度快，往往把書借來，一兩天便完好無損地還給了別人，所以，別人也都願意借書給他看。每逢借到一部好書，他便不分晝夜地把整本書都抄寫下來。

在他十三歲那年，為了準備將來去京城參加科舉考試，需要讀《漢書》和《唐書》，他聽說父親有一個叫宋次道的朋友家中有這兩部書，便去借來閱讀。這兩部書，每部都在數百萬字以上，可他只用了一個月便讀完了。

宋次道以為劉恕怕自己著急，沒有讀完就還回來，於是和顏悅色地對他說：「賢侄，這書你將來考試用得著，就留給你慢慢地讀吧，不要還了。」

劉恕笑著說：「謝謝伯父的關懷。不過，這兩部書我已經讀完了，並且都記住了，就請收回吧！」

宋次道不信，劉恕便當場從中抽出幾段給他背出，宋次道聽後，很是嘆服。

功夫不負苦心人。劉恕長期勤奮刻苦，鍥而不捨，終於成了一位飽學多識的學者。

有一次，他去拜訪當朝宰相、大學問家晏殊。剛開始，晏殊見他年輕，不相信他有多少學問，便提出了幾個問題想把劉恕難住。結果，晏殊不但沒把劉恕難住，劉恕在回答晏殊提出的問題之後，又向晏殊反問了幾個問題，倒使晏殊張口結舌，給難住了，從而使晏殊意識到劉恕的確是一個難得的人才。

西元一〇五〇年，劉恕進京應試，一舉中第。當時，恰遇朝廷下詔選

拔能講解經義的人才，經過層層篩選，有數十人合格，劉恕則又以講解《春秋》和《禮記》出色而遙遙領先，最後，主司又提出二十個問題做進一步考查，唯有劉恕一個人能全部回答出來，於是被定為第一名。

高明智對尚書

高明，字則誠，號菜根道人，約出生於西元一三〇六年，元代著名作家，中國古代著名戲劇《琵琶記》就是他的作品。

他小的時候，以一個「巧對尚書」的故事，而被世人稱為神童。

高明出生在一個隱士家庭。他的父親通經書，善詩文，因對元朝官場腐敗不滿而不入仕途，隱居在家。高明自幼才思敏捷，愛讀詩書，四五歲時就能出口成章，提筆成文，在當地小有名氣。

他的父親雖然是隱士，卻熱情好客。又因他學識淵博，一些社會名流，甚至一些富有才識的官吏都願意和他交往。

有一天，當朝尚書前來拜訪高明的父親。待他剛要告辭回府時，恰遇高明從私塾放學回家。尚書知道高明小有才氣，今日相遇，便想考他一考。出個什麼題目呢？尚書正在思索，忽見高明個子不大，穿的一件綠色棉襖倒不小，且兩目炯炯有神，越發顯得滿臉稚氣，十分有趣，不由來了興致，望著高明笑著吟了一個上聯：

出水蛙兒穿綠襖，美目盼兮

高明年齡雖小，腦瓜卻十分機靈，一聽，便知道這位官員有意戲弄自己，不甘示弱，便想以牙還牙進行反擊。他見尚書身穿一件大紅袍，便順口接了一句下聯：

落湯蝦子著紅衫，鞠躬如也

這一來，卻嚇壞了高明的父親，遂對其怒斥道：「大膽孺子，豈能對大人如此無禮？還不快快過來謝罪！」

那尚書一聽，不僅沒有因為高明把他比做「落湯蝦子」而生氣，反而因他有如此才華而高興。

這是因為，「落湯蝦子」就是指在滾水中煮的蝦，渾身變得通紅，像穿著一件大紅袍，和尚書聯中的「綠襖」相對應；「鞠躬如也」是說，那蝦身體彎曲，像在行禮作揖一樣，和「美目盼兮」相對應。而「美目盼兮」和「鞠躬如也」這兩句，又都是經書中的句子。由此可見，高明這個下聯，不僅和上聯對得十分工整合理，而且反映了高明這個年僅六七歲的孩子對經書十分熟悉，且運用起來得心應手，這是尚書萬萬沒有想到的。

基於卜述原因，所以當高明的父親指責高明無禮，並讓他向尚書賠罪的時候，尚書急忙阻止說：「作詩聯對，何罪之有？不過，我倒要向高公祝賀，這孩子小小年紀，能對出這樣好的下聯來，其才能也就不言而喻了，真是個世間罕有的奇童啊！」

高明長大後，雖然也曾做過一個時期的小官，但因受到一些挫折，便心生厭惡，不久，辭去官職，旅居寧波，並曾一度閉門謝客，專門從事寫作；《琵琶記》這一千古絕唱，就是在這期間問世的。

丘濬言志驚富豪

丘濬，字仲深，海南瓊山人。初為進士，授翰林院編修，後遷侍講學士、國子監祭酒、太子太保，至文淵閣大學士（即宰相）等職。

　　丘浚從兩歲便失去了父親，和母親相依為命。孤兒寡母，常常受人欺侮。後來丘浚成為明朝弘治年間很有才華，深孚眾望的一位宰相，這完全是他自幼胸懷大志、苦讀奮鬥的結果。

　　丘浚出生在一個貧民家庭，他兩歲時，父親病逝。當時，他的母親李氏還不到三十歲。她很有文才，把心思全部放在了兒子身上，母子二人相依為命，苦度時光。

　　在母親的教導下，小丘浚到五歲的時候，便讀完了《詩經》、《論語》；到他六歲的時候，家中雖然度日艱難，但李氏仍然省吃儉用，把兒子送到了本村一所私塾上學。

　　小丘浚深知自己能上學，靠的是母親用心血換來的幾個錢，因而讀起書來也特別刻苦勤奮。別人一兩天才能學會的內容，他只用半天就能融會貫通了。老師見他智力超人，僅靠課堂上的內容滿足不了他強烈的求知慾，便主動借書給他看。但是，就這樣，僅僅兩年的時間，老師個人所有的藏書，就全被他讀完了。

　　於是，他又到處借書讀。

　　有一次，他想讀《漢書》這部著作，到處借不到，就去問老師，什麼地方能借到這部書。老師告訴他說：「這部書現時很難借到，只有我的一位姓姜的朋友家有此書，不過，他的住處離這裡有百十里地，一時無法借到。」

　　丘浚說：「不怕，我一定要去借。」

　　老師為他的精神所感動，就為他寫了一封信。

　　丘浚回家對母親一說，母親原先不同意，後見兒子主意已定，也就不再阻攔。母親因他出遠門，要向鄰居借點白麵烙些餅讓他帶上，可丘浚執意不肯，只帶了幾個玉米餅子便上路了。

年僅十歲的小丘浚，一邊走，一邊問，餓了啃幾口玉米餅子，渴了向人家要碗水喝，天晚了，他就住在破廟裡，藉著月光看一會書。當時正是夏天，蟲咬蚊叮，他都不知道；直到睏得睜不開眼了，他才放下書本就地睡去。

就這樣，丘浚曉行夜宿，一直走了三天半，才來到老師介紹的那位朋友家中。

當時，主人正在家中與人下棋，接過丘浚帶來的信一看，也被這孩子的求學精神所感動，急忙吩咐家人讓丘浚洗臉、吃飯，然後去房間休息。

丘浚是專門來借書的，哪有心思去休息？所以，他剛吃完飯，就又去找主人借書了。那姜先生聽了，微微一笑，一邊繼續下棋，一邊對他說：「聽你的老師講，你學習刻苦，很有才華，我現在出個對子，你若對得上，我就把書借給你；如對不上，就是只圖虛名，學也無用，等你有了才華後再來借書。你看行嗎？」

丘浚道：「恭敬不如從命，那就請先生出上聯吧！」

姜先生抬頭朝牆壁一看，順口念道：

牆壁當前，龍不飛，鳳不舞，桃不開花，梨不結果，可笑小子

這個上聯，是取材於掛在牆上的一幅山水畫，也有取笑丘浚的含義。

丘浚自幼跟著母親學詩作對，一聽便知其含義，今雖求人借書，也不願低三下四，於是望著棋盤，未加思索地脫口對道：

棋盤之中，車無輪，馬無鞍，炮無煙火，兵無糧草，敢殺將軍

主人聽了，已經明白丘浚對聯內含反唇相譏之意，但他也是個愛才之人，聽後不但不怒，反而哈哈大笑道：「好一個敢殺將軍的卒子，有志

氣！」

隨後，姜先生不但把《漢書》借給了他，並任他挑選了另外一些書，還派人用馬將他送回了家中。

從此，丘浚百里借《漢書》的故事，便成為一段佳話流傳下來。

丘浚十一歲那年的一天，冒雨去學校讀書，教室因為年久失修，房頂有幾處漏雨，其中丘浚的座位也被漏下的雨水打溼了。由於雨下得太大，一些學生未來上課，便空出了一些位子。丘浚便找了個未漏雨的座位坐下來，拿出書本，自己看了起來。

村中有一富豪的兒子，這天也冒雨來到了學校，他見自己的座位也被漏溼了，便想找個不漏雨的座位坐下來。他抬頭四周一看，數丘浚的坐處最好，而且又不是丘浚的原位，便走過去道：「這個座位應該我坐！」

丘浚說：「這不是你的座位，為何應該給你？」

那富豪的兒子說：「雖然不是我的座位，可也不是你的座位，而且這座位緊靠著我的座位，就是搶，也應該先到我手！」

丘浚說：「你這個人好沒道理，總得有個先來後到吧，你這不是欺負人麼？」

那富家子弟說：「就是欺負你，你又能怎麼樣？」

二人說著說著，就吵了起來，眼看就要動手。老師走了過來，問明情況，也覺得那富家子弟無理。不過他想，那富豪財大氣粗，對學校又有資助，自己常讓他三分，今天丘浚占的這個座位，因為離富家子弟的座位近，富家子弟就說應該他坐，的確是沒有道理的，但他不願意公開得罪那位富豪；而丘浚又是他的得意門生，也不願意讓他受委屈。於是，這老師眉頭一皺，計上心來，便對他二人說：「你們一個先來，一個座位離得近，

都有理，都該坐，可座位只有一個，怎麼辦呢？我現在出副對子的上聯，誰能對出下聯，這個座位就歸誰坐，你們說好麼？」

丘浚說：「謹遵師命。」

那富家子弟明知聯對不如丘浚，但也不願甘拜下風，只好點頭同意。

只聽老師念道：

細雨肩上滴

那富家子弟一聽傻眼了，抓耳撓腮對不出。

丘浚見那富家子對不出，便高聲念道：

青雲足下生

老師高興地稱讚說：「對得好，對得好！這個座位歸丘浚坐了。」

那富豪的兒子見老師明顯地偏向丘浚，便哭著回家了。富豪聽兒子一說，不禁大怒，立即來到學校，先把老師狠狠地訓了一頓；爾後，又把丘浚叫到他的家中。他自恃唸過幾天書，不將丘浚放在眼裡，出了個上聯，對丘浚罵道：

誰謂犬能欺得虎？

丘浚一聽，知道這是富豪把他的兒子比做虎，將自己說成犬，豈能容忍？雖在富豪家中，他也並不害怕，遂出了下聯反擊道：

焉知魚不化為龍？

這意思是說，我家雖窮，也不是好欺負的，就像一條魚，眼下雖在水中，怎麼能知道牠將來不會變成一條龍呢？

那富豪聽後，不由得心中一震，心想：「這孩子如此聰明有志，難說

將來沒有出頭之日。自己現在欺負他，萬一他將來做了官，能不找自己算帳麼？」富豪想到這裡，將滿面怒容變成笑臉相迎，又對丘浚說：「我早就聽說賢侄才識過人，今日一會，果然名不虛傳；今日之事，都怪小兒無禮，對賢侄多有冒犯，今後我一定嚴加管教便是。」隨後，將丘浚以禮送出了大門。從此，那富豪再也不敢欺負丘浚他們孤兒寡母了。

李東陽金殿巧對

李東陽，字賓之，號西涯，出生於西元一四四七年，十八歲中進士，歷任侍講學士、禮部尚書、太子少保，官至宰相。

據史載，李東陽祖籍為湖南茶陵人，由於他的父親李涼在京城金吾衛當軍士，所以，全家遷居北京。按照當時明朝的制度，因當兵而把戶口遷到軍隊的，其後代子孫也是要當兵的，但是李東陽後來卻做了一代宰相，這是為何呢？

李東陽雖然出身於軍戶之家，但他的父親和他的母親，卻都是有文化的人；特別是他的母親，不僅能詩會文，而且寫得一手好書法。

有一次，李東陽的母親正在練字，年僅兩歲的李東陽，上去把筆奪了過來，竟比著母親寫的字，寫出了一個「大」字來。這一來，使母親大感驚奇，覺得兒子聰穎過人，將來必成大器，於是一邊教他讀書，一邊教他練字。由於母親的言傳身教，李東陽從兩三歲開始，就養成了愛學習的習慣。母親練字他也練字，母親背詩他也背詩，從不和別的孩子出去玩。因此，到他四歲的時候，已經背會了二三百首詩，尤其書法，已經練得很成形。

這一日，父親和他的幾位戰友在家中聚會，以作詩、寫字比賽為樂，小東陽也跑了過去，跟著湊熱鬧。

席間，李東陽背了幾首唐詩，大家都感到背得流利準確，很是喜歡。有人又問他說：「你的書法寫得怎樣？能寫幾個字給我們瞧瞧嗎？」

李東陽慨然答道：「當然可以！」

由於他人小手臂短，別人把他抱到桌子上，給他鋪上紙，他便提起筆來，可著一張紙，寫了一個「天」字。

眾人看後，大為驚訝，都稱讚他真是了不起。

於是乎，你傳我，我傳他，李東陽四歲能寫一尺見方的大字的消息便傳了出去，一頂「神童」的桂冠便戴在了他的頭上。

後來，消息傳到宮中，明代宗也感到驚奇，卻也有些懷疑，於是親自召見面試。當小東陽由太監領著，來到大殿過門檻時，因為他年幼個矮，邁得很是吃力。只見他東一歪，西一歪，還差點被摔倒。代宗見狀，覺得好笑；而那位陪同的太監也乘機逗他道：

神童足短

小東陽一聽，眉頭微皺，立即接了句下聯：

天子門高

代宗見小東陽對得如此巧妙，樂得哈哈大知，遂離開座位，走上前去，將他抱了起來，讓他坐在自己的膝上。這時，李東陽的父親因不能進殿，便站在大殿門外等候，代宗一看，也出了句上聯：

子坐父立禮乎？

李東陽聞言，立即想到《孟子》書中的一個典故，遂脫口而出道：

嫂溺叔援權也！

這意思是說：嫂子落了水，做小叔子的伸手去救她，是權宜之計。

代宗一聽，大為高興，立即令人拿來上林苑的珍果給他吃；臨別時，代宗還賞給了他一些錢，並特地加恩，詔命李東陽入國學讀書。

此後，代宗又分別在他六歲和八歲時兩次召見他，命他講《尚書》大義。李東陽年齡雖小，由於刻苦好學，領會深刻，講得頭頭是道，很受代宗賞識。

有一次，代宗在召見他時，又出了個上聯：

螃蟹渾身甲冑

李東陽立即對出：

蜘蛛滿腹經綸

乾隆一語得皇位

乾隆，即清高宗，姓愛新覺羅，名弘曆，年號乾隆。是清世宗雍正皇帝的第四個兒子，出生於西元一七一一年，卒於一七九九年，終年八十九歲，是歷史上政績卓越，自稱「文治武功第一人」的皇帝；同時，還是一個傳奇色彩極為濃厚的人物。

他有一個「一語得皇位」的故事廣為流傳。

西元一七一一年八月十三日，一個嬰兒在雍和宮東書院的如意室中誕生了。其哭聲洪大嘹亮，響徹雲霄，驚動了正在讀書的康熙皇帝，於是傳下意旨，為他這個小孫兒取名弘曆。

據史載，弘曆生得大頭大耳，高鼻梁，長身子，六歲能看〈愛蓮說〉，過目成誦；到七八歲時，不僅多知經書，能詩善文，而且喜歡騎馬

射箭，很得康熙寵愛。因此，康熙每年秋天到承德附近的獵場行獵時，都樂意把他帶上。

有一天，康熙帶上弘曆，又去獵場行獵，遇到一隻大熊，康熙手疾眼快，一槍射去，那熊當即應聲倒在地上。他為了讓孫子落個幼能射獵的美名，就命弘曆用槍去射這隻身受重傷將要死去的大熊。誰知弘曆飛身上馬後，正要舉槍去射，不料那熊竟又忽地站起身來，向弘曆撲去。康熙生怕孫子受驚，急忙拍馬來到弘曆前面，「啪」的又是一槍，將大熊射死。他回頭再看弘曆，卻見他坦然自若，毫無懼色，並用帶有埋怨的口氣對爺爺說：「還沒等我開槍，你就把牠打死了，真可惜！」

康熙道：「傻孩子，若等到你開槍的時候，就不定牠早把你一口吃掉了！」

弘曆瞪大眼睛，以十分認真的口氣說：「我有槍在手，牠才不敢呢！」

康熙聽了，不由得哈哈大笑道：「好個有膽有識的孫兒！」

回到避暑山莊，康熙高興地對妃嬪和隨行的大臣說：「弘曆這個孩子，有膽有識，是我大清朝的福氣，將來肯定會勝過我們！」

接著，康熙又傳見弘曆的父親雍親王胤禛和弘曆的母親鈕鈷祿氏，再次稱讚弘曆是個不同一般的孩子，要他們悉心培養。

據資料記載，康熙原來並不喜歡四子胤禛，但是，由於弘曆受到了康熙的寵愛，胤禛在康熙心目中的地位也有了改變；特別是在獵場弘曆的一句話，使康熙大為振奮，甚至有將來讓弘曆即位之意。胤禛心中明白，他的父皇如果讓弘曆將來即位，就必須先傳位於他。因此，胤禛心中萌發了將來可能即位的希望，對弘曆也就更加愛惜。

事情果不出胤禛所料，西元一七二二年十一月十三日，康熙病死，遺

詔胤禛即位，後來人們稱胤禛為雍正皇帝。

雍正皇帝深深地知道，他的即位，是沾了兒子弘曆的光。所以，他在即位後的次年八月，便以祕密立儲的方法，將弘曆確定為自己的繼承人。

西元一七三五年八月二十三日，雍正死後，弘曆便於當日根據遺詔，登上了大清皇帝的寶座，改年號為乾隆，這就是歷史上的乾隆皇帝。

四、妙語連珠

晏子巧辯楚王

在中國歷史上，從西元前七七○年周平王東遷洛邑，到西元前二二一年秦始皇統一中國，史稱春秋戰國時期。

這個時期的周王朝，實際上早已是名存實亡了。周天子雖然仍舊坐在京城的寶座上，但在中國大地上，已經出現了一百多個各自為政的小國。這些小國之間，矛盾尖銳，戰事不斷，誰都想吃掉別國，誰都想稱王稱霸。

就說齊國吧，自齊景公上臺執政之後，一想起先輩稱霸中原的偉業，心裡便躍躍欲試。但是他深知，要想稱霸中原，必須首先制服南方的楚國。但齊景公還不知道楚國的底細，不敢貿然對楚用兵。於是，他就派晏子出使楚國，去探聽一下楚國的虛實。

楚國這時正是楚靈王執政。楚靈王是一個目空一切、專橫跋扈的昏君，根本不把中原各國放在眼裡。

當楚靈王得到齊國將派晏子來訪問的消息後，就叫了幾個親信大臣，湊在一起商量對付晏子的計策，想侮辱一下齊國的使者。

楚靈王對他的大臣說：「齊國這次派來的使者是晏子。晏子是齊國赫赫有名的大臣，此人足智多謀，能言善辯。這回他來了，咱得想個法子捉弄捉弄他，叫他嘗嘗咱們的厲害。」

大臣們聽國君這麼一說，一個個都皺緊眉頭，挖空心思地在想壞點

133

子。過了一會，一個大臣站起來說：「聽說晏子身高不過五尺，咱們在城門一側挖個跟他差不多高的洞子，等晏子來時，讓他從這個洞子裡進來。」

眾大臣一聽，一齊拍手叫好。

楚靈王立即吩咐兵士馬上動手挖城牆。接著，大臣們又給楚靈王獻了不少鬼點子。

這一天，晏子率領齊國的使團來到楚國都城的門口，正要邁步入城，只見一位迎接他們的大臣說道：「請你們從這裡進去。」

說著，這大臣用手指了指城門口旁邊的那個剛剛挖好的洞子。

晏子斜眼一看，頓時怒火湧上心頭，他真想馬上轉頭就回去，可轉念一想：如果這樣走了，雖然能為齊國出口氣，但這次出使楚國的任務，怎麼能完成呢？他穩了穩神，便走上前去，鄭重其事地對楚國大臣說：「這是狗洞，不是城門！」

說完，他用譏諷的目光掃了那位大臣一眼，嘴角上還露出一絲淡淡的冷笑，又說：「我是到人國來訪問的，就應該走人們通常可走的正門。假若楚國是狗國的話，那麼，我們情願從這矮小的狗洞裡進去。」

那位楚國大臣被晏子不冷不熱地罵了個張口結舌，目瞪口呆，只得羞慚地讓晏子一行從正門進城了。

這時，楚靈王正在大堂口等著晏子呢。當晏子走到楚靈王跟前時，楚靈王只微微欠了欠屁股，翻翻白眼珠，故作驚訝地問道：「怎麼？齊國難道沒有人了嗎？」

晏子一聽，就知道楚靈王又在捉弄他們。於是，他便不甘示弱地回敬道：「瞎子才會說齊國沒有人了呢！且不說別處，就拿臨淄城來說，人就

多得數也數不清。街上的行人，只要一揚手，就能遮住太陽；他們揮一揮汗水，地上就如同下過一場大雨。一年到頭，大街上的人總是肩擦肩，腳碰腳，怎麼能說齊國沒有人了呢？」

楚靈王故意一本正經地問道：「既然齊國那麼多人，怎麼派你這麼一個矮小的人來出使楚國呢？」

晏子把兩手往腰間一叉，一眼一板地說：「既然大王問起來，我就照實說了吧。我們齊國向外派遣使者是有講究的，一般說來，聰明人總是被派到明君的國家裡；平常的人，總是被派到平庸國君的國家裡；無能的人，總是被派到無能的人做國君的國家裡去。我是齊國最無能的人，所以，就被派到貴國來了。」

晏子這一席話，像是一支鋒利的箭矢，直插到楚靈王的心窩裡，弄得他十分尷尬。

楚靈王輸了這一招，便讓侍從們端上酒菜，接待晏子。以便繼續尋機侮辱晏子。

酒過三巡，忽然見兩位士兵押著一個五花大綁的人走進宮來，報告楚靈王說，這是剛才捉到的一名罪犯。

楚靈王故意問道：「犯的何罪？」

士兵回答說：「他是個盜賊，剛才到東大殿裡偷東西，被我們逮住了。」

楚靈王把臉一沉，「呼」地一聲站了起來，對著那個犯人喝問道：「你是什麼人，膽敢大我的宮殿裡偷東西？」

那盜賊嚇得連忙跪在地上，口吃地說：「小民是齊國人，家裡窮得實在沒辦法了，我才到這裡來偷東西的，請大王饒命。」

說完，這人搗蒜似地磕起頭來。

楚靈王聽了，便吩咐士兵說：「先押下關起來，等酒席散後再做處理。」

士兵押著盜賊走了，楚靈王坐下來，用眼盯著晏子，得意地說：「原來齊國人很善於盜竊啊！」

晏子聽罷，隨即從席位上站起來，一本正經地說：「人們常說，桔子這東西，長在淮河以南，結的果實又甜又大；但是，如把它移栽到淮河以北，結的果實卻又酸又小。這是為什麼呢？這是因為水土不同的緣故。同樣的道理，剛才這個人，在齊國不偷盜，到了楚國卻偷起來了，這大概是由於貴國水土的緣故吧。」

楚靈王被晏子說得瞠目結舌，他手下的大臣們一個個也都目瞪口呆。楚靈王弄巧成拙，連遭三次失敗，再也不敢輕視晏子了。

晏子從楚國凱旋而歸，齊景公聽說了晏子在楚國的辯詞，心裡十分高興，便親自設宴招待晏子，並詳細聽取了晏子從楚國摸回來的一些重要情況。不久，齊景公就發動了對楚國的戰爭，取得了很大的勝利。

子貢一箭五雕

子貢是春秋時代大思想家孔子的學生，被後人稱作是「縱橫家的祖師」。

子貢在孔子門下求學時，正逢齊國的大將田常想在國內作亂，以謀取君位，但又害怕國內的高固、國佐等人。於是，他決定調動自己的部隊先去討伐魯國，其用心是顯而易見的。

消息傳來，孔子萬分憂慮。他對學生們說：「魯國是我祖宗墳墓的所在地，你們誰能出面去制止田常攻打魯國呢？」

孔子說完，子路第一個站起來說：「請允許我出使齊國，我能讓田常改變……」

孔子打斷了子路的話說：「不行，不行。」

接著，子張、子石也請求前往，孔子擺擺手，也不同意。

「讓我出面吧！」子貢站起來說。

孔子看了看子貢，信任地點了點頭。

於是，子貢到了齊國，他向田常遊說，說：「你討伐魯國，實在是大錯誤！魯國是難以攻取的，它的城牆又薄又低，它的土地狹小而不肥沃，它的國君愚蠢而不仁義，它的大臣都是無能之輩，它的士兵和老百姓最厭惡用兵打仗，這些都是不能與他們作戰的理由。你不如討伐吳國。吳國的城牆又高又厚，土地寬廣肥沃，士兵都經過嚴格的訓練，又有眾多賢明的大臣。這些都是吳國容易被攻克的原因。」

田常一聽，臉色大變，憤怒地說：「你所認為困難的，人們認為是容易的；你所認為容易的，恰恰是人們認為困難的。用這樣是非顛倒的道理來教訓我，用心何在？」

子貢不慌不忙地說：「我聽說，憂患在內的，攻擊強敵；憂患在外的，攻擊弱者。現在您想攻取魯國而擴大齊國的勢力，當然容易取勝。然而，每戰必勝必然導致國君驕橫傲慢，攻城掠地必然使臣下妄自尊大。而打敗了魯國，也沒有你的功勞，君主當然會疏遠你。這樣做，還想成大事就難了。因為君主一驕橫就會恣意妄為，群臣一放肆就會爭權奪利。這樣一來，你還想立於齊國就危險了。所以說，不如討伐吳歷。討伐吳國不能獲

勝，百姓和官員死在國外，國內大臣心虛，這樣，你上邊沒有強臣作你的對手，下邊沒有官員指責你的過錯。孤立國君、制服齊國就只有你了。」

這一席話打動了田常，田常說：「好啊！但我的兵已派往魯國了，如果現在改變主意去攻打吳國，大臣們必然會對我產生懷疑，怎麼辦呢？」

「你可按兵不動，我請求前往吳國，讓吳國救魯伐齊，你再因此而派兵迎戰吳國。」

田常同意了子貢的計策。子貢就動身去吳國了。

子貢面見吳王后，勸說他：「我聽說，做國君的不能沒有後代，想建立霸業不能有強大的對手。如今擁有萬乘之眾的齊國，要私自奪取有車馬千乘的魯國，與吳國爭強。我私下為大王您擔憂啊！況且，解救魯國，會顯名於天下。討伐齊國，又有大利可圖，使強大的晉國屈服。再沒有比這更大的好處了。名義上是保全了危在旦夕的魯國，實際上是困住了強大的齊國，有智慧的人對此是不會懷疑的。」

吳王說：「好主意啊，但我曾經與越國作戰，將他們圍在會稽。越王正苦心勵志，有對我報復之心。你等我討伐完越國以後，再聽從你的計策吧。」

子貢說：「越國的影響不如魯國，越國的強大不如齊國。如果大王放棄齊國而進攻楚國，那麼齊國就會趁機把魯國吞併了。況且大王討伐小小的越國，而懼怕強大的齊國，可不算勇敢啊！如今您應當保存越國，以向諸侯們顯示您的仁義；解救魯國，討伐齊國，而向晉國施威，那麼各國諸侯必然會競相歸順吳國。如果大王實在仇恨越國的話，我去面見越王，令他出兵，跟隨大王討伐齊國。這樣做實際上越國就空虛了。」

子貢的這一番話，又打動了吳王，吳王十分高興，就派子貢前往越國。

越王聽說子貢要來，修治道路，到郊外迎接子貢，並親自駕車送子貢到邸舍。

越王問子貢：「您為什麼屈尊光臨這裡呀？」

子貢說：「我勸說吳王救魯伐齊，吳王雖然有想去的意思，但又害怕越國，聲稱『等我討伐完越國後才行』，如果這樣，攻取越國就是必然的了。再說，沒有報復別人之心，而讓人產生懷疑，這是笨拙的人；有報復別人之心，而被人知道，這就危險了；事情還沒辦，就走漏了消息，這就可能毀於一旦了。這三種情況都是幹事情的大患呀！」

越王勾踐再次拜謝子貢說：「您有什麼好辦法嗎？」

子貢說：「吳王為人殘暴，眾大臣都不堪忍受，國家因為屢次戰爭，官兵和百姓都無法忍耐。如今大王你真心發兵幫助他，以讓他不再有滅越的心思；用重金來取悅他的心；用謙卑的話表示對他的尊從。那麼，他一定會討伐齊國，而不再與越國為敵。如果他討伐齊國沒有取勝，就是大王的福氣。如果他戰勝了齊國，必然用兵威逼晉國。我再請求去見晉國國君，讓他與諸侯一起攻打吳國，吳國必然被削弱。這時大王趁機進攻吳國，一定會滅掉吳國的。」

越王十分歡喜，同意照子貢的計策行事。

五天之後，越王派大夫種到吳國，大夫種叩頭對吳王說：「我們聽說大王將興義兵，討伐殘暴的齊國。我們請求將國內士卒三千人全部出動，越王請求親自披堅執銳，作為先鋒，首先迎戰敵人。因此，特派賤臣種，貢奉先人所收藏的寶物。」

吳王大喜，將情況告訴了子貢，說：「越王想親自跟我去討伐齊國，可以嗎？」

子貢說：「不行啊，讓人家國內空虛，將人家的軍隊全部出動，還讓人家的國君跟隨你去作戰，這是不義。」

吳王聽後欣然許諾，謝絕了越王的請求。於是，吳王發動九郡的兵力去討伐齊國。

隨後，子貢又來到了晉國，對晉國國君說：「我聽說，不預先考慮事情的後果，就無法應付突然的事變；不預先分析軍事形勢，就不可能戰勝敵人。如今吳國與齊國就要打仗了，如果齊國打敗了吳國，齊國必然隨之大亂；如果吳國打敗了齊國，吳國必將兵臨晉國。」

晉國國君大驚，問子貢：「對此應該怎麼辦呢？」

子貢說：「修造武器，休養士卒，作好與吳國打仗的準備。」

晉國國君同意了。

子貢離開晉國到了魯國，吳王果然大敗齊軍，又兵臨晉國，與晉國軍隊在黃池相遇。晉軍勇猛攻擊，大敗吳國的軍隊。越王聽了這個消息，馬上渡江襲擊吳國。吳王聽說後，離開晉國返回吳國，與越國在五湖交戰。打了三仗，都未取勝。吳國城門失守，越王包圍了王宮，殺死了吳王夫差和他的臣相。

子貢出使，保全了魯國，搞亂了齊國，滅了吳國，使晉國強盛，並使越國稱霸，十年之中，改變了五個國家的命運。

墨子的智慧

墨子是春秋戰國之際偉大的思想家，他的真名叫墨翟。墨翟怎麼又叫墨子呢？原來，在古代，「子」是人們對有學問的人的一種尊稱，就像現在

我們把有學問的人稱作「先生」一樣。墨子也是一個很有學問的人，遇事肯動腦子，又很有口才，能說善辯，所以在當時他就很有名了。

和墨子同時代有個「巧手大匠」叫公輸般，他是魯國人，可是在楚王手下做事。公輸般是個有名的木匠，腦子很聰明，手又很巧，會做一些新鮮玩意。楚國當時是個很強大的國家，本來就有點仗勢欺人。公輸般到楚國以後，把自己發明的一些攻城殺人的工具獻給了楚王，楚王用這些工具把一個小小的越國打了個落水流水。

這一來，公輸般更來勁了，他思索來，思索去，發明了一種攻城的雲梯。這雲梯豎起來比城牆還高，站在上邊不但能看見人家城裡的一切動靜，還可以在上邊向城裡射箭。

楚王一看見這個奇妙的雲梯，特別高興。他想：「有了這個玩意，什麼國家我都可以打敗了。」可是這個雲梯到底靈不靈呢？楚王就想用它去攻打宋國，試試它好用不好用。決心一下，楚王就調兵遣將，要出兵開打了。

宋國是個小國，聽說楚國要打它們，試試雲梯的作用，人人心裡又著急，又害怕。這個消息傳到墨子的耳朵裡，他知道楚王要拿宋國老百姓的命來試驗雲梯，可氣壞了。他對人說：「真是豈有此理！我一定得到楚國去見見這位巧手大匠，見見楚王，跟他們說說道理，把宋國的老百姓救出來。」

有人勸他不用管這個閒事，可是他一定要管。

墨子經過千辛萬苦到了楚國，心想：「我得先說服發明雲梯的公輸般。」

這兩人一見面，公輸般就問：「老先生大老遠地到楚國來，有什麼見教啊？」

墨子想了想，說：「哎呀，我碰到難題啦！北方有一個人常欺負我，我這次來想請你替我殺了他，為我報仇！」

「這，這事我怎麼能做呢！」

「我不是白叫你替我殺人哪，你要是替我殺了，我可以給你許多金銀當酬勞！」

「那也不行！我是個講理的人，我不能無故殺人。」

墨子聽公輸般說了這句話，立刻給他行了一個大禮：「太好啦！您絕不無故殺人。那麼請問，宋國的老百姓犯了什麼罪，您為什麼發明雲梯去攻打宋國，去殺宋國的老百姓呢？」

公輸般一聽，頓時沒詞了，憋了老半天才說：「這，這不是我的意思，這是我們大王決定的。」

「那就請您帶我一塊去見你們大王吧！」

公輸般沒辦法，只好帶著墨子去見楚王。

見了楚王，墨子一拱手：「大王，墨翟向您敬禮了！」

「啊，墨翟，聽說過你的大名。你找我有什麼事啊？」

「大王啊，我有個新鮮事想向您報告。在我們那裡住著一位很闊綽的人，他有高頭大馬、特別漂亮的大馬車，誰坐著誰都說很舒服，可是這個人偏偏把街坊窮人家的破轎子偷了來坐；他有很好的衣服，都是綢緞繡花的，可他不穿，偏把人家的破舊短衣偷了來穿；他家有的是牛羊雞鴨魚肉，不是很好吃嗎？可他不吃，偏偷人家的糠餅餑吃。大王，您看這個人怎麼樣啊？」

楚王一聽，笑得腰都彎了：「哈哈哈哈，這個人不是有偷東西的毛病，就是神經病。」

「大王說得一點也不錯。可是您說是楚國大、楚國富，還是宋國大、宋國富啊？」

「那還用說，自然是楚國又大又富啊！」

「我看楚國、宋國可值得一比呀！」

「比從何來？」

「楚國就像是個闊人家，宋國就像是一個窮人家，楚國所有的東西宋國一樣也比不上。要是大王用公輸般發明的雲梯去打宋國，奪宋國的東西，不就像我剛才說的闊人偏偏要偷窮人的東西一樣嗎？」

楚王一聽，低著腦袋不說話了。可是他想了想，又說：「我想試試公輸般的雲梯好不好用。」

「是該試試，可是不必用宋國的人命來試呀！」

「那，那用什麼試呢？」

「我們用下棋的方法試試就行！」

「下棋？」

「對！」

墨子把自己的腰帶解下來，立在桌上，圍成一個圈兒，又拿幾個木頭片兒擺在腰帶外邊，然後說：「大王，這條腰帶就算是城牆，這木頭片兒就算雲梯，我來當守城的，咱們來比試比試吧！」

「好，公輸般，你和他比比。」楚王看了看說。

公輸般也仔細看了看，然後拿著小木頭片兒就開始進攻了。公輸般雖然是個「巧手木匠」，作木匠活兒很能幹，但是不懂戰術，攻了半天，也沒占到便宜。公輸般把木頭片兒一揚說：「你這種守法誰不會？我要是守，

你也攻不進。」

「好,那咱們就換換,我來攻,你來守。」

公輸般拿腰帶當城牆,當了個守城的。墨子拿小木頭片兒當攻城的雲梯,兩個人又比試開了。

瞧,墨子一攻,公輸般就學著墨子剛才的方式守,可是墨子用了個巧妙的計策,假裝在這邊攻,公輸般剛要在這裡守,墨子突然把攻的地方變了,公輸般還沒明白是怎麼回事呢,墨子已經攻進「城」去了。公輸般說:「這次我大意了,再來,再來!」

公輸般還是當守城的,墨子還是當攻城的,這一攻一守還沒交戰幾個回合,墨子又攻進去了。

墨子笑笑說:「公輸般這雲梯確實厲害,可是我還沒用火哪,用火一燒,您這雲梯恐怕就更不行了!」

公輸般一聽,臉紅了。楚王在旁邊看得明明白白,他把臉一板,氣哼哼地說:「哼哼,我有辦法對付你!」

墨子聽了又是一笑:「您的辦法不用說我也明白,不過您的辦法用了也是白用。」

「你,你知道我用的什麼辦法?」

「您的辦法就是等我出去後,派人把我殺了,然後再去打宋國,這樣就沒有人會抵抗了。可是您錯了。我的學生很多,我早把我的辦法教給他們了。您就是殺了我,也肯定不會成功!」

楚王一聽這話,洩氣了。他剛才親眼看見墨子是真有本事的,而且說出話來很有道理,就自己給自己找了個臺階下:「墨老先生,剛才我不過是同你開個玩笑。我們堂堂楚國怎麼會欺負小小的宋國呢?這叫,叫什麼來

著？對，叫『師出無名』。我們是絕不會辦這種事的，我是說到做到！」

這場鬥智，墨子戰勝了楚王和公輸般，終於把楚國要攻打宋國的念頭打消了。宋國上下聽說後，都非常感謝墨子，無不讚嘆墨子那智慧的頭腦。

吳使善辯免死罪

春秋末期，諸侯之間相互併吞，戰火連綿。楚國擁有精兵強將，沃野千里，楚王藉此稱霸，決心攻打吳國。當時吳國勢單力薄，哪是楚國的對手。於是吳王急忙派使臣率人前去慰勞楚軍，想阻止戰爭的爆發。

楚將收下吳國送來的金銀玉帛和佳釀美粟後，傲慢地瞟了吳國使臣一眼，喝道：「捆起來殺掉，用這個使臣的血塗抹戰鼓。」

使臣爭辯道：「將軍，我們誠心慰勞，可不能斬來使呀。」

楚將捋了捋油黑的絡腮鬍鬚，哈哈大笑：「慰勞？這叫朝貢！你們區區小國，只要楚兵每人吐一口唾液，便可淹死你們的臣民。難道我還要禮遇你這種弱國賤民嗎？」

使臣眼看就要被五花大綁，坐而待斃，決心自我拯救，不辱使命。忽然放聲大笑起來：「這次到楚國，果然吉利！這是吳王的恩德呀。」

楚將被使臣的朗聲大笑弄糊塗了，問道：「你來時占卜了？」

使臣微笑地點點頭，說：「很吉利呀。」

楚將冷冷地譏笑道：「可現在我就要把你殺了，吉在哪裡呀？」

吳國使臣挺前幾步，坦然地答道：「你若把我殺了，這正是吉利之所在。因為吳國派我來，本來就是要試探將軍的態度。如果將軍發火了，那

麼吳國就將深挖護城河，高築壁壘，全民皆兵，與楚軍決一死戰；如果將軍態度和緩，那麼吳國就不相信楚國會去進攻，防守就會鬆懈。現在將軍要殺我，吳國獲悉後一定會加強警戒，死我一人而保全了國家，這不是吉利又是什麼？」

楚將聽了，猛然間對衛士揮揮手說：「放了他。」於是，使臣完成使命，平安回到了吳國，楚國也知吳國已有準備，便打消了進攻的念頭。

子貢妙喻孔夫子

一天，魯國大夫叔孫武叔在朝廷中對其他官員說：「大家都說孔子了不起，我看子貢比他的老師強。」

子服景伯聽說此話後，轉達給子貢聽。

子貢不以為然地笑笑道：「此事就不對啦，我怎麼及得上老師呢？拿房屋的圍牆來作比喻吧，我家的圍牆只有齊肩膀那麼高，誰都可以看見裡面房屋的美好。而我的老師的圍牆卻有幾丈高，人們又找不著大門進去，那就看不見他那宗廟的壯美，他那房舍的多種多樣啦。能夠找著大門進去的人或許不多吧。因此，叔孫武叔老先生那麼說，不也是很自然的嗎？」

子服景伯覺得子貢的比喻既新鮮又貼切。

後來，子貢聽見大夫叔孫武叔譭謗自己的尊師孔子，心裡很是氣憤，他找到叔孫武叔說：「先生您不要這樣做！仲尼老師是譭謗不了的。別人的賢能好比小山丘，還可以超過；仲尼老師卻好比太陽和月亮一樣，是沒辦法超過的。有人縱然想自絕於太陽、月亮，可那對於太陽、月亮又有什麼損害呢？只是看出他太不自量罷了！」

又有一次，有人對子貢說：「您對仲尼那麼恭敬，難道他真比您強嗎？」

子貢說：「君子說一句話可以表現他聰明，也可以說一句話表現他不聰明，由此可見，說話是不能不謹慎的。我的老師不可趕上，如同上天不能用梯子一級一級地爬上去一樣。我的老師如果當上國家的君主或得到采邑成為卿大夫，他要百姓在社會上站住腳跟，百姓便都自然地站住腳跟；若引導百姓前進，百姓自然都跟著前進，若安撫百姓，百姓自然都會前來投奔；若動員百姓，百姓自然會同心協力。他老人家生得光榮，死得可惜，別人怎麼能趕得上呢？」

馬伕巧言勸農夫

一天，孔子帶著子貢和幾位弟子，騎馬郊遊。孔子下了馬，一行人坐在草地上欣賞著優美的景色。誰知他們的馬跑到田裡踐踏起莊稼來，農夫在地裡大聲責罵起來。

孔子趕緊叫子貢賠個不是，把馬牽回來。

子貢走到農夫跟前，又作揖，又致歉，措詞有禮，態度誠懇，滿以為這樣一來農夫就會破怒為笑，把馬還給他。可是，農夫依然滿臉怒氣地說：「我不知道你在說些什麼，你這匹馬踐踏了我的莊稼，你得賠我！」

子貢只好哭喪著臉回來向孔子覆命。孔子忽有所悟把馬伕叫來，說：「馬踩了人家的莊稼了，你跟人家說說，把牠帶回來。」

馬伕沒等走到農夫身邊，就大聲讚嘆說：「多好的莊稼地啊，這真是一片少見的田地。這位大爺，您家的土地太廣闊了，像這麼好的地我還從未見過呢！嗨，我那頭可憐的馬，一路跑來，大概快餓扁了，這不，我一

不留神，竟跑到您老人家的地裡來了，真是不懂事的畜牲，這麼好的莊稼，怎麼忍心糟蹋，我回去非得狠狠揍牠一通不可！」

馬伕的這一席話，說得農夫臉上露出了笑，態度大變：「其實這地也不算大，莊稼長得還行。這是您的馬啊，快拉走吧，以後得看緊點。」

馬伕樂哈哈地把馬給牽回來了。

孔子感慨地教訓弟子們說：「對什麼人就說什麼話，這是很重要的處世經驗呵！」

晏嬰下棋妙諫君

春秋時期，齊國有個政治家，名叫晏嬰，人們尊稱他為晏子。

有一天，晏子聽說齊莊公在花園裡與妃子們下棋，就去求見莊公。莊公見來了一位棋壇高手就撇下妃子請晏子與他對弈。兩人你來我往地下得正歡。

晏子身任齊國相國，這次來見莊公，是帶著任務來的。國君急於要他下棋，他只得按下話頭不提，在棋盤上猛打猛衝起來，不一會功夫，就吃了莊公不少棋子。莊公沉著應戰，慢慢地轉敗為勝，贏了晏子一局。

莊公一向知道晏子棋藝高超，今天為什麼失敗得如此之快呢？就問晏子道：「相國文韜武略，滿腹才學，幫助寡人治理國家都駕輕就熟，為什麼這局棋下得如此糟糕呢？」

「臣有勇無謀，輸給國君是情理中的事。」晏子用手指著棋盤說，「下棋是這樣，管理國家大事也是這樣，臣已經很難勝任相國的重任了。」

莊公吃了一驚，晏子自擔任相國以來，協助自己把齊國管理得井然有

序，是一個很有名望的重臣，今天為什麼說出這樣洩氣的話來呢？猛然間，莊公覺得這是晏子在委婉地批評自己偏愛勇力而不重視仁義的做法，臉上微微泛紅。

應該說這位國君還有一些自知之明。這些年來，由於莊公偏護那些勇武有力的人，使武夫們滋長驕傲，傲視百官，欺壓百姓，鬧得京城雞飛狗叫，人仰馬翻。一些有見識有作為的文臣得不到重用，官風民風越來越壞。不少大臣勸說過莊公，他怎麼也聽不進去。今天晏子的一句話倒使莊公警覺起來，很想聽聽晏子對重用武夫的看法，於是坦率地問道：「請相國實話告訴我，古時候有沒有哪一個國君單單依靠勇力能夠安邦治國的呢？」

晏子回答說：「夏朝末年有大力士推侈、大戲，殷朝末年有勇士弗仲、惡束，這些人都能日行千里、力擒虎豹，可是他們卻無力挽回夏桀、殷紂的滅亡。夏、商的覆滅告訴我們一個真理：光靠勇力而不講仁義，沒有一個不失敗的。」

莊公仔細體會晏子說的話，認為他說得很對，就恭恭敬敬地站起來，感謝晏子的中肯批評，表示以後一定要重視仁義。

兩人又重新下起棋來。這次晏子不再是猛打硬衝，而是精心布局，進退有致，莊公很快就抵擋不住而節節後退。「同樣一個晏子，為什麼兩局棋的下法完全不一樣呢？」莊公心裡思忖著，猛然間，他終於悟出了其中的道理：這是晏子用下棋來教育自己改正錯誤，今天在棋盤上的收穫真多呀！

伍子胥智過昭關

伍子胥是楚國賢臣伍奢的兒子。伍奢被楚平王所殺，伍子胥悲憤萬分，與宋國太子建密謀，那知事不機密，太子建又被殺害，伍子胥只好倉

皇出逃。於是就有種種伍子胥過昭關的故事。其中一個傳說是：

伍子胥被關吏捉住了，他卻威嚇官吏說：「你知道王上為什麼追捕我嗎？原來是因為我有一顆價值連城的寶珠啊！老實告訴你：現在這顆寶珠已被我弄丟了，你抓我抓得正好，我就可以把寶珠賴在你身上，一口咬定說是你奪取了我的寶珠並且把它吞到肚裡了，看你怎麼去對王上分辯？那時王上一定會殺死你，剖開你的肚子尋找他的寶珠，我即使也會被殺，你的腸子可早已斷成一寸一寸的了。」

關吏聽了他這番厲害的話頭，早已嚇傻了眼，只得乖乖地把伍子胥放走了。

張儀巧說得寵信

張儀與蘇秦是戰國時代提倡「合縱連橫」的策士。張儀是以「連橫」政策的創立者身分活躍在各國間的政治舞臺上。而這之前，他到楚國遊說，同其他策士一樣，受到楚懷王的冷遇。楚懷王是個昏君，曾驅逐忠貞的屈原，楚懷王又十分愛好女色，特別寵愛南后和鄭袖兩個美人。

張儀抓住了這個機會，胸有成竹地謁見楚懷王。見面之後張儀提出：「我在這裡也待一段日子，一直沒有什麼成就，因此我想前往晉國試試看。」

「好吧！」

「那麼，晉國的物品有什麼是您想要的？」

「在我的國家裡，黃金、寶石、犀角、象牙……樣樣都有，我沒有想要的。」

　　張儀單刀直入地說：「美女也不想要吧？」不等楚懷王回答，張儀就誇張地說：「鄭、周等地的美女，對外地人而言，簡直就像仙女下凡一樣。」

　　聽到這裡，楚懷王坦白地說：「楚國是個偏僻的小國，這裡的女人無法與中原諸國的美女相提並論。如像有出色的美女，我當然是喜歡了。」

　　經過一番交談，張儀取得了懷王的信任，並得到高價珠寶以及到晉國去所需的費用。張儀又巧妙地把他要去晉國為楚懷王帶回美女的消息傳播出去，傳到了南后、鄭袖的耳裡。

　　南后與鄭袖聽了整日焦慮不安。不久，南后派人為張儀送行，送去黃金千兩。同時，鄭袖也派人贈送張儀黃金五百兩。這兩個人的目的是再清楚不過的了。

　　張儀以辭別為藉口謁見懷王。說了幾句話，張儀提出：「今日一別不知何時才能再見，請賜給我一席離別之酒。」

　　「好吧！」

　　張儀又進一步提出：「席上只有你我兩人，著實有些寂寞，是否能請出你所寵愛之人來相陪。」懷王於是讓南后和鄭袖出來斟酒作陪。

　　張儀仔細打量著她們兩位之後，便很恭敬地對懷王說：「在下有一事，真是抱歉。」

　　「什麼事？」

　　「我走遍天下，至今未看見像南后、鄭袖這般美女。而我卻又不自量力地要為懷王您到晉國去找美女，真是愧對懷王的厚愛。」

　　懷王一聽張儀盛讚自己所寵愛的兩個美人，也喜不自勝，高興地說：「你的想法和我一樣，我也覺得她們是世界上最美的女人。」

　　張儀不費吹灰之力，便得到楚懷王、南后、鄭袖等三人的寵信。

江乙巧妙答楚王

這一段時間楚宣王心事重重很不高興，到了坐臥不安的地步。這是為的哪一件事呢？原來楚國有一個叫昭奚恤的名將，權勢和威望越來越高，北方諸侯都很敬畏他。主將有威信，士卒肯效命，邊塞就安寧，這本來是楚國的福音。可是這位楚宣王疑心病太重，害怕昭奚恤有朝一日奪了他的王位，就日夜盤算著如何對付這位主將。

楚宣王想先聽聽群臣的意見再作打算。有一天，他向群臣問道：「我聽說北方的諸侯怕昭奚恤，就像森林中的百獸看見老虎一樣，有沒有這回事呀？」

這叫大臣們如何回答？北方諸侯敬重昭奚恤，他們都聽說過，有的還親眼看見過這種令楚國人自豪的場面。但是，今天楚宣王臉色很不好看，唐突地問起這樣的問題，大家都誠惶誠恐地不敢回答。

這下子楚宣王更犯了疑，是不是群臣也怕昭奚恤而不敢說話呢？

這樣的僵持場面繼續下去會難以收場，楚宣王反而更加遷怒於昭奚恤，而這位主將一旦蒙冤，對楚國會有好處嗎？

在楚國做官的魏國人江乙站了出來，可是卻不說昭奚恤的事，而給楚宣王和大臣們講起一個故事：

「有一次，一隻老虎抓到一隻狐狸，正想撕開牠的皮肉美美地飽餐一頓，想不到狐狸不但不害怕，反而十分傲慢地對老虎說：『你有什麼資格可以吃我？我是天老爺派下來做百獸首領的，你今天吃了我，就違抗了天老爺的命令而要得到處罰。你也許不相信，那好，我們一起到樹林裡去走走，百獸看到我會不會爭先恐後地逃跑？』老虎真的跟著狐狸在林子裡轉

了一圈，野獸見了都四散逃命去了。老虎不知道百獸害怕的是他自己，誤以為真的是怕狐狸，因此就讓狐狸大搖大擺地走了。」

楚宣王聽到這裡，若有所悟地點點頭。

江乙又說：「今天，楚國有五千里江山，也夠強大的了。又有幾十萬軍隊，大王都交給昭奚恤指揮，所以北方諸侯才害怕昭奚恤，不敢侵犯楚國的邊疆。其實，他們是害怕你大王，這同百獸害怕老虎是一樣的道理。」江乙言真詞切的一番分析，終於打消了楚宣王心中的疑問，重新信任昭奚恤，楚國因此得到了較長時間的安定。

孟子妙語問邑宰

孟子到了齊國邊境的平陸，對當地的邑宰（相當今日的縣長）孔距心說：「如果你的士兵一天三次失職，你開除他嗎？」

邑宰答到：「不必等到三次，我就開除他了。」

孟子說：「那麼你自己失職的地方也很多了。災荒年成，你的百姓，年老體弱拋屍露骨於山溝中的，年輕力壯逃亡於四方的，已將近千人了。」

邑宰答道：「這個事情，不是我的力量所能做到的。」

孟子說：「譬如現在有一個人，接受別人的牛羊而替別人放牧，那一定要替牛羊尋找牧場和草料了。如果牧場和草料都找不到，那麼是把牠們退還原主呢，還是站在那裡看著牠們一個個死去呢？」

邑宰答道：「這個就是我的罪過了。」

鄒忌妙答淳于髡

戰國的時候，鄒忌當了齊國的丞相。淳于髡心裡很不服氣，就帶了幾個學生來見鄒忌。

淳于髡大模大樣地坐在上位，他問鄒忌：「做兒子的不離母親，做妻子的不離開丈夫，對不對？」

鄒忌說：「對。我做君子的不敢離開君王。」

淳于髡說：「車軲轆是圓的，水是下流的，是不是？」

鄒忌說：「是。方的不能轉動，河水不能倒流。我不敢不順著民情，親近萬民。」

淳于髡說：「貂皮破了，不能用狗皮去補，對不對？」

鄒忌說：「對。我絕不能讓小人占據高位。」

淳于髡說：「造車必須算準尺寸，彈琴必須定準高低，對不對？」

鄒忌說：「對。我一定注意法令，整頓紀律。」

淳于髡聽了這些回答，站起來恭恭敬敬地向鄒忌行了個禮，告辭了。

學生問：「老師剛來見丞相，是那麼神氣，怎麼臨走時倒行起禮了？」

淳于髡說：「我是去叫他猜謎語的，想不到我才提了個頭，他就順口接了下去，他的才幹確實不小，對這樣的人我怎麼能不行禮呢？」

蘇厲智諫白起

秦國大將白起準備率軍進攻梁國。

蘇厲勸秦國大將白起說：

　　楚國有個人叫養由基，善於射箭。他在離柳樹百步之外，射柳葉百發百中，周圍的人都稱讚他射得好，有個人卻走過來說：「是射得好，可以讓我來教你怎麼射了。」養由基不高興地說：「你說教我射箭，為什麼不射給我看呢？」那人說：「我不會教你伸左屈右之類的射箭技巧，只想告訴你善於射箭也要善於休息。射柳葉百發百中，如果不善於休息，過不了多久就沒力氣了。到時拉弓搭箭，有一箭射不中也會前功盡棄。」

　　蘇厲繼續勸白起說：「將軍攻下韓國和魏國，殺掉犀武；又北上攻打趙國，占領藺離、石祁，功勞很大。如今又率領秦國軍隊出關，取道韓國，進攻梁國。如果攻不下來，不是前功盡棄嗎？將軍不如稱病不去算了。」白起聽從了他的勸告。

一碗金子

　　從前，新疆有個維吾爾族農民，住在一個偏僻的村莊裡。他只有一塊很小很小的土地，因此日子很貧困。有一年，他在地裡很早就種上了六十天就可成熟的小哈蜜瓜，經過辛勤管理，他的瓜很早就成熟了，市場上還沒有誰去賣這種瓜呢。這個農民聽說國王很喜歡吃小哈蜜瓜，就背上一筐，去獻給國王。

　　「這麼早就有這種小哈蜜瓜啦？」國王揀了一個就嘗了起來，覺得比什麼都好吃，一高興就賞給農民一碗金子。

　　那個農民離開宮殿後，有個大臣對國王說：「陛下，那些小哈蜜瓜不值多少錢的，您怎麼給他那麼多黃金呢？」

　　國王這時也覺得有些後悔了，說：「這倒是，不過，總不能去向他把

金子要回來吧？」

大臣說：「小臣自有辦法向他要回來。」

身穿錦緞朝服的大臣，跨上駿馬，沒一會，就追上了農民。

「喂！你站住！」大臣朝農民的背上狠狠抽了一皮鞭，把農民的衣服都打破了。

農民回轉身，怒吼道：「你憑什麼打人？」

大臣說：「你憑什麼白拿國王一碗金子？」

農民說：「什麼白拿？我是用一筐小哈蜜瓜換的。」

大臣冷笑道：「你倒很精明。好吧，我來問你一個問題，你答出來，金子你帶走；答不出，就乖乖地留下金子滾你的蛋！」

農民說：「好吧，你問吧。」

大臣問：「現在，就在此刻，真主在幹什麼？」

「這個問題很難，」農民閉上眼睛想了想，把話題岔到別處去了，「你既然提到真主，就應該對真主表示無比的虔敬。自古以來的一切規矩都是按照真主的旨意制定的，你說對嗎？」

大臣說：「是的，不過你不要扯得太遠，快回答我的問題。」

農民說：「自古以來的規矩是：提出問題的人在下，回答問題的人在上。既然這樣，我們應該暫時把我們置換一下，我再回答你的問題。」

大臣想：反正這個問題你永遠回答不上來 —— 你說什麼，我都可以說「不是的！」想到這裡，他便答應了農民的要求。

農民穿上大臣的錦緞服裝，手持皮鞭，跨上駿馬，說：「好吧，現在你提問吧！」

大臣重複道：「現在，就在此時此刻，真主在幹什麼事呢？」

農民的眼睛裡閃爍著奇異的光彩，他威嚴地說：「此時此刻，真主正在幹一件史無前例、空前絕後的驚人事業：毫無條件地讓大臣當窮人，讓窮人當大臣，讓騎馬人徒步行走，讓徒步人騎在馬上；還讓我 —— 挨過你打的人，狠狠地還揍你一百七十一鞭！」

農民說著，掄起皮鞭沒頭沒腦地朝大臣打去……

知恩必報

春秋戰國時期，吳國軍隊進攻郢都，楚昭王出逃在外，不知去向。吳軍統帥伍子胥懷疑楚昭王是躲藏到鄭國的都城裡去了。隨即吳軍將鄭國的都城圍困起來，鄭國都城內頓時恐慌起來，鄭王急需找到一個能使伍子胥退兵的人，並許諾伍子胥退兵後將賜予他爵位、采邑。鄭國都城內有這樣一個人，他父親漁丈人曾經救助過伍子胥，伍子胥一直惦唸著報答這份恩情，所以漁丈人的兒子是說服伍子胥退兵的最好人選。漁丈人的兒子奉命來到了吳軍統帥的帳下，伍子胥問：「你是何人？」漁丈人的兒子回答道：「我乃是鄂渚漁丈人的兒子呀！」伍子胥問：「你這時候前來，有什麼事情讓我辦嗎？」漁丈人的兒子答道：「鄭君下了命令，有人能使吳軍撤退，就把國家分給他一半。我知道您和我父親是莫逆之交，希望您能夠看在我父親的面上將軍隊撤走，以解鄭國被困之危。」伍子胥知道跟前原來是救命恩人漁丈人的兒子時。仰天長嘆道：「唉！我伍子胥能有今日都是漁丈人的功勞，蒼天在上，我豈能忘恩負義呢！」於是答應了漁丈人的兒子的請求，不再圍困鄭國國都，退兵而去了。

人與人之間的相互幫助和解救，一般來說，對方都會銘刻在心，是不

會忘記的，尤其是在最危難時候的幫助，對方更是終生難忘的，並往往在尋找機會報答對方，以緩解內心深處造成的欠缺和不平衡。如果是具有這種歷史背景的朋友，你去求助於他，如果能夠辦到，他會竭盡全力去相助於你的。

寓言的妙用

蘇代為燕國遊說齊王，首先要打通淳于髡這一關節。他對淳于髡說：「有人賣駿馬，接連三天早上站在馬市上，沒有人問過他的馬。他於是去見伯樂，說：『我有一匹駿馬，想賣掉，但連站了三個早上，也無人問津。請先生前去圍著我的馬轉轉，離去時再回頭不住地看，然後我奉獻一個早上的馬價。』伯樂便去圍著那人的馬轉了一圈，離開時再不住的回顧，結果一天早上馬價就升高了十倍。今天我請您將我引見給齊王，足下有意做我的伯樂嗎？我願獻上白璧一雙，黃金千鎰（鎰是當時重量單位），僅做您的養馬費。」淳于髡說：「遵命。」於是在齊王面前給他美言了一番。齊王很快接見了蘇代，而且很喜歡他。

戰國時，各國聯合攻秦，楚國為首。趙國魏加見楚國春申君，問：「楚國有大將人選了嗎？」春申君說：「有了。我想讓臨武君為將。」魏加說：「我年輕時好射，願以射譬喻，可以嗎？」春申君說：「可以。」魏加於是說：「從前，更嬴與魏王在高臺之下，仰見飛鳥，便對魏王說：『臣可以為王引弓虛發，而使鳥掉下來。』魏王說：『射術竟然可以達到這種程度嗎？』更嬴說：『可以。』不一會，有只雁從東方飛來，更嬴張弓虛發，雁從空掉落下來。魏王說：『呀！射術高超到這種地步！』更嬴說：『這是因為這隻雁有傷，被人射過，』魏王問：『先生何以知道？』答曰：『牠飛

行緩慢又叫聲悲戚。飛行緩慢，是因為傷口疼痛；叫聲悲戚，是因為長久失群。舊傷未癒而驚心未已，聽到弓聲就急驟高飛，舊傷復發，就墜落下來。』臨武君曾被秦軍重創，不可以擔任抗秦的將領。」魏加所講的故事中，用驚弓之鳥比喻受過秦軍重創的臨武君；用驚弓之鳥的驚心不已比喻臨武君懼怕秦軍的心態；用驚弓之鳥聞虛發的弓聲而墜落，預示臨武君攻秦必將潰敗。魏加講出這個故事，就是勸阻秦申君不要任用敗軍之將臨武君為將，形象生動而有說服力。

運用寓言故事說服人，具有寓意深刻，娓娓動聽，易於接受的妙處。

三寸不爛之舌

與張儀並列為「合縱連橫」創立者蘇秦，憑著那三寸不爛之舌，最後也登上了六國的宰相寶座。蘇秦在出其意外的交涉術中，有段相當成功的體驗。

燕文侯是合縱政策的後援者，當蘇秦失意時，唯一能安身的地方就只有燕國一地。蘇秦滯留燕國期間，有件事改變了他後來的命運，那就是蘇秦的知己，同時也是合縱政策推進者燕文侯的死。文侯死後太子即位，即易王。易王的妃子是秦惠文王的母親，因為燕和秦有這層關係，所以蘇秦和易王之間，就無法像文侯在位時那樣地平靜。這時，燕國也剛巧發生一件大事。齊宣王趁著燕國國喪，動員侵燕，奪下數十城池。易王接到消息，立刻招來蘇秦：「先生剛來燕國時，先王曾派你出使齊國，成功地促成六國合縱，然而今日齊國背棄盟約，先前不但攻擊趙國，現在居然向我燕國出兵，若任其如此胡作非為，那我燕國豈不成為天下之笑柄。當時促合六國同盟的是先生您，現在無論如何請你走一趟齊國，希望齊國能將掠

奪的土地歸還我國。」易王的話雖然很自私，但也沒錯，當時種下這個果的是蘇秦，所以他有責任去要回失去的土地。蘇秦覺得很苦惱。蘇秦到底要用什麼代價去換回土地，這真是件困難的交涉，他到底打算要用什麼方式去說服宣王呢？蘇秦來到宣王面前「俯首以慶，仰首以吊」。所謂「俯首以慶」，是指蘇秦向宣王祝賀「由於這場戰爭，使得齊國的領土又擴大了，真是值得賀喜」。「仰首以吊」是指蘇秦慢慢地低下頭說：「然而齊國的命脈將從此斷絕。」這祝賀、哀悼，一前一後接踵而至，齊宣王一時也糊塗了。齊宣王是位明君，所以他的手下有許多類似淳于髡之類的交涉能手，因此他也一定看穿了蘇秦此行的目的，並作好了應戰的準備。面對一位這麼堅強的對手，一定不能使用尋常的方法，所以蘇秦接連地說了祝賀的話和哀悼的話，其目的就是要出其不意，奪取先機。宣王不解地詢問「為何同時向我祝賀並哀悼」，蘇秦回答：「大王應該聽過這句話，『人縱然在垂死邊緣，也不會笨到去吃苦烏喙（一種毒草名稱），因為吃了苦烏喙，只會加速死亡的速度』，燕雖然也是個小國，但燕王和秦王之間有親戚關係，如今您奪下燕國領土，則貴國今後勢必與秦國也會成為仇敵之國。如果強秦做了燕的後盾，大舉進兵齊國，那齊國不就跟垂死的人還吃苦烏喙是同樣的道理。」宣王臉色一變，心底有些擔心，蘇秦接著又說：「自古以來的成功者，都知道『轉禍為福，轉敗為勝』這句話的道理，所以我認為宣王如果能把奪下的土地交給燕國，是最佳的解決辦法。如果把土地歸還燕，燕王定會大喜，秦王也會高興，你們便可以盡釋前嫌，結為親家。之後再找機會讓燕、秦兩國臣服於你，燕秦兩國一旦臣服，則其他諸侯也必先後來歸。今日你虛言服秦，放棄燕國那點小土地，仍是為將來的天下霸業奠基。」

　　從情勢談論到利害得失，完全把對方玩弄於股掌之中。蘇秦這段話，不費任何代價，輕易地將領土從齊宣王手中交還給燕易王。

張儀以「長遠之計」說齊王

　　為了瓦解抗擊秦國的合縱聯盟，秦相張儀先後說服了魏、楚、韓各國，背叛聯盟，親附秦國。為此，秦惠王嘉獎張儀五座城邑，封他為武信君。並且派他繼續遊說，進一步破壞合縱戰線。

　　這一天，張儀來到齊國，對齊王（西元前三二三 —— 前二八四年在位）進行遊說。張儀說：「天下強國沒有誰能超過齊國。齊國的百姓富足，父老安樂。然而替大王謀劃的卻都是些目光短淺的人，進獻的策略都是一時之說。而那些合縱的鼓吹者一定是頌揚大王的兵多將廣，無敵於天下。不過我聽說歷史上齊國跟魯國曾三次交戰，魯國三次獲勝。可最後的結果卻是魯國滅亡了。秦國和趙國也是如此。在黃河、漳河岸邊，在番吾（今河北磁縣）城下，雙方曾先後四次交手，結果趙國是四次取得勝利。可是趙軍死亡幾十萬，趙國實力受到很大程度的破壞。這種有戰勝之名，無戰勝之實的原因，就在於齊國、秦國的強大，而魯國、趙國則弱小所致。」

　　接著，張儀向齊王指出，秦國與楚國已經結成了友好鄰邦；韓國已獻出宜陽（今河南宜陽）；魏國獻出了黃河以現的土地；趙王割讓黃河、漳河之間的地區。他們都紛紛表示願意事奉秦國。在這種時刻，如果齊國仍堅持與秦國為敵，秦國就可能驅使韓國、魏國攻打齊國的南部，派遣趙軍渡過清河，直指博關（今山東荏平西北），那麼齊國的都城臨菑（今山東淄博東北）和即墨（今山東平度西南）城不日就會被攻克。

　　齊王一聽，連忙抱歉道：「齊國地方偏遠落後，不曾聽過關於國家長遠利益的高見。」他答應張儀，離開合縱聯盟，親附秦國。

孔子以奇支誡弟子

　　魯桓公廟裡有一個奇支器，這是一種不易放平容易傾倒的酒具（古人常把它放在座右，用以自警）。有一次，孔子去廟裡參觀，指著它問守廟人說：「這是什麼器具？」守廟人說：「這就是奇支（右）坐之器。」孔子說：「我聽說奇支坐之器，它的原理是空著的時候就傾斜，半虛半實的時候就端正，滿盈的時候就翻倒。」孔子回頭對弟子說：「給它灌上水吧。」弟子舀來水灌它，果然像孔子所說的那樣。孔子感嘆地說：「啊，事物哪有滿盈卻不翻倒的道理呢！」

　　子路說：「請問，保持滿盈有什麼方法呢？」

　　孔子說：「人如果聰明得可稱聖智了，就要用愚拙來保持它；功勞高得使天下人都得到了恩惠，就要用退讓來保持它；勇力大得蓋過人世了，就要用怯弱來保持它；富得擁有四海了，就要用謙和來保持它。這就是所謂壓抑滿盈，防止它過頭的方法吧。」

孟子論社會分工

　　有一位研究農家學說的學者許行，從楚國來到滕國，登門求見滕文公說：「我這個遠方之人聽說您施行仁政，希望得到一座住房，做您的百姓。」滕文公給了他一座住房。他有學生幾十人，都穿著粗麻短衣；自己打草鞋、織草蓆換飯吃。

　　陳良的學生陳相和他的弟弟陳辛，背著農具，從宋國來到滕國，對滕文公說：「聽說您實行聖人之政，您自然也是聖人了。我願意做聖人的百姓。」

　　陳相見到許行，十分欣慰，完全捨棄了原來的儒家學說，追隨許行學

農家之說。陳相去見孟子，介紹許行的意見說：「滕文公確實是個賢君；不過，還不懂大道。賢君應該與百姓同耕同吃，既自己做飯，又治理國家。如今滕國有糧倉，有財庫，可見滕君在損害百姓來養肥自己，怎麼能稱得上賢德呢？」

孟子說：「許子一定要自己種出糧食，然後才吃飯嗎？」

陳相說：「是的。」

孟子說：「許子一定要自己織出布，然後才穿衣嗎？」

陳相說：「不。許子穿粗麻短衣。」

孟子說：「許子戴帽子嗎？」

陳相說：「戴帽子。」

孟子說：「什麼帽子。」

陳相說：「白生絹帽子。」

孟子說：「自己動手織的嗎？」

陳相說：「不。用糧食換的。」

孟子說：「許子為什麼不自己動手織？」

陳相說：「自己動手織會妨礙種地。」

孟子說：「許子用釜、甑燒飯，用鐵製農具耕地嗎？」

陳相說：「是的。」

孟子說：「這釜、甑和農具是自己製作的嗎？」

陳相說：「不。用糧食換的。」

孟子說：「如果農夫用糧食來換工具和用具，不能說是損害瓦匠和鐵匠；那麼，瓦匠和鐵匠用工具來換糧食，難道能說是損害農夫嗎？再說，

許子為什麼自己不做瓦工鐵匠，做到啥都從自己家裡取來使用？為什麼雜七雜八地與各種工匠進行交換？許子怎麼就這麼不怕麻煩？」

陳相說：「各種工匠的事，本來就不可能一邊種地一邊兼做的呀！」

孟子說：「既然如此，那麼，治理天下這樣的大事，難道就可以一邊種地一邊兼做嗎？社會分工是勢所必然的。國君、官吏有國君、官吏的事，平民百姓有平民百姓的事。再說，一個人所需要的東西，涉及到各行各業的製成品；假如都要親自製作而後使用，這不是率領天下的人疲於奔命嗎！所以說，有的人勞心，有的人勞力；勞心的人管理人，勞力的人被人管理；被人管理的人供養別人，管理人的人被別人供養——這是天底下公認的道理。

「帝堯在位的時候，天下還沒有安定，洪水橫流，到處泛濫；草木長滿原野，禽獸成群繁殖，穀物沒有收成，禽獸逼迫人類，橫行中原。帝堯為此憂心忡忡，選拔舜來全面治理。舜派遣伯益掌管火政，伯益在山林沼澤燒起烈火，焚燬草木，趕走了禽獸。舜又派遣大禹疏導九河，疏通濟水和漯水使之注入大海，開通汝水和漢水，排泄淮水和泗水使之注入長江，然後中原大地才有可能耕種，人民才有可能吃上飯。大禹治水，在外奔波八年，三次經過自己家門都沒有進去，即使他有心種地，做得到嗎？

「后稷教導人民春種秋收，栽培五穀；穀物成熟，人民得以養育。做人自有做人的道理，即使吃得飽，穿得暖，生活得安逸，如果缺乏教育，就和禽獸差不多。聖人又因此而憂心忡忡，派遣契作司徒，以人倫大道教育百姓：父子之間有骨肉的親情；君臣之間有禮義的原則；夫婦之間既講恩愛，又有男女的分別；長幼之間有尊卑先後的順序；朋友之間要求講究信用。帝堯囑咐契說：『對待百姓，要安撫他們，匡正他們，保護他們，

使他們養成好的品行，進而提攜他們，加惠於他們。』聖人為百姓操心到了這樣的地步，還有時間去耕種嗎！……」

陳相說：「如果依了許子的主張，就可做到買賣沒有二價，一國之中沒有假貨；即使打發小孩子到市場去買東西，也不會受到欺詐。布帛長短相同，價錢也就一樣；絲麻輕重相同，價錢也就一樣；糧食多少相同，價錢也就一樣；鞋子大小相同，價錢也就一樣 —— 這難道有什麼不好嗎？」

孟子說：「各種物品好壞精粗不一致，這是很自然很平常的現象，因而價錢也有差異，有的是一倍五倍，有的是十倍百倍，有的甚至是千倍萬倍。您一定要使它全都一樣，這就亂了套了。如果做工粗糙的鞋和做工精細的鞋一個價錢，人們還會精工細制嗎！依了許子的主張，是帶領大家走向弄虛作假啊，怎麼能治理好國家呢！」

觸龍婉諫太后

趙王剛剛即位，太后掌管國事，秦國馬上攻打趙國。趙國向齊國求救。齊國一定要長安君到齊當人質，才肯出兵。太后不同意，大臣們都極力勸她。太后對身邊的人說：「誰再敢說讓長安君當人質，我必定要唾他的臉！」

左師觸龍自願去勸諫太后，太后很生氣，繃著臉請他進去。觸龍慢慢地拖著腳走進去說：「老臣的腳有病，不能走快已經很久了。我私底下想，恐怕太后的身體也不如以前健康了，所以想來看看您。」太后說：「我也靠乘輦出入了。」觸龍說：「平日飲食沒有減少吧？」太后答：「喝粥罷了。」經過這一問一答，太后的臉色稍有緩和。

左師觸龍見狀又說：「老臣有個兒子叫舒祺。他年紀最小，我最疼愛他，希望他能夠得到侍衛的職位。我冒死向太后報告。」太后問：「多少歲

了。」答：「十五歲了。」太后又問：「丈夫也憐疼小兒子嗎？」對答：「比婦人更疼得厲害。」太后笑著說：「婦人疼愛得特別厲害！」

觸龍說：「我認為您疼愛燕后要超過長安君。」太后說：「你錯了，我疼長安君更多。」觸龍說：「父母疼愛孩子，就為他們計劃將來。您送燕后出嫁的時候，拉著她流淚，是因為她要遠離您，這是您心疼她的緣故。走了以後，您也還在想念她，每逢祭祀，一定為她祈禱：『一定別讓她回來呵！』這不是為她做長遠的打算，希望她的子孫世代為王嗎？」太后說：「是啊！」觸龍說：「三代以前，趙王的子孫被封為諸侯的，還有存在的嗎？」太后說：「沒有了。」觸龍說：「不僅趙國，其他諸侯的子孫被封侯的，還有存在的嗎？」太后說：「老婦沒有聽說。」觸龍說：「這是因為他們或者自身遭禍，或者禍及子孫的緣故。難道國君的子孫，封了侯就不好？不是。而是因為他們職位高卻沒有建立功績；祿豐厚卻沒有勞績，擁有財物太多而招致禍。現在您給長安君很高的職位，封給他肥沃的土地和很多財寶，卻沒有給他機會為國立功，一旦您去世，長安君靠什麼立足於趙國呢？我認為您沒有為長安君的將來作長遠打算，對他的愛及不上燕后啊。」太后聽了以後，覺得頗有道理，說：「好吧！就讓您替他安排。」

於是，趙國為長安君準備了一百輛車，送他到齊國作人質。齊國因此出兵，秦國就不再圍攻趙國了。

列子婉言拒收糧

春秋戰國時期的著名學者列子家很窮，常常缺吃少穿。一天，有人對鄭國國君鄭子陽說：「列子是位有道之士，卻很窮，君王恐怕不愛賢人吧？」

鄭子陽聽了，命令手下官吏，送給列子幾十車穀子。

列子很有禮貌地向使者道了謝，但謝絕收下這幾十車穀子。使者離開後，列子的妻子對列子說：「我聽說有道義的人，妻子兒女都能得到溫飽。如今妻子兒女常常挨餓，君王送你糧食，你又不接受，難道我們的命該這樣苦嗎？」

列子笑著說：「他並不是真正了解我。如果因別人的一番話而給我糧食，將來，他定我的罪，也可憑別人的幾句話而定我罪啊，所以我不能接受。」

後來，百姓果然起來造反，殺死鄭子陽。

接受人的賞賜，應把賞賜者當作恩人。恩人有難，不拚死去救他，這是不仗義；但是為這種人去拚死又不值得。而聰明的列子當初沒收下他的糧食，也就用不著為他去拚死，所以他心安理得。

晏子與君論抗旱

有一年，齊國遇上了大旱，一連好幾十天都沒下雨，天空不見一絲烏雲。火紅的太陽照得一切都是熱辣辣的。土地乾裂了，樹木枯萎了，連野獸都跑到遠遠的地方去避難。眼看老百姓要鬧饑荒了，國家將變得衰弱不堪。

齊景公心裡非常著急，他把群臣召來，討論應付旱災的辦法。齊景公對大臣們說：「天不下雨很久了，現在百姓面帶饑色，就要揭不開鍋了。沒有別的辦法，我請算卦的人算了一卦，他說這是由於高山深水中的神靈作怪，因此我想再多收些捐稅，操辦些祭品，用來祭祀山靈。你們看這樣做可以嗎？」

群臣不知如何是好，有的隨聲附和，有的默不作聲。

晏子聽了，覺得這樣做實在是愚蠢，就向前跨出一步，說：「不可以！

祭祀大山毫無意義。請大王想想，大山是以岩石作為自己的身體，以草木作為自己的頭髮，天長久不下雨，它的頭髮就要被太陽晒焦，它的身體也熱得要命，難道它就不盼著下雨嗎？您祭祀它又有什麼作用呢？」

齊景公聽了覺得有道理，又說：「那樣吧，我們祭祀河神，可以嗎？」

晏子回答說：「沒有用！您想想，水好比就是河神的國土，魚鱉好比就是河神的百姓。長時間不下雨，泉水乾涸了，河水也要枯竭，這不等於國家將要滅亡，魚呀、鱉呀等等老百姓將要渴死嗎？牠怎能不希望下雨呢？牠要是有本事讓老天爺下雨，不早就下了嗎？現在您祈禱它又有什麼用呢？」

齊景公皺著眉頭說：「那麼，我該怎麼辦呢？」

晏子說：「您最好還是走出宮殿，到田間去，到山河去，看看老百姓是怎樣抗旱的，給老百姓解決些實際困難吧。」

齊景公又問：「解決什麼困難呢？」

晏子說：「老百姓受到天旱的影響，更加貧窮，大王不僅不要增加稅收，相反應該減免稅收才好。」

齊景公聽了晏子的一番話，打消了增加稅收，祭祀山神河神的念頭。沒過多久，天下了一場大雨，老百姓抓緊時機趕播了種子。終於免於饑餓，國家也沒因此而衰弱。

顏淵君前說駕車

一天，顏淵陪著魯國國君魯定公坐在廣場邊閒談。有個駕車能手叫東野畢，駕著馬車從廣場上疾馳而過。魯定公見了，讚嘆說：「東野畢駕馭馬車的技術是多麼的高明啊！」

顏淵卻沒有給魯定公捧場，而是說：「東野畢駕馭馬車的確有些技巧，但不是最高明。他的馬不久就會失足。」

魯定公覺得顏淵的話很掃興，就對身邊另一個人說：「我聽說有德行有修養的人，是不會在背後講別人壞話的。」

顏淵聽了，心中很不高興，便辭別魯定公，離開了廣場。

不一會，有人報告魯定公：東野畢駕馭的馬失足，車子翻了，果然應了顏淵的預言。魯定公立即派人把顏淵找了回來。

魯定公問顏淵：「剛才我稱讚東野畢駕馭馬車的技術高明，你說不是最高明，並預言他的馬將失足。你究竟怎樣知道得那麼準的呢？」

顏淵回答說：「我是根據古來的經驗來推斷的。古時候，虞舜治理百姓時，絕不使百姓窮困到一無所有的窘迫境地；造父駕馬呢，也從不讓馬匹奔跑疲勞到極點。因此，當虞舜在位的時候，老百姓從不曾逃亡或造反作亂；造父駕馬車，也從沒有失過蹄，翻過車。而現在的東野畢雖然駕雙車的技術很熟練，可是在檢閱完之後，他還不讓馬休息，仍驅趕著牠們去跨躍障礙，向遠處奔跑，以顯示他的本領。馬的力氣都竭盡了，他還不停地揮動鞭子。所以我料定他的馬要失足。」

魯定公聽了連連說：「講得太好了。」

翟璜忠言順耳諫文侯

戰國七雄之一的魏國，開國君主魏文侯派大將樂羊討伐小國中山，不久便攻占了中山。魏文侯決定將中山分封給自己的兒子，並問群臣：「眾愛卿，你們看朕是怎樣的君主？」這時，只聽得一片「大王是仁義的君

主」的頌揚聲。魏文侯聽了，有說不出的高興。不料，突然大臣任座站出來說：「大王，您得到了中山，為何不分封給您弟弟，卻要分封給您的兒子，怎麼能說是仁義的君主呢？」魏文侯一聽此話，火冒三丈，任座見魏文侯發怒，只好告退。

魏文侯心想，任座居然敢唱反調，那其他人異口同聲的頌揚又是否完全出於真心。於是，他又問大臣翟璜：「翟愛卿，你說我到底是怎樣的君主？」翟璜暗想魏文侯聽不進逆耳之言，我只能說順耳之言，便回答說：「依微臣看，大王是仁義之君。」果真魏文侯聽了樂滋滋的，並問：「翟卿，不妨說說朕為什麼是仁義之君？」翟璜回答說：「大王，微臣聽說有這麼一句話：『凡是君王仁義，下臣就耿直。』剛才任座勇於直言不諱地批評大王，豈不正說明大王是仁義之君嗎？」魏文侯聽了，愈發高興，並從話中領悟到翟璜所說的道理對治理魏國大為有利，既然我是仁義之君，那麼下臣耿直是理所當然的。於是請回任座，以禮相待。

雖說「忠言逆耳利於行」，有時「忠言順耳」也利於行，翟璜所採用的方法就是「忠言順耳」，因為他既肯定了魏文侯是「仁義之君」，又講出了「君王仁義，下臣耿直」的道理，讓魏文侯在高興中去反思任座的「忠言逆耳」，以便意識和改正他的錯誤作法。翟璜的巧妙在於透過表揚、稱讚的方式，同樣造成嚴厲、尖銳批評的作用。不管是「忠言逆耳」，還是「忠言順耳」，必須根據不同的對象，不同的情況，恰如其分地使用，切不可生搬硬套。

莊辛連設四喻服襄王

楚懷王死於秦國後，楚襄王不思發奮圖強，反以小人為親信，荒淫恣虐，結果遭到秦軍連年進攻，敗兵削地。莊辛曾勸諫襄王而不從。後來，

秦又進軍楚國數城，襄王被迫棄都流亡。

莊辛從前次勸諫中吸取教訓，他採用了一連串譬喻說：「王獨不見夫蜻蛉乎？六足四翼，飛翔乎天地之間，俯啄蚊虻而食之，仰承甘露而飲之。自以為無患，與人無爭也；不知夫五尺童子，方將調飴膠絲，加乎四仞之上，而下為螻蟻食也。」

莊辛用蜻蜓只知食飲，以為無患，放鬆警惕，結果成為螻蟻之食的可悲下場，暗喻襄王只圖眼前享樂，必致後患之理。接著莊嚴又用黃雀、黃鵠連設二喻。「夫蜻蛉其小者也，黃雀因是以」；「夫黃雀其小者也，黃鵠因是以」。莊辛一環承接一環，用蜻蜓為螻蟻所食，推出黃雀「俯啄白粒，仰棲茂樹，鼓翅奮翼，自以為無患，與人無爭也」。誰料，「倏忽之間」，墜於公子的彈弓之下。再推出天鵝「游乎江海」，「飄搖乎高翔」，亦「自以為無患，與人無爭也」。又誰料「晝游乎江河，夕調乎鼎鼐」，成了射手放進鼎鼐烹調的佳餚。然後莊辛又由鳥及人，用蔡靈侯荒淫無度，不以國家為事，終變成楚靈王階下之囚，再設一喻，最後把諷諫鋒芒指向襄王。「蔡靈侯之事其小者也，君王之事因是以」。你「不以天下國家為事」，沒想到穰侯正從秦王那裡接受了攻打楚國的命令，該是多麼危險啊！莊辛連設四喻，由蜻蜓而黃雀，由黃雀而黃鵠，又由黃鵠而蔡靈侯，層層遞進，窮理析義，不容不信，致使襄王聞後，「顏色變作，身體戰慄」，為賞莊辛之善諫，而授之為陽陵君。

姚賈辯誣

楚、梁、燕、代四國聯合，準備攻打秦國，秦國君臣束手無策，姚賈自動請纓，出使四國，破其盟，止其兵。「秦王大悅，封賈千戶，以為上卿」。

　　韓非詆毀姚賈說：「姚賈帶著珍寶，南使荊、吳，北使燕、代，出訪三年，並未完成秦國與四國結盟的使命，國家的珍寶卻被他用光了，這是姚賈利用大王的權勢、國家的寶物，在外國為自己結交諸侯，希望大王仔細考察這件事。再說姚賈是梁國看門者的兒子，他曾在梁國為盜；他做過趙臣，結果被驅逐。任用世代看門者的後代，梁國的賊，趙國的逐臣，恐怕不是明智的做法。」

　　秦王召來姚賈質問。秦王說：「你是梁國看門人的兒子，梁國的盜，趙國的逐臣嗎？」姚賈回答說：「姜太公，是被老妻驅逐的人，是在朝歌賣肉賣不出去的屠夫，是被子良斥逐的家臣，是棘津無人僱用的傭工，可是周文王任用他為相卻統一了天下。管仲，是齊國邊鄙的商賈，是南陽被埋沒的貧賤之士，是魯國被赦免的囚徒，可是齊桓公任用他為相卻成了霸主。百里奚，是虞國的乞討者，屢次以五張羊皮被人轉賣，可是秦穆公任他為相卻使西戎各國來朝。晉文公能夠任用中山之盜，終於在城濮大獲全勝。這四位賢士，都曾遭受侮辱，大受譭謗，而賢明的君主所以任用他們，是深知依靠他們可以建立豐功偉業。假使他們像品德高尚的卞隨、務光、申屠狄等隱士那樣行事，君主怎麼能用得上呢！所以賢明的君主不挑剔別人的汙點，不在乎所用的人是否被人非難，只看他是不是能為自己所用。只要他能安邦定國，即使有外人誹謗，他也不盲從；否則，即使他名高一世，卻不能建咫尺之功，就一律不加賞賜。這樣，群臣就沒有誰敢以虛名來妄求君主的獎賞。」秦王說：「說得對。」於是照舊任用姚賈而殺了韓非。

李斯上〈逐客書〉

　　李斯剛被拜為客卿，秦始皇就下令逐客，李斯當然屬於被逐之列，為使始皇收回成命，李斯寫了〈諫逐客書〉，送呈秦皇，終於使始皇悔悟，收回了成命。李斯說：

　　臣聽說官吏們建議驅逐客卿，我私下認為這是錯誤的。從前秦穆公為尋求人才，西面從戎地得到了由余，東面在宛地得到了百里奚，由宋國迎來了蹇叔，從晉國招來了丕豹和公孫支。這五位先生都不生於秦國，而穆公任用他們併吞了二十個國家，於是稱霸西戎。秦孝公採用商鞅的政策，移風易俗，人民因此殷實興盛，國家因此富強，百姓樂於為國家所用，諸侯誠心歸附，擊敗了楚國、魏國的軍隊，征服了千里的土地，直到今天國家仍然太平強盛。秦惠王採用張儀的計謀，取得三川地區，西面併吞巴國、蜀國，北面收取上郡，南面奪取漢中，囊括九夷，控制鄢郢，東面據有成皋的險關，取得了肥美的土地，於是瓦解了六國的合縱聯盟，使他們面向西方，服從秦國，功業一直延續到今天。秦昭王得到范雎，廢黜穰侯，驅逐華陽君，加強了王室的權力，杜絕了私門的勢力，利用蠶食政策，逐步併吞各國，為秦國建立了統一天下的基礎。這四位國君，都是依靠了別國人士的力量來成就豐功偉業的。由此看來，客卿有什麼對不起秦國呢？假使這四位國君拒絕客卿而不接納，疏遠賢士而不任用，那麼秦國就沒有富強的實力，也沒有強大的名聲了。

　　現在陛下羅致崑山的美玉，擁有隨侯珠、和氏璧那樣的珍寶，垂掛著明月珠，佩戴著太阿劍，騎著纖離馬，豎著翠鳳旗，立著靈鼉皮鼓。這幾件寶物，沒有一件是秦國的出產，而陛下卻喜愛他們，這是為什麼呢？如果一定要秦國出產的物品才喜愛，那麼夜光之璧就不能用來裝飾朝廷，犀角

象牙所製的器具就不能拿來玩樂欣賞，鄭國、衛國的美女就不能住在後宮，而良馬就不能養在馬圈裡，江南的金錫就不能用來製作器皿，西蜀的丹青顏料就不能用來繪畫了。如果用來裝飾後宮，充當姬妾，使人心神耳目感到愉快的東西，都一定要出產在秦國才行，那麼，用宛珠裝飾的簪子、璣珠鑲嵌的耳環、綢絹製成的衣服、錦繡製成的飾物就不能呈送到大王面前，而時髦豔麗、文雅漂亮的趙國女子就不能侍立在您身邊了。敲著瓦甕壇，打著土酒樽，彈著竹箏，拍著大腿，嗚嗚叫喊，以滿足耳朵對於音樂的欣賞的，才真是道地的秦國的腔調；而《鄭》、《衛》、《桑間》、《昭》、《虞》、《武》、《象》等樂曲，卻都是別國的音樂。如今您拋棄敲瓦壇打土樽這一套，而欣賞《鄭》、《衛》之樂，不彈竹箏而聆聽《昭》、《虞》之聲，這是為什麼呢？不過是圖個稱心快意罷了。可是您用人卻不是這樣。不問人可用不可用，不論是非曲直，只要不是秦國的人，就一概不用，凡是別國的士人都一律驅逐。這麼說，陛下看重的只是美女音樂、珍珠寶玉，而看輕的卻是人才了。這不是能統治天下制服諸侯的策略。

我聽說土地廣闊糧食就充足，國家廣大人口就眾多，武器精銳士兵就勇敢。因此泰山不捨棄細微的塵土，所以能成就它的高大；河海不挑剔細小的水流，所以能形成它的深廣；帝王不嫌棄眾民百姓，才能顯示出他的恩德。因此土地不論東西南北，人民不分這國那國，一年四季都豐衣足食，生活美滿。這就是五帝三王無敵於天下的道理。現在您竟拋棄人才去資助敵國，拒絕賓客而讓他們去替諸侯建功，使天下的人才退縮而不敢西進，止步不入秦國，這真是所謂「借武器給敵人，送糧食給強盜」了。

不出產於秦國的物品，值得珍惜的很多；不出生於秦國的人士，願意效忠的也很多。如果驅逐客卿去幫助敵國，迫害人才去加強仇敵，即使自己內部空虛又在外結怨於各國，這樣下去，要想國家沒有危難，是不可能的。

宮他教周躁

戰國時代，有一位名叫周躁的遊說之士，想找個職位，想請就仕於齊的朋友宮他做自己的推薦人。下面是他們的對話：

「聽說你受到齊王的信任，能否為我作一介紹？」「可以的，但是你想為齊國做些什麼呢？」「我想以齊國特使的身分一訪魏國。如果齊王支持我，我將在魏工作，使魏國採取親齊政策。」對於周躁的建議，宮他搖頭道：「這是不行的。『如果支持我』這樣的說法，不是自己承認在魏國不太吃得開嗎？身為齊王，是不會用這樣的人的。」「確實如此，那麼，應當怎樣說呢？」「你對齊王應當充滿自信地說：『您對魏國有什麼期望？我將傾魏國之力以滿足您的心願。』如果這樣，齊王將認為你是在魏國有影響的人，必然會禮遇你。你以此為背景前往魏國，魏國國君會認為你在齊國廣有權勢，所以也絕不會怠慢。」

欒布哭彭越

欒布出使齊國，還未返回時，漢高祖劉邦以謀反罪誅殺了功臣名將彭越的三族。隨後將彭越的頭懸掛在洛陽城門上示眾，並且下令說：「敢於收殮或看視彭越的，立即逮捕。」欒布從齊國返回後，專程來到洛陽城門祭祀彭越，對著他的頭痛哭不已。

官吏逮捕了欒布，並將此事報告了皇上。劉邦召見欒布，罵道：「你與彭越一同謀反嗎！我禁止人去看他，你卻偏要祭他哭他，你參與彭越謀反已經很清楚了。」下令立即烹殺欒布。左右的人正舉起欒布走向湯鑊的時候，欒布回頭說：「希望能讓我說一句話再死。」皇上說：「你想說什

麼？」欒布說：「當皇上在彭城受困，兵敗於滎陽、成皋一帶的時候，項王之所以不能順利西進來攻打你，是因為彭王據守著梁地，跟您聯合，牽制著楚軍。那時，彭王聯楚，漢就失敗；聯漢，楚就失敗。再說垓下會戰，沒有彭王，項羽不會滅亡。天下平定之後，朝廷曾把表示憑信的符分成兩半給了彭越，封他為梁王。彭王既然接受了封爵，當然也想要世世代代地保有它。現在陛下向梁國徵集軍隊，彭王因病不能前來，陛下就產生了懷疑，認為他謀反卻並未掌握謀反的證據。然而您卻苛求小節，誅滅他的家族。我擔心這樣一來有功之臣都會人人自危。現在彭王已死，我已活不如死，請把我下湯鑊。」劉邦聽了，決定赦免欒布的罪過，任命他作都尉。

鍾離春自薦

鍾離春原來是齊國無鹽地方的一個女子，她奇醜無比。年過四十，尚未出嫁。聽說齊宣王貪圖安逸，不思進取，就略加打扮修飾，前往求見。

她到齊國先見了管事的官員，毛遂自薦地說：「我願意進入齊王後宮，做一個打掃的僕役。」別人聽了都笑話她說，真是一個厚臉皮的女子，半開玩笑似地把她求見的事上達於齊宣王。誰知，齊宣王竟破格接待了她，問道：「宮中的侍妾已經滿員，今天你這個婦人以平民百姓的身分上求萬乘之主，莫不是有什麼特殊的才能不成？」鍾離春回答說：「我沒別的才能，僅能會用隱語預示吉凶罷了。」齊宣王說：「你可以試著演練一番，讓我來猜猜看。」鍾離春應命，就做出揚目、露齒、一再舉手、輕拍手腕等動作，然後問道：「危險吧！危險吧！」齊宣王不知道她這話是什麼意思，鍾離春說：「揚目的意思是我代替大王察看烽火之變。是否將有戰亂；露齒的意思是代替大王打開群臣之口，鼓勵他們犯顏直諫；舉手的意思是斥退奸佞之徒，

使賢臣在位；拍手腕的意思是替大王拆毀遊樂飲宴之臺，以崇尚節儉。」宣王聽了大喜，要立鍾離春為王后。鍾離春推辭說：「不採納妾之言，怎麼有受用妾之身呢？請大王以治理國家為當務之急，以選賢任能為頭等大事。」

齊宣王從鍾離春隱語的暗示中受到啟發和教益。從此，他禮賢下士，疏遠嬖佞臣，遣散遊客，用田嬰為相國，孟軻為客卿。齊國大治。

龍陽君泣前魚

龍陽君是個美男子，魏王對他寵幸有加。有一次，魏王和龍陽君同在一條船上釣魚。釣到十餘條魚時，龍陽君卻流淚哭了。魏王說：「有什麼不舒服嗎？為什麼不告訴我？」龍陽君回答說：「臣並沒有不舒服。」魏王說：「那是為什麼？」龍陽君回答說：「臣一開始釣到的魚雖小，可是我很高興，後來我釣到的魚越來越大，於是想把先前所釣的那些小魚都扔了。如今憑著臣的醜陋，卻能為大王拂拭枕席，而且讓臣位至諸侯，在朝廷上受人尊敬，在道路上令人迴避。可是四海之內，美男子是很多的，他們聽說臣能受到大王寵幸，一定會提起下裳奔向大王，臣也就像那些先釣來的魚一樣，遭到遺棄，想到這裡，怎能不流淚傷心呢？」

魏王說：「唉！有這種想法，為什麼不告訴我？」於是下令全國：「有膽向我談到別的美男子的，滅族！」

蘇代為齊伐宋巧辯於秦

齊王執政期間（西元前三〇〇～前二八四），有一年，齊國進攻宋國。秦昭王怒氣衝衝地說：「我愛宋國就和愛韓國的新城（在今河南商丘南）、衛

國的陽晉（在今山東鄆城東北）一樣。韓聶和我是好朋友，現在都出主意進攻我心愛的地方，這是為什麼？」蘇代替齊國向秦王解釋說：「韓聶進攻宋國，這樣做還是為了您秦王。齊國強大，又用宋國來輔助它，楚國、魏國一定害怕，害怕就一定向西事奉秦國。這樣，大王可以不費一兵一卒，就輕而易舉地奪取魏國的都城安邑（故城在今山西夏縣西北）。這就是韓聶為大王所祈求的呀。」秦王說：「我擔心的是齊國的捉摸不透。一會合縱，一會連橫，這又怎麼解釋？」蘇代回答說：「天下各國的命令齊國能知道嗎？齊國去攻占宋國，是因為它知道事奉秦國需要用萬乘之國的力量來裝備自己；不向西事奉秦國，宋地就不得安寧。中原各國老奸巨猾的遊說之士都絞盡腦汁來離間齊、秦聯盟，向西去的車隊中沒有一個人說齊國的好話，向東去的車隊中，沒有一個人說秦國的好話。為什麼呢？就是因為他們都不想讓齊、秦聯合。為什麼現在晉、楚如此聰明，而齊、秦卻變得愚蠢起來了？晉、楚聯合必定商議破齊、秦聯合，齊、秦聯合則必定要打晉、楚的主意，請大王按照這個原則處理事情。」秦王覺得有理，說：「好。」得到秦的首肯之後，齊國便進攻宋國，宋王逃亡，死在溫地（在今河南溫縣西南）。齊國向南奪取楚國的淮北，又向西侵犯韓、趙、魏三國，打算吞併周室，自稱天子。泗水一帶的諸侯和鄒、魯等國的君主都紛紛向齊國稱臣，其他諸侯也都十分恐懼。

鄧析與死屍買賣

　　故事發生在春秋時代的一個夏天，鄭國一帶連日暴雨，河水漲溢，上游的河水湍急而下，淹沒了大片村莊、田野，也把許多財物捲到下游地帶。下游兩岸的人們都到河邊去打撈飄流在水中的東西。

　　話說有個富翁，家有萬貫，卻吝嗇異常，喜歡撈小便宜。某天一大早

搶占了一塊臨河突出的石頭，想發「大水財」。見河水中飄來一塊門板，喜不自勝，忙彎腰去撈，一不小心竟掉進河中，還沒來得及和家人打聲招呼，便淹死了。

富翁的屍體卻被河邊一個無賴給撈上來。認得這是富翁，覺得發財有門，便把屍體拖回家，想藉機向富翁家屬敲詐一筆錢。

第二天，富翁家的人找上門來領屍，無賴翹著二郎腿說：「要領回屍體容易，不過需拿千兩銀子來。」富翁家屬想討價還價，無賴惱怒地喊道：「不給千兩，休想把屍體拖回。」富翁家屬受過富翁的薰陶，不忍心花這麼多錢，只得掃興而歸。無賴怕富翁家屬夜裡來偷屍體，索性將屍體綁起來，把繩子一頭繫在自己腳上。

再說，富翁家屬怕時間拖長後屍體腐爛，就去找一個叫鄧析的人，請他出主意。鄧析是個聰明人，覺得雙方都不是好惹的，就安慰來人說：「你不用著急，那個得到屍體的人是必然要賣掉它的。」富翁家屬一聽言之有理，便放心而歸。

無賴聽到這個消息，怕事有變卦，心裡十分著急，也來求助於鄧析。鄧析也安慰他說：「你不用著急，這個富翁的家屬是一定要來買這具屍體的。」無賴聽他說得不錯，也放心而歸。

結果，富翁家屬等無賴低價賣屍體，無賴等富翁家屬原價買屍體。拖了幾天，富翁的屍體腐爛了，無賴一分錢也沒撈到。於是雙方都去告鄧析巧言騙人。鄧析說出給兩方出主意的原話，辦案的官員聽完，覺得鄧析說得合情合理，無可挑剔，於是大聲喝道：「原告無理取鬧，攪亂公堂，把他們拖下去各打三十大板！」

如果鄧析不是巧言善辯，恐怕最後要吃虧呢。

宮殿下埋葬死人

齊景公修建路寢臺，已經打好了地基。此時，逢於何的母親死了。他拜求晏子轉奏齊景公，請求把母親的屍體葬在路寢臺的牆下，與其父合骨。為此，晏子見齊景公說：「有個叫逢於何的人，母親死了，要葬在路寢臺的牆下，與其父合骨。」

齊景公聽後，勃然變色，生氣地說：「從古至今你曾聽說過有請求在君主宮殿下埋葬死人的事嗎？」

晏子回答說：「古代的明君，宮室臺榭建得少，又很儉樸，從不侵占活人的住宅，也不侵占死人的墓地，所以，從未聽說有請求在君王宮殿下埋葬死人的事。可是，現在大王蓋了許多宮室臺榭，侵占了活人的住宅，又侵占了死人的墓地，使活著的人不得安生，死了人的屍骨離散。為了自己的奢侈遊樂，既欺壓活人，又欺凌死人，這不是賢君應有的行為。為了滿足自己的慾望，不顧百姓的生死，不是治國正道。我還聽說，活著的人不得安生，就積蓄了憂愁；死了的人不得安葬，就積蓄了悲哀。積蓄了憂愁就留下了怨恨的種子，積蓄悲哀就留下禍患的根子，君王不如允許逢於何葬母於宮牆之下吧。」

齊景公同意了逢於何的請求。

晏嬰巧語論格言

春秋戰國時期，群雄四起，戰爭頻繁，你攻我戰，最後一些國家強大了，一些國家滅亡了，這些國家的勝敗存亡都是有其主觀和客觀原因的。

齊國是當時的一個強大的國家。有一次國君齊景公和大臣晏子遊覽已

經被齊國滅亡的紀國的舊地。紀國因經過戰亂，市面蕭條，一派肅殺景象，到處都是戰爭中留下的廢墟。

齊景公在遊覽時，在一處廢墟中發現一個金壺。打開一看，裡面刻著朱紅色的銘文，銘文寫的是「吃魚不要吃反面，騎馬不要騎劣馬」十四字格言。

齊景公一邊看，一邊由衷地稱讚道：「這個格言含意多麼有形有象。『吃魚不要吃背面』是說魚的背面有腥味，不好吃；『騎馬不要騎劣馬』是說劣馬任性，不聽使喚，不能騎著牠到遠方去。」

晏子聽了湊過來看金壺上的格言也連連稱讚：「這個格言含意多麼深刻。」但馬上話頭一轉，說：「大王，你理解錯了。『吃魚不要吃背面』是告誡國君不要把百姓的收穫全拿走，『騎馬不要騎劣馬』是告誡國君不要在身旁安排腐朽無能的人。」

齊景公不解地問道：「你是怎樣得出這種解釋的呢？」

晏子說：「一個人吃了魚的前面，還要吃魚的背面，豈不是貪得無厭嗎？馬不離人，就像臣不離君一樣，劣馬就好比國君身旁的腐朽無能之人。」

很明顯，齊景公只看到格言的外表，而晏子則看到了格言的內涵，所以齊景公很同意晏子的看法。但他接著又問道：「既然紀國有這麼英明的告誡刻在金壺上，為什麼還會滅亡呢？」

晏子回答說：「國君有好的治國綱領，應該張貼在城門上，讓全國老百姓都來遵守，紀國有這樣好的格言，卻藏在金壺裡面，又有什麼用處呢？」

齊景公若有所思地點點頭。

晏子繼續說道：「況且，這條格言主要是告誡國君的，國君不去實行，卻把它藏在金壺中，國家怎能不滅亡呢？」

晏子對格言的論說是以「他山之石」來「攻玉」的，有借古喻今的意思。主要是針對齊國應怎樣治理來發表議論的。齊景公也很明智，比較能聽從晏子的意見，所以齊國能夠強盛興旺。

墨子解說兼愛論

春秋戰國時期，哲學思想非常活躍，各派學說及其代表人物紛起。他們都為自己的學說奔走宣傳。墨子主張「非攻」、「兼愛」，而巫馬子卻主張「不愛」，兩人的學說明顯對立，但也並不影響他們互相探討，申述自己的主張。

一次，他們兩人又碰在一起，爭辯起來。

巫馬子因為自己的學說受到了多方攻擊，特別是受到墨子「兼愛」論的影響感到非常委屈，便辯解說：「你主張天下人都要互相親愛，並沒有人從你的主張中受到利益，我完全不愛任何人，也沒有人因此受到損害，主張雖然不同，結果卻是一樣，因為我們的主張都沒有得到實際的效果，既然這樣，人們偏偏要認為你的主張好，而我的主張壞呢？並進而認為你是好人，我就是壞人呢，這不是太不公平了嗎？」

事實也確實如此，難怪巫馬子忿忿不平。墨子聽了他的話，打了一個譬喻說：「假如這裡發生一場大火，有一個人端來一盆水撲滅火，另一個拿著一根燒火棍準備加大火勢，由於大火很快熄滅了，兩個人都沒有得到結果。在這兩個人中，你看重哪個人呢？」

巫馬子回答說：「我當然看重前一個人，因為他的心意是好的，而後一個人的心意是壞的。」

墨子接口說：「你說得對，由此及彼，我認為我的主張是好的，而你的主張是壞的。這就是人們為什麼願意接受我的主張，反對你的主張。」

巫馬子想不到救火的譬喻會連繫到兩人的主張，一時無言可對。

墨子繼續說：「倘若大火沒有很快熄滅，你說兩個人會造成什麼作用，得出怎樣的不同結果呢？」

墨子的話充滿了辯證法，把動機和效果連繫在一起，他的一番話，不僅駁倒了巫馬子，而且也宣傳了自己的「兼愛」的主張。

燕昭王從善如流

西元前三一八年，燕國發生內亂，齊國乘機攻打燕國，殺死了燕王噲。不久，燕昭王即位。為了收復失地，他親自登門向燕國賢者郭槐請教，尋求賢能人才的計策。

郭槐說：「成帝業的國君，把賢人作為老師看待；成王業的國君，把賢人作為朋友看待；成霸業的人，把賢人作為大臣看待；而國家也保不住的國君，則把賢人作為奴役看待。大王如果虛心聽取賢人的教導，恭恭敬敬地拜他為師，那麼，天下的賢人就會歸附到燕國來。」

燕昭王說：「我倒真想向所有的賢人學習，只是不知道先去召見誰最合適？」

郭槐沒有直接回答，而是講了這麼一個故事——

從前有個國王想用千金去買一匹千里馬，但三年過去了也沒有買到。

有個大臣對國王說：「讓我來為大王效勞吧！」

過了三個月，那個大臣找到了一匹千里馬，可已經死了，就花了五百兩黃金，把馬骨買了回來。

國王大怒道：「誰讓你用重金去買馬骨的！」

大臣說：「一匹千里馬的骨頭尚且花了五百黃金，更何況活的千里呢？天下的人必然認為大王是誠心買千里馬的人，肯定會把千里馬送上門來的。」

果然不到一年時間，就得到三匹千里馬。

郭槐講完故事，又說：「現在大王如果真想尋求賢人做老師，那就請從我開始吧。連我郭槐都能受到重用，何況比我更有能的人呢？他們一定會從千里之外趕來的。」

燕昭王覺得很有道理，就為郭槐修建了宮室，並把他視作老師看待。這件事傳開以後，很多賢能的人從前來投奔燕昭王。燕國依靠了這些人才，最後終於打敗了齊國。

孟子諫齊宣王好財色

一次，有人建議齊宣王拆毀明堂，齊宣王去向孟子討教：「先生，您說要不要拆毀明堂？」

孟子答道：「明堂是有道德而能統一天下的王者的殿堂。如果您要實行王政，就不要毀掉它。」

齊宣王說：「您可以說說怎樣去實行王政嗎？」

孟子答道：「從前周文王治理歧周，對農民的稅率是九分抽一；對做

官的人給以世代承襲的俸祿；在關口和市場上，只稽查不徵稅；不禁止任何人去江河湖泊捕魚；只對罪犯施刑罰，而不株連他的妻室兒女；對鰥夫、寡婦和失去依靠的老人、孤兒，實行王政的周文王最先考慮他們。《詩經·小雅·正月》上說：『有錢財的人是可以過得去的，可憐那些無依無靠的孤單者吧。』」

齊宣王擊掌稱道：「這話說得太好啦！」

孟子問：「您既然認為這話好，那為什麼不去實行呢？」

齊宣王說：「我有個毛病，我喜愛錢財，實行王政恐怕有困難吧。」

孟子說：「從前，公劉也喜愛錢財。《詩經·大雅·公劉》上寫道：『糧食真多，外有囤，內滿倉；還包裹著乾糧，裝滿橐，裝滿囊。人民團結，國威發揚，箭上弦，弓開張，其他武器也上場，浩浩蕩蕩向前行。』因此留在家裡的人有積穀，行軍的人有乾糧，這才能率領軍隊前進。如果大王您喜愛錢財，能跟百姓一道，那對於實行王政統一天下，有什麼困難呢？」

齊宣王不好意思地說：「我還有個毛病，我喜愛女人，實行王政怕有困難吧？」

孟子答道：「從前太王也喜愛女人，十分疼愛他的妃子。《詩經·大雅·緜》上寫道：『古公父清早便跑著馬，沿著地西邊漆水河岸來到岐山之下。還帶領著他的妻子姜氏女，都來這裡視察住處。』在這個時候，天下沒有找不著丈夫的老處女，也沒有找不著妻子的單身漢。大王如果喜愛女人，能跟百姓一道，那對於實行王政統一天下，有什麼困難呢？」

齊宣王無話可說了。

田駢被難啞無聲

春秋時齊國有個學者叫田駢，他滿腹經綸，講學傳道，在社會上很有名聲，生活也頗為優厚。

人們對他的講學毀譽不一，有的認為他宣講的是經世之學和做人的道理，有的則認為他言行不一，脫離實際。但他自我感覺非常良好，只聽得進好的讚譽，聽不進不好的議論，更加好為人師，到處發表高論了。」

有一天，他在講學時碰到一個普通老百姓。那個齊人對田駢說：「我聽到先生的高論了。

田駢不免沾沾自喜，問道：「你聽到我講的什麼，聽得進嗎？」

齊人回答說：「先生說的是，不要做官，要為民效勞。」

「對！對！對！這就是我的一貫主張。」田駢更加高興了，但他仔細一想，覺得這人很陌生，從來沒聽他講過學，便進一步追問：「你是怎麼知道的？」

其實，這個齊人並未聽過田駢的講學。只是知道他的名聲和他講學的宗旨，便不慌不忙回答道：「我是從鄰家的女兒那裡得知的。」

田駢的興致更加高了，認為自己的講學已經廣為流傳，連鄉里鄰舍都在傳說，更急不可待地問：「她怎麼知道的？」

齊人答：「我那鄰人的女兒說是不嫁，但她才三十歲就有七個孩子了。雖然不嫁，但她比出嫁的女人還會養孩子。現在先生你口口聲聲說不做官，實際上卻是厚祿萬石，侍從成百，不做官倒是真的，可是榮華富貴卻超過一般做官的人了。」

田駢聽了，感到非常難堪，再也無法像平時那樣誇誇其談了，而是呆

若木雞，啞口無言，一句話也講不出來。

　　齊人的機智譬喻、樸實的談話把田駢所言所行的虛偽性深刻地揭露開來。從此，他再也不敢到處炫耀自己的才學了。

蘇秦以「不信」說得燕王之信

　　齊宣王十一年（西元前三三二），燕文侯去世，燕易王即位。齊宣王乘燕國大喪未已，新君初立，發動了一場對燕國的戰爭。占領了燕國的十座城池。昔日縱約首領，著名的縱橫家蘇秦，受燕易王之托，憑著一條如簧之舌，從齊宣王手裡收復了這十座城池。但蘇秦回到燕國後，易王不僅不獎賞他，反而連以前的官職也罷免了。原來是有人在易王面前告了蘇秦的黑狀。說他是個左右搖擺不定，叛賣國家，反覆無常的人。

　　蘇秦見易王如此對待自己，對可能出現的情況也有一番估計。這天，他求見易王，單刀直入，挑明自己的觀點。

　　蘇秦對易王說：我不勞大王的一兵一卒，隻身前往齊國，替大王收復被占領的城池，大王卻罷免了我的官職。這一定是有人在大王面前中傷我，說我「不誠實」。其實，我的「不誠實」正是大王的福氣。因為忠誠信實的人，往往都是替自己打算。考慮自己如何克服困難，堅守信約，以贏得世人的讚譽；而謀求進取的人，總是要替別人打算。思考著怎樣委屈自己，求得別人的歡心，取得上司的重用。我把年邁的母親丟在東周，本來就是不顧個人的利益，一心謀求進取的。

　　接著，蘇秦向易王指出，假如自己像曾參那樣孝順，不肯離開父親片刻，那就不可能前來服侍危在旦夕的弱小燕國；假如自己像伯夷一樣廉

潔、忠直，寧可餓死於首陽山（在今山西永濟南）也不食周朝一粟，那就不可能前往齊國，說回十座城池；假如自己像尾生一樣，堅守信約，寧可抱著橋柱子讓水淹死也要等候約會女子的到來，那就不可能背棄自己辛辛苦苦創建的合縱聯盟，而讓齊國為討好秦國來退卻占領燕國的軍隊。

最後，他還給燕易王講了一個不誠實的故事。說一個婢妾怎樣用不誠實的手段使得主夫免於一死，主母免於被休。

燕易王聽後，認為他分析得很有道理，便又恢復了他的官職，並且比以前更加優待他。

范雎智見秦昭王

魏國人范雎是個能言善辯的策士。他因故被魏相魏齊追殺，後化名張祿，經秦國謁者王稽的幫助才得以逃生，來到秦都咸陽。儘管王稽稟告秦昭王（西元前三〇六 —— 前二五一年在位），說張祿先生認為秦王的國勢比累起的蛋還要危險，而張祿有良計妙策可以使之化險為夷，但昭王厭惡天下說客，故只將范雎安排在普通的客館裡，讓他吃著粗劣的飯菜，待命一年多。

為了能夠見到秦昭王，爭取昭王的賞識，范雎先向秦王上書。他說：英明的君主掌握的政治原則是，有功勞的人不應當不給獎賞，有才能的人不應當不給官職；功勞大的人，他的俸祿多，功勞多的人，他的爵位高；能管理很多事的人，他的官職大。所以沒有才能的人不敢擔任官職，有才能的人也不會埋沒。聖明的君主對於人們的意見，認為有利的就付諸實行，認為有害的就拋在一邊，有懷疑的就稍作嘗試。因此，他建議秦昭王不妨在瀏覽觀賞之餘接見他，他保證如有一句無用的話，甘願被處死刑。

昭王在十分高興時看到了范雎的這封信，就告訴王稽，要他用專車把范雎接來。

范雎進宮後，佯裝不知宮中通道，走進了通往後宮的長巷，被宦官攔住，訓斥了一番。並告訴他：大王就要到了！范雎說：「秦國哪有什麼大王？秦國不是只有太后和穰侯嗎？」昭王到時，見范雎正跟宦官爭吵，就走上去抱歉地說：「我早該親聆先生的教誨，只是為起兵征討義渠部族，我要晨昏問候太后並向太后請示。現在義渠的問題已經解決，我願立即向先生請教。」秦王屏退左右侍從，向范雎長跪，請教高妙良策。范雎只說：「是，是。」一連三次，都是如此。秦王跪請道：「先生終是不肯指教我嗎？」

范雎說：「不敢這樣。我聽說呂尚遇見文王時，只是個漁夫，在渭河（在今陝西中部）邊釣魚罷了，他們的關係很疏遠。文王和他交談不久，就任命他作人師，用車子裝著他一起回去。這是由於他的話說得深切中懇。文王得到呂尚的輔佐終於統一了天下。假如文王當初疏遠呂尚而不跟他作深切的長談，周朝就不會有統一天下的氣運，文王、武王也就難以成就帝王的偉業。現在我是個旅居外地的人，跟大王關係疏遠，可是我要說的都是匡扶國君的事情。我願獻出一片忠心，只是不知道大王的心意，這就是大王三次發問而我不敢回答的原因，我不是畏懼什麼而不敢說。我知道今天說的話，明天可能就會為此而被處死，但我不想逃避。只要大王能採納我的建議，死不足憂。我擔憂的是死後，天下人看到我盡忠而招來死亡，就會閉口止步，不再投奔秦國。那時，大則國家顛覆，小則自身陷入孤立危險的境地。」

秦王長跪著對范雎表示，不必擔心自己的誠意，只希望事無大小，全面發表看法。於是，秦王和范雎正式行跪拜禮，雙方交談日久。

趙高說李斯

秦始皇出巡，死在沙丘。趙高為了攫取大權，千方百計阻撓始皇的長子扶蘇即位，一心想輔佐始皇的次子胡亥登基。但此時趙高的羽翼未豐，為防止朝臣反對，他只好勸說丞相李斯要立他為繼承人。這封詔書還沒有發出，此事還沒有別人知道。現在他的詔書和御印都在胡亥那裡，所以，確定誰是太子就在您與我趙高的一句話了。這事怎麼辦？」

李斯說：「您怎麼能講出這種亡國的話！這不是臣子應當議論的事！」

趙高說：「您自己估量一下：您的才能比蒙恬怎麼樣？功勞比蒙恬怎麼樣？謀略深遠而不致失誤比蒙恬怎麼樣？跟天下人沒有仇怨比蒙恬怎麼樣？跟扶蘇有故舊情誼而深得信任比蒙恬怎麼樣？」

李斯說：「這五條我都比不上蒙恬，可是您為什麼要這樣苛求我呢？」

趙高說：「我本來是一個宦官，幸而能夠憑著諳習刑獄文書進入秦宮，管事二十多年，從來沒有看到秦王罷免的丞相或功臣有封爵傳到第二代的，最終都是被誅殺而死。皇帝有二十多個兒子，您都是有所了解的。長子扶蘇剛強而勇武，對人信任，善於獎掖人才，他即位後定會行用蒙恬作丞相，到最後您恐怕想帶著通候的印信告老回鄉都不可能，這是顯而易見的。我奉命教授胡亥，讓他學習法律已經好幾年了，沒有見過他有什麼過失。他仁慈厚道，輕錢財而重賢士。秦朝的公子們沒有比得上他的，可以作繼承人。希望您考慮決定。」

李斯說：「您還是守您的本分吧！我遵照主上的遺詔，還有什麼可考慮的？」

趙高說：「處境平安可以變得危險，處境危險可以變得平安。一個人

命運的安危還沒有決定，怎麼稱得上聖明。」

李斯說：「我不過是上蔡閭巷的一個平民，蒙皇上聖恩提拔當了丞相，封為通候，子孫都得到尊貴的地位和豐厚的俸祿，他把國家存亡安危的重擔交託給我，我怎麼能辜負皇上呢！忠臣不因為怕死而僥倖生存，孝子不怕過分勤勞而傷害身體，做臣子的各守職分罷了。請您不要再多說，否則將會使我獲罪。」

趙高說：「我聽說聖明的人靈活多變，能順應時勢的變化和時代的潮流，看到事物發展的苗頭就知道事物發展的大方向，看到事物發展的動向就知道事物發展的最終結果。事物本來就是這樣，哪裡有一成不變的道理！當今天下的權力和命運都掌握在胡亥手中，我能夠體會他的意向如何。況且從外部來制服內部就是逆亂。從下面來制服上面就是反叛。所以秋天霜降花草就凋落，春天冰化萬物就生長，這是必然的結果。您怎麼還意識不到呢？」

李斯說：「我聽說晉國換太子，三代不安寧；齊桓公兄弟爭奪君位，哥哥被殺死；商紂殺死親族，不聽勸諫，國家成為廢墟，社稷危亡：這三件事都因為違背天意，結果國破家亡。我是個堂堂正正的人，怎麼能參與叛逆陰謀！」

趙高說：「上下齊心，事業可以長久；內外一致，事情就不會出差錯。您依我的計策，就能長保通候的爵位，而且會像王子喬、赤松子那樣長壽。如果你定要放棄這個機會，災禍將及於子孫，我實在為您痛心。理想的做法是轉禍為福。您打算怎麼決斷呢？」

李斯仰天而嘆，流著眼淚嘆息道：「唉！我偏偏遭遇這個變亂的時代，既然不能死節效忠，又到何處安身立命呢！」於是依從了趙高。

東方朔智勸漢武帝

東方朔是漢武帝時期的大中大夫，以詼諧滑稽和智慧著名，人稱「滑稽派」。

當時，漢武帝劉徹很喜歡「方士」。所謂「方士」，就是指那些自稱能呼風喚雨，能與神靈對話之人。漢武帝不但重用這些人，並讓這些人去尋找長生不老的神仙藥。

東方朔見漢武帝整日迷戀這些，聽從那些方士的蠱惑，心中大為憂慮。

一天，漢武帝將東方朔召來，命他催促方士盡快找來可長生不老的神仙藥。東方朔聽後對漢武帝說：「您讓人尋找的是自然之中的藥，這些藥就是找來，也不能使人長生不老，只有天上的藥才能使人長生不老。」

漢武帝一聽，覺得此話有理，連忙問：「怎樣才能上天取藥呢？」

「我可以上天去取。」

東方朔的話音剛落，漢武帝便哈哈大笑起來，他知道東方朔在說大話、假話，但看東方朔那副認真的樣子，又追問道：「你是真能上天取回神藥？」

「如有戲言，願領死罪！」東方朔神態嚴肅，認真地說。

見東方朔已把話說死，漢武帝半信半疑地命令他立即上天取藥。」

東方朔領命後，立即告辭。當他走出殿堂大門後又很快返回來說：「我現在上天，好像是在說假話，希望您能派一個人與我同行，以證實我的真偽。」

「此語有理，這樣吧，我派一名方士與你同行。」漢武帝說完，便喚來

一名方士，並約定三十天後，東方朔和這位方士一同返回。

誰知，東方朔出了朝廷大門後，每日都到各王侯家輪流飲酒，眼看期限快到了，他還沒有上天的意思。隨行的方士不斷地催促他，東方朔說：「莫急，神仙的事情很難預測，不久就要有神仙來接我了。」

這位方士也有些搞不清了，只好等待著這一天的到來。

有一天，緊張了近一個月的方士大白天一直在睡覺，東方朔突然弄醒他，對他說：「你睡得好死呀！剛才神仙來接我，我喊你好半天你也不醒。神仙不等，我只好去了，這不，我剛從天上下來。」

方士聽後，大吃一驚，急忙把這一切詳細地報告給了漢武帝。

漢武帝氣得大怒道：「他這是在當面欺騙我，來人，把東方朔打入獄中！」

東方朔被抓來了，他一邊哭一邊說：「我在頃刻之間幾乎要死兩次！」

漢武帝聽後覺得奇怪，問東方朔這是怎麼回事？

東方朔回答說：「天神問我，天底下的老百姓靠什麼穿衣服？我說：『靠蟲子。』天神帝又問：『蟲子像什麼？』我回答說：『蟲子嘴毛乎乎的像馬，顏色黃乎乎的像虎。』誰知天神大怒，認為我說假話。派使臣到人間探問，使臣回來報告天神：『有這種蟲子，名叫蠶。』於是，天神放了我。如今您如果認為我是在欺騙您，希望能派人上天查問。」

漢武帝聽後大為吃驚，說：「好，東方朔狡詐，你原來是想讓我不再重用方士呀！」

漢武帝說完，命人放了東方朔。從此，他斥退了那些方士，不再重用他們了。

王夫人推薦栗姬

漢景帝的皇后，沒有生男孩子，於是生男後代，成了當時後宮嬪妃所追逐的目標。

在後宮妃姬之中，栗姬最先生了個男孩兒。按規矩，這個長男就是皇太子，他的生母栗姬應該立為皇后。但栗姬的嫉妒心很強，給別人的印象很糟，皇帝了解後也自然和她疏遠了。栗姬不但對此毫無察覺，反而因為生了男孩，更加得意忘形。景帝曾委託栗姬將來照應其他妃姬所生諸子，她很不高興，出言不遜。景帝很討厭她，只因她是皇太子的生母，不能隨便把她轟出宮。

妃子中有個也生了男孩的王夫人，她對宮中這種情況瞭如指掌，悄悄地對一個大臣說：「皇后的位子空著總不是事，我想去勸皇帝，讓太子的生母栗姬當皇后，你覺得怎麼樣。」這大臣自然想當「栗皇后」的第一推薦者，馬上向景帝進言「太子的母親栗姬不應該再和一般的夫人們平起平坐，臣以為宜立為皇后。」景帝正猶豫是否把栗姬轟出門外，卻有人建議讓她繼皇后之位，自然勃然大怒。立即把那位大臣打入監獄，把太子也給廢了。栗姬終於「愈恚恨、不得見，以憂死。」結果，王夫人升為皇后，她的兒子，就是後來的漢武帝。

第五倫巧言應對

漢章帝時，第五倫做司空。由於他為人正直，奉公盡職，深得人們愛戴。但也有些人因為他性情直爽而對他不滿。一次，有人問他：「你有沒有私心？」這句話看起似乎平常，可是卻暗藏機關，不管第五倫回答說有

私心還是沒有私心，都會授人以柄。想到這一層，第五倫隨口答道：「過去，有一個人送給我千里馬，被我拒絕了。此後，每當朝廷讓我們三公選薦人才的時候，我心裡總是想到這個人。不過，我始終沒有舉薦他。我哥哥的兒子病了，我一天去探望十次，回到家就躺下睡著了。我兒子有病的時候，我雖然不去看顧他，可是，卻一夜睡不著覺。這樣看來，怎麼能說沒有私心呢。」第五倫的回答是十分巧妙的，既說明了自己和常人一樣有私心，又告訴別人，他在處理公事時，並不為私心所左右。這樣，問話的人自然無空子可鑽。

馮唐救魏尚

漢文帝時，魏尚做雲中太守。當時，匈奴人時常侵擾邊塞，使北方諸郡不得安寧。魏尚仁雲中太守以後，開始整頓軍隊，積極抵抗，一時聲威大振。匈奴人聞知魏尚智勇兼備，輕易不敢進犯雲中。一次，匈奴的一支軍隊進入雲中境內，魏尚便率軍迎擊，打退了匈奴的入侵。由於疏忽，魏尚在向朝廷報功時，多報了六個首級。漢文帝便認為魏尚冒功，撤銷了他的職務，並讓官吏依法治罪。大臣們都感到魏尚獲罪有些冤枉，但是，卻無法解救他。

一天，文帝看見了做郎署長的馮唐，問他：「你是什麼地方人？」馮唐回答說：「我是趙人。」文帝一聽，便來了興致，說：「以前我聽說趙國的將領李齊十分了得，鉅鹿大戰時，威震敵膽。現在，每當我吃飯的時候都想起他。」馮唐回答說：「李齊遠不如廉頗、李牧。」原來，趙國在戰國時有很多良將，廉頗、李牧是當時十分著名的將軍。文帝聽後，嘆道：「可惜，我沒有得到廉頗、李牧那樣的將才，如果有他們那樣的人為將，我就

不擔憂匈奴人了。」馮唐見時機已到，忙說：「陛下如果得到像廉頗、李牧那樣的將才，也不一定會用。」漢文帝十分驚詫地問道：「你怎麼知道呢？」馮唐回答說：「古時候的帝王派遣將領出征，總是說：『大門以內我負責，大門以外，由將軍治理。』軍隊裡依功行賞，本來是將軍們的事，由他們決定以後再轉告朝廷。過去，李牧在趙國做將軍，所在地的租稅都自己享用了，趙王不責怪他，所以李牧的才智得到了充分發揮，趙國也幾乎成國霸主。而當今，魏尚做雲中太守，其所在地的租稅收入，全部用來供養士卒，因此，匈奴懼怕他，不敢接近雲中的邊塞。而陛下僅僅因為六個首級的誤差，便將他下獄治罪，削掉了他的官爵。所以，我才敢說，陛下即使有廉頗、李牧那樣的將才，也不能夠很好地任用他們。」

漢文帝聽了馮唐這些話之後，感觸良深。當天，就派馮唐拿著符節到雲中赦免魏尚，恢復了他雲中太守的職位。

張釋之辯才出眾

漢文帝三年（西元前一七七）間，身為宮廷禁衛中郎將的張釋之曾經隨從漢文帝劉恆到霸陵（今陝西西安東）。慎夫人新豐也陪同前往。劉恆站在霸水堤岸上給慎夫人指著說：「這就是通往邯鄲（治所在今河北邯鄲南）的大路。」說著就叫慎夫人彈瑟，劉恆靠著瑟就唱起來。歌詞淒愴悲涼。忽然回過頭來對左右大臣們說：「好啊！用北山的石頭做成棺槨，再塗上拌漆的碎麻，誰都動不了。」左右都跟著稱頌：「好！」只有張釋之向前走了一步說：「假如墳墓中藏有人們渴望得到的東西，就是整個南山（華山，以及華山所屬的秦嶺山脈），都能找到空隙。如果墳墓中沒有人們渴望得到的東西，就是沒有石頭棺槨，又何必憂慮？」劉恆認為有理。

　　這以後不久，張釋之已就任廷尉。一次，劉恆坐車經過中渭橋，一個人突然從橋下跑過，御車的馬受到驚嚇，幸運的是還沒有發生意外。但那人當即被逮捕，押送廷尉法辦。那人說：「聽說京都長安來了人，實行戒嚴，我便躲到橋下。隔了好長時間，我以為皇上已經過去了，就走出來了。誰知車馬還在，就趕緊跑開。」於是張釋之判決：天子出巡時，人民都應迴避，該人沒有迴避，屬「犯蹕」罪，應當罰款。劉恆惱火道：「這傢伙嚇了我的馬，幸虧這些馬性情柔和，否則換了別的馬，說不定要了我的命，你怎麼僅罰他幾塊錢就了事？」張釋之說：「法律，由天子制定，天下人都得遵守。法律規定罰款，就是罰款。如果隨意加重處罰，老百姓怎麼相信法律？如果當時陛下把他殺了，也就作罷。既然交給廷尉處理，廷尉就一定堅持公平。如果不按法律，全看當權者的臉色去判刑，想輕就輕，要重就重，人民不就無所措手足了嗎？請陛下明察。」劉恆考慮了很久，說：「你的看法很正確。」

　　稍後，有人偷了劉邦祭廟門上的玉環，被捕。劉恆火冒三丈，又將此案交廷尉審理。張釋之按照「偷盜皇帝祭廟律」論罪，應當法場斬首。劉恆大發脾氣：「這個傢伙，根本不講道義，竟然偷起先帝祭廟的東西來，我交給你廷尉，就是要屠滅他的家族，你卻拿法律來堵住我的嘴，這不是我恭敬祖先的本意。」於是張釋之脫下官帽，叩頭請罪道：「法律怎麼說，我就怎麼判。對於犯罪，應該看輕重大小，作為懲罰的根據。如果因為偷祭廟的一個玉環就誅殺他的全族，萬一沒有知識的愚民掘了長陵上一杯土，陛下將用什麼更重的刑罰懲處？」劉恆報告薄太后，准許按原判決執行。

劉邦智免殺身禍

楚滅秦時，楚懷王將士兵分為東西兩路進軍。東路由項羽率領，西路由劉邦率領，兩路兵馬同時進發關中。楚懷王已有言在先：誰先打進關中誰就當關中王。結果是劉邦先打進了關中，項羽依仗自己兵多勢大，對劉邦很不服氣，並且要加害於他。

這時范增就給項羽獻計，說：「等到劉邦上朝時，大王就問他：寡人封你到南鄭去，你願意去嗎？如果他說願意去，你就說：『我早就知道你願意去。那裡是養兵練將的好地方，又可聚草屯糧，你養足了精兵強將好跟我爭天下，對不對？這證明你有反我之心。綁出去殺了！』如果劉邦說不願意去，你就說：『我早就知道你不願意去的，本來楚懷王有言在先，誰先入關誰為關中王。叫你去南郊，你怎麼能願意呢？你這是有意反我，綁出去殺了！』我想他劉邦是怎麼也逃不出滅頂之災的。」

這一天，劉邦參見了項羽。項羽就按范增所授套問劉邦，劉邦沉思片刻，對項羽提出的問題卻沒有明確地答覆是「去」還是「不去」。他裝著很虔誠的樣子回答：「大王啊！臣食君祿，命懸於君手，臣如陛下坐騎，鞭之則行，收轡則止。臣唯命是聽。」項羽一聽，殺掉劉邦的藉口看來不是那麼「名正言順」，無可奈何，只好對劉邦說：「你要是聽我的，南鄭你就不要去了。」

劉邦之所以免遭殺身之禍，是由於他巧妙地運用了模糊語言「唯命是聽」，避免陷入項羽預設的圈套，從而保全了自己的性命。

徐福上書漢宣帝

漢宣帝的龍案上放著一封書信，拆開一看，原來是茂陵的徐福寫來的，信上說：「霍家掌權的時間太長了，他們的子孫人人封侯，連霍家的女婿都掌握了兵權，權勢實在太盛了，連皇上都不放在他們的眼裡。皇上如果不採取措施抑制他們的勢力，說不定霍家要走上反叛滅族之路呀！」

漢宣帝雖然對霍家也有成見，可是皇后都是霍家的人哪，如何下得了手呢？再說，自己對霍家恩重如山，他們也不至於會心懷二心謀反篡權。他把書信丟在一邊不予理睬。

沒有幾天，徐福的書信又到了漢宣帝的案頭，再次提醒皇上對霍家要提高警惕。漢宣帝仍然把信擱置一邊不理。

幾個月後，當漢宣帝第三次收到徐福上書的時候，開始討厭這個人了。事隔不久，霍家果然陰謀政變，幸好被人告發，沒有造成大害。漢宣帝大怒，咬牙切齒地嚴令將霍家消滅，重賞告發的人，唯獨沒有賞賜三次上書的徐福。

有人為徐福受到皇上的冷遇忿忿不平，上書漢宣帝說：「我聽過這樣一件事，有個客人到人家去玩，看見這家的煙囪是筆直向上的，旁邊還堆著不少柴草，就勸告他們說，這種狀況很容易發生火災，應該把煙囪砌成彎曲的，把柴草搬到較遠的地方去。那家主人說煙囪已經砌了幾年了，都是這個樣子，從沒有出過事。不久這家真的失火了，附近的人都趕去救火。火災撲滅了，主人請救火的人到他家去吃酒，唯獨沒有請那個提醒注意火災的客人赴宴。後來經人批評後，才把那位客人請到宴席上坐了上位。」

漢宣帝看到這裡，覺得那家失火的人把提建議的客人忘了，這是不足取的。接著，他又讀了下去：「茂陵徐福三次上書陛下，指出霍家權勢太

重，應該防止他們走上謀反的邪路上去。如果皇上採納了徐福的意見，限制了霍家的權力，那麼，霍家就沒有力量謀叛了，也不至遭到滅族之禍，國家也就沒有必要拿出大量的土地和官位去分封眾人。可是，陛下卻偏偏不賞徐福，這同遭到火災的主人獨獨不請提建議的客人上酒宴一樣，是不公平的。這樣，以後誰還敢冒著危險上書陛下，去揭露你身邊潛伏著的隱患呢？」

漢宣帝覺得這個上書人說得合情合理，就把徐福召進宮殿予以重賞，還讓他當了個郎官。

劉邦喻獵人獵犬

漢高祖劉邦給蕭何、韓信等人封侯之後，下邊有一些立過戰功的人不服，說：「我們立的功是在槍林箭雨中，九死一生拚殺出來的，而蕭何並沒有直接到戰場上衝過鋒，陷過陣，反而當了一人之下、萬人之上的丞相，他不就是僅僅憑著那一張嘴、一支筆嗎？」

這些牢騷話傳到漢高祖耳朵裡，他把大家召集到一起，問道：「諸位見過打獵嗎？」

大家說：「見過。」

漢高祖說：「撒腿猛追，逮住野獸的是獵犬；指揮獵犬的是獵人。說一句玩笑話，諸位只能逮住野獸，這不過是獵犬的功勞；蕭丞相善於指揮你們去追逐野獸，這才是獵人的功勞呢！請大家想一想，獵犬的功勞怎麼能和獵人的功勞相比呢？」

大家聽了這番深入淺出的解釋，都心服口服。

韓安國巧言勸帝后

　　韓安國本梁地成安（今河南民權）人，後遷睢陽（今河南商丘縣南）。為梁孝王中大夫。漢景帝三年（西元前一五四），吳、楚七國叛亂，梁孝王派韓安國和張羽為將，率兵成功地阻止了吳楚聯軍的西進，因此出名。平定吳、楚叛亂後，韓安國為梁使者入漢。因為梁孝王是漢景帝的同母弟弟，寶太后非常喜歡他，允許梁孝王設置相位，食祿兩千石，並可以自定人選而不必透過朝廷。他出入遊戲，儀仗節鉞和天子差不多。漢景帝心裡很不高興，因此拒絕召見梁使韓安國。太后知道景帝不高興，也不見韓安國。韓安國沒法，只好求見景帝的姐姐館陶公主。哭著說：「為什麼梁王身為人子純孝，身為人臣盡忠，而太后一點也不覺察呢？前一段時間，吳、楚等七國叛亂，關中以東都聯合向西攻漢，只有梁王處境最艱難。梁王考慮到太后、皇上在關中，而諸侯擾攘作亂，深自憂心，說一句話眼淚要流幾行。跪送臣等六人率兵上前線，抵抗吳、楚叛軍。吳、楚軍隊所以才不敢向西進攻關中，最終失敗。這都得力於梁王的力量。現在太后卻以細小禮節責備怨恨梁王。梁王父兄都是帝王，梁王的車旗都是皇帝所賜，他是想以此誇耀諸侯，讓天下都知道太后、皇上對他的寵愛。現在梁王的使者一來就追究責備他，梁王因此很惶恐，日夜流淚，不知該怎麼辦？為什麼梁王為人子大孝，為人臣盡忠，而太后、皇上卻毫不體諒呢？館陶公主把這些話轉告了太后，太后高興地說：「我來跟皇上說。」漢景帝心情才放寬了。並且在太后面前請罪說：「我們兄弟之間不能相互教導，以至太后擔憂。」遂召見並厚賞了梁使韓安國。韓安國名聲因此大振。

公孫弘飾詐巧辯得恩寵

公孫弘工於心計，見多識廣，常說君王怕的是不寬大，臣子怕的是不節儉。因此，他蓋的是麻布做的被子，一餐飯不吃兩種葷菜。後母死後，他為之服喪三年。每當朝廷開會議事時，他總是將有關問題的情況原原本本地介紹清楚，讓皇帝自己去抉擇，不肯當面反駁，當庭爭辯。時間長了，皇帝便認為他品行忠厚，見他言談留有餘地，熟悉文書法令和官吏公務，又善於用儒術加以文飾，很喜歡他，兩年中升官到左內史。公孫弘上朝奏事，凡皇帝不同意的，他不當庭辯說。他常與主爵都尉汲黯間隔著進見皇帝，汲黯先把有關事情及其處理意見提出來，公孫弘跟在後頭加以推究解說，皇帝常常很高興，對他所說的話都聽從，由此公孫弘日益親貴。他曾與公卿約定某些建議，可是到了皇帝面前，卻又完全背棄了約定的建議，以順從皇上的意圖。汲黯在朝堂之上責備公孫弘說：「齊人多詐而不老實，當初他與臣等提出這個建議，現在又完全背棄了它，這是對君不忠。」皇上質問公孫弘，公孫弘謝罪說：「知臣者以臣為忠，不知臣者以臣為不忠。」皇上同意他的話。雖然左右寵臣們經常詆毀公孫弘，但皇上卻越來越厚待他。

元朔三年（西元前一二六年），張歐免職，以公孫弘繼任御史大夫。汲黯說：「公孫弘職位在三公之列，俸祿很多，可他蓋用麻布被子，這是欺詐行為。」皇上詢問公孫弘。公孫弘謝罪說：「是有這回事。說起來九卿當中與臣關係最好沒有比得過汲黯的，可是他今天當庭質問臣弘，的確切中了臣弘的毛病。以三公的顯赫地位和高貴身分而使用布被，確實是巧飾欺詐，想借此來沽名釣譽。況且我聽說管仲為相輔佐齊君，他生活奢侈可以和國君相比，桓公靠他輔佐而得以稱霸，管仲這是對上僭越於國君；

晏嬰為相輔佐景公，一餐不吃兩種葷菜，侍妾不穿絲織衣服，齊國也治理得很好，他這是向下比之於平民。現在臣弘官居御史大夫，而用麻布被子，弄得從九卿以下直到小吏沒有了高低貴賤之分，確如汲黯所說。再說如果沒有汲黯的一片忠心，陛下又怎能聽得到這些話呢？」皇上聽了這番話，認為公孫弘謙讓，更加厚待他。後來，終於任用公孫弘為丞相，封平津候。

簡雍妙語諫劉備

三國時，蜀國遇到了一次十分嚴重的旱災。劉備便下令全國禁止私人釀酒，以節約庫存的糧食。禁令下達之後執行得非常嚴格，連那些家中被查出有釀酒器具的人也要受到懲罰，絕不放過。

其實，家中有釀酒器具並不能證明他們違禁釀了酒，再說禁止釀酒也是一時的救急之法，並不是說永遠也不允許釀酒，所以大家都覺得這樣過於苛求了，可誰也不敢反對。

一天，劉備出去遊賞，大臣簡雍陪同前往。路途中，正好遇見有一位男女結伴同行，簡雍一見，忽生一計，對劉備說：「這兩人正要勾搭成奸，您為什麼不下令將他們逮起來？」

劉備問：「你根據什麼說你們倆要勾搭成奸呀？」

簡雍說：「因為他們倆都有幹那事的器具呀！」

劉備一聽，馬上明白了簡雍這是在影射自己懲罰家中存有釀酒器具的人的事，不禁大笑起來。於是，下令不再責罰那些家中存有釀酒器具的人了。

王僧虔一語驚人

南齊的王僧虔是大書法家王羲之的四世孫，楷書繼承祖法又有所創新，造詣極深，南齊朝內很多大臣及詩書之家都以掛他的墨寶為榮。這王僧虔偏偏又樂善好施，有窮人過不下日子找上門來，他讓人買來白扇，龍飛風舞題上楷書，讓窮人捧了去賣個好價錢。大家都議論著，王僧虔的楷書不輸王羲之，當今天下第一！

哪知這話傳出後，有一人偏偏不服。你知道他是誰？是齊太祖蕭道成。這皇帝平時閒來愛塗鴉幾筆，那書法技藝還算入流，可真要跟王僧虔比，可差一大截啦。

這一天，皇帝心血來潮，一道聖旨傳王僧虔進御花園。齊太祖捋鬚衝王僧虔嘿嘿一笑，環顧亭子周圍，大聲發話：「王僧虔，朕風聞你書法為當今天下第一，特約來比試書技。你抬頭看此亭匾額，上書梅亭兩字。想當初你先祖王羲之在蘭亭寫下一序，天下聞名。希望愛卿今朝在梅亭能梅開二度！」

王僧虔心裡很不是滋味：這明顯故意以梅對蘭，侮辱先人！但是，他又不敢發作。

在眾大臣的湊熱鬧聲中，君臣兩人飽醮濃墨，屏息斂氣，認認真真地書寫楷書一幅。

一會，兩人都已寫好。齊太祖將頭一揚，雙目盯住王僧虔：「你說你我兩人，誰第一，誰第二？」

王僧虔心裡七上八下別別跳：既不能隨便壓低自己，更不能辱沒先祖美名，可得罪了皇帝，弄不好會滿門抄斬的啊！

　　為了鎮定心情，他佯作再慢慢細賞兩幅墨跡未乾的楷書，心中暗暗地發急。突然，他將頭一昂，笑道：「臣的書法，為大臣行列中第一；陛下的書法嘛，當稱皇帝中第一！」

　　齊太祖聽罷，先怔了一怔，爾後無可奈何地哈哈大笑起來。

紀陟善辯受禮遇

　　吳末帝孫皓甘露元年（二六五）秋，紀陟、弘奉命出使魏國。當他們進入魏國境內後，隨時隨地虛心請教，了解魏國的風俗、忌諱以及其他種種情況。他們到達壽春（治所在今安徽壽縣）的時候，魏國守將王布故意炫耀騎馬射箭的本領，然後得意洋洋地問他們：「你們吳國的士大夫君子們也能像我這樣嗎？」企圖以此來諷刺、侮辱紀陟等一行人。紀陟對他不屑一顧，極其輕蔑地回答說：「你這種本事，不過是普通軍人騎士日常練習的功課罷了，所有的士大夫君子們是沒有一個人願意做這類事情的。」王布「偷雞不著蝕把米」，被紀陟的話搶白得面紅耳赤，連半句話也說不出來了。

　　紀陟、弘等人來到魏國都城後，當時已經奪取了魏國朝廷大權、被封為晉文王的司馬昭別有用心地舉行宴會招待他們。魏國所有文武大臣全都奉命出席，已經投降了魏國並被封為安樂公的蜀後主劉禪和匈奴單于也在座作陪。宴會正在熱烈進行的時候，司馬昭故意命令掌管接待的官員向他們介紹劉禪和單于，藉以耀武揚威，恐嚇吳國使者。面對這種情形，紀陟機智地說：「西方蜀國的君主雖然失去了土地，當了俘虜，但是受到你們國君和晉文王的優待禮遇，被封為公，其地位就像夏、商、周三代的那些公侯一樣，這正是你們實行仁義的一種表現啊！沒有人不感動的。匈奴是

邊遠地區的難馴服的國家，但你們的國君和晉文王用安撫的手段使他們來
朝拜，並且在宴會上讓他能夠親近晉文王的寶座，這確實是你們的恩德達
到遠方所造成的啊！」這些話表面上冠冕堂皇地讚揚了仁義和恩德，而弦
外之音則是諷刺和斥責眼前這種不講仁義恩德，只是一味地耀武揚威、盛
氣凌人的場面。司馬昭雖然聽出了紀陟話中含意，心裡很不痛快，但是又
抓不到把柄，也就不好發作了。然而，司馬昭打心眼裡是把吳國比作西蜀
和匈奴的，腦瓜裡時刻轉著想要消滅吳國的念頭，所以他又心生一計，指
使掌管接待的官員問道：「你們東吳的防守設備又能有多少呢？」紀陟看
透了司馬昭的心裡，就不願和他多談這種國家機密，於是籠統地回答說：
「我們吳國的防線，從西陵（治所在今湖北宜昌東南）直到江都（治所在今
江蘇揚州西南），共有五千七百里。」司馬昭還不死心，妄想打聽出吳國
防守的詳細情況，所以又叫那個掌管接待的官員問道：「路程這麼遙遠，
你們怎麼樣才能使防守堅固呢？」紀陟並不作正面回答，而是用了一個比
喻：「我國的疆界雖然很長，但是險要軍爭的地點也不過數處而已，這就
好像人的身體一樣。一般人都有八尺長的身軀，身軀上沒有什麼地方不會
染上疾病，可是要想不受風寒的侵襲，重點保護的地方也不過只有幾處罷
了。」司馬昭見紀陟能言善辯，威武不屈，不得不改變了態度，很有禮貌
地接待紀陟、張等吳國使者了。

諸葛恪辯辭巧對

　　諸葛恪（二○三～二五三），才思敏捷，應對迅速，在與人交談或辯
論時，常常說出一些機警巧妙的話語。

　　有一次朝廷聚會，孫權問諸葛恪：「你的父親與你的叔父相比，哪一個

更賢明？」當時諸葛恪的父親諸葛瑾在吳國任大將軍，他的叔父諸葛亮是蜀國丞相，大家都知道後者賢於前者。孫權的這個問題使諸葛陷入兩難境地：如果照實回答，則會當眾使自己父親難堪；如果違背事實說實，則眾人就會認為自己不誠實。誰知諸葛恪卻不假思索地回答：「我的父親賢明。」眾人吃驚地看著他，孫權緊接著追問他回答的依據是什麼，他說：「我的父親知道侍奉英明的君主，而我的叔父卻不知道。」這一回答不僅擺脫了直接評價自己長輩優劣的兩難境地，並且巧妙地歌頌了孫權，使孫權大為高興。

接著，孫權又叫諸葛恪勸酒。因為張昭德高望重，地位又高，所以諸葛恪首先向他勸酒。但是張昭已有幾分酒意了，就不肯再飲酒，他以自己年老為理由，推辭說：「勸老年人把酒喝多了，不符合尊老的禮節啊！」孫權見到這種情形，就對諸葛恪說：「如果你能說得張公（張昭）啞口無言，那他就非要喝下這杯酒不可。」諸葛恪針對張昭說自己年老，駁斥他道：「當年的師尚父（即西周文王、武王時代的大臣姜尚）已經九十歲了，還親臨戰場，指揮軍隊，從不說自己年老。現在，遇到行軍作戰的事情，陛下讓您在後方；而一旦有酒席宴會，陛下就請您在前面，這怎麼能說是不符合尊敬老人的禮節呢？」張昭被駁得無話可說，只得喝乾了那杯酒。

還有一次，蜀國使者到吳國來，在招待蜀使的宴會上，孫權指著諸葛恪對蜀使說：「這個諸葛恪非常喜歡駿馬，請你回去後告訴丞相（諸葛亮），替他搜尋搜尋。」這本來是一句玩笑話，但諸葛恪一聽，立即走下座席，向孫權叩頭謝恩。孫權覺得莫名其妙，就問他：「馬還沒有到，你就感謝，這是什麼道理啊？」諸葛恪回答說：「蜀國是陛下在外面的馬棚，既然您下達命令，叫他們送馬來，那麼駿馬是一定會送到的，我怎麼能不謝恩呢？」諸葛恪的話，機智地頌揚了孫權聲威遠播國外，孫權聽起來當然是滿心歡喜了。

諸葛恪這一類充滿智慧、機警和幽默的故事，還有很多，使得孫權對他非常讚賞。

范縝巧辯「因果論」

范縝（四五〇～五一〇）字子真，南鄉舞陽（今河南泌陽北）人。出身貧寒，秉性耿直，勤奮好學，卓越不群。梁天監六年（五〇七）發表具有樸素唯物論觀點的《神滅論》。

在齊朝時，范縝是竟陵王蕭子良的門客。蕭子良崇信佛教，而范縝極力稱說無佛。蕭子良問他：「你不相信因果輪迴，世間怎麼會有富貴，又有貧賤？」范縝回答：「人生譬如一棵樹上的花，長在一個枝條上，開在一個花蒂上，隨風墜落，有的飛過窗簾落在床蓆的上面，有的飄過籬笆落在廁所之中。落在床蓆上的，就好比是你竟陵王；落在廁所裡的，就好比是我范縝。貴賤雖然不一樣，又哪裡有什麼因果呢？」蕭子良不能說服他，但是對他很不高興，范縝從此退居家中，開始著述《神滅論》。

趙咨不辱使命

曹丕稱魏王之後，便派使者到江東封孫權為吳王，加九錫。吳王孫權接受了魏的爵命，便派使者趙咨入魏回謝。趙咨見到曹丕以後，曹丕問道：「吳王是什麼樣的君主？」趙咨回答說：「是聰明仁智雄略之主。」曹丕一聽，覺得很不快，便讓趙咨說得詳細一些。趙咨說：「吳王選拔魯肅於庶族寒門，這不是聰嗎？選拔呂蒙於行伍，這不是明嗎？得到了于禁卻不殺害他，這是仁；取荊州卻兵不血刃，這是智；據有三州，虎視四方，

這是雄；屈身於陛下，這是略。」曹丕一聽此言，覺得無隙可乘，便隨口問道：「吳王很有學問嗎？」趙咨回答說：「吳王任賢使能，志存經略，餘閒的時候，博鑑經史，只不過不傚法那些迂腐的書生尋章摘句而已。曹丕又問道：「吳可以征伐嗎？」趙咨回答道：「大國有征伐之兵，小國有防禦之法。」曹丕又說：「那麼，吳怕不怕魏呢？」趙咨應聲而說：「東吳帶甲百萬，以江漢為池，何懼之有？」「吳王部下像你這樣的人才有多少？」趙咨又答道：「吳王麾下，聰明通達的人八九十位。像我這樣的人車載斗量，不可勝數。」趙咨與魏王應對半晌，沒有半句失語，曹丕頗有感觸地說：「你確實是一個使於四方而不辱君命的人。」

許允娶妻

三國時，魏國的衛尉卿阮伯彥有個長得十分醜陋的女兒，嫁給了許允。行完交拜禮，許允就沒有再進洞房的打算。家裡的人為這件事非常憂慮。正巧許允的客人來到，許允的妻子讓侍婢去看是誰，侍婢回報說「是桓范大人。」許妻聽了說：「別憂慮了，桓先生肯定會勸他進來的。」桓范果然對許允說：「阮家既然把醜女嫁給你，必有其用意，你還是和新婦好好聊聊吧！」不一會許允回到新房，一見妻子，又想往外走。許允的妻子料定他這次出去就再不會進房。她雖然明知丈夫嫌自己醜陋，卻有意問他究竟為了什麼？許允於是對她說：「婦女應該具備四種德行：婦德，要求貞順；婦言，要求善於辭令；婦容，要求有美好的容貌；婦功，要求能織絲麻。你具備哪幾條呢？」

許允的妻子應聲回答：「新婦所缺少的只是美好的容貌罷了。」緊接著展開攻勢，反問許允：「讀書人應該有許多良好的品德，您具備了哪幾條

呢？」許允說：「我全都具備了！」

許允的妻子說：「各種品行中，德行排在首位。您喜歡女色不喜歡德行，怎麼能說全都具備了呢？」

許允的臉色上現出了慚愧的神色，對妻子頓生敬重之心。

魯肅巧勸孫權聯劉抗曹

漢獻帝建安十三年（二○八），劉表死後，曹操率領大軍進攻荊州（治所在今湖北江陵）。荊州地域廣大，人口眾多，物產豐富，且是連結中原、巴蜀、東吳、南粵的樞紐，地理位置非常重要，歷來為兵家必爭之地。當時，劉表的兩個兒子互相爭權奪利，軍隊中的將領也不和睦；劉備雖寄住在那裡，也胸有大志，手握奇策，但不被重用，苦於英雄無用武之地。這種情形的荊州，面臨曹操大軍壓境，是不堪一擊的。如果曹操占領了荊州，那麼他就可以東伐孫權，西取巴蜀、南攻五嶺。一旦出現這種局面，無疑對孫權極其不利，所以孫權為此而憂心忡忡，也就在情理之中了。

於是孫權召開軍事會議，討論對付曹操的計策。將領們都勸孫權迎接（實際上是投降）曹操，只有魯肅一個人一言不發。魯肅的本意是想勸孫權抗拒曹操，但又不知道孫權的真實意圖是什麼，所以藉著會場形勢，故意說：「曹操確實是一個勁敵，最近他又消滅了袁紹，勢力就更加強大了，真可謂兵多將廣，英勇無敵。現在，他憑著剛剛戰勝袁紹的威勢，攻打劉表死亡、內部混亂的荊州，就好像以石擊卵一樣，荊州一定會被他占領，只不過時間早晚而已。依我看，孫將軍（孫權）不如派兵去幫助他，並且把家屬全都送到曹操的老窩鄴城（治所在今河北臨漳西南鄴鎮）去。如果

孫將軍不這樣去做，那就危在旦夕了！」魯肅用的這個激將法，果然立竿見影。孫權認為魯肅的話不僅與自己的內心想法背道而馳，並且顯然是在諷刺挖苦自己，因此，不禁勃然大怒，拔劍要殺魯肅。魯肅見到孫權的這種神情行為，弄清了他的真實意圖，於是十分坦然地說道：「我也是主張抵抗曹操的。現在事情已經到了緊急關頭，您有什麼決定，也應該拿出來了，何必憂柔寡斷呢？我想，劉備是個英雄，目前又寄住於荊州，您何不派兵去幫助他，和他聯合起來，共同抵抗曹操呢？您殺死我倒沒有什麼，不過對您的大事又有什麼好處呢？」

孫權聽了魯肅這番話後，不僅沒有殺他，而且認為他提出的聯劉抗曹的計策很好，於是隨即派遣周瑜去支援、聯合劉備。

諸葛亮舌戰張昭

東漢末年，曹操統帥雄兵百萬，上將千員，揮戈南下，想一舉吞併東吳。值此大兵壓境之際，東吳以張昭為首的一批儒者主張投降。這時，諸葛亮來到吳國，提出蜀、吳聯合抗曹的主張。

諸葛亮剛在帳中坐下，孫權手下的第一謀士張昭便首先發難：「先生自比管、樂；管仲相桓公，霸諸侯，一匡天下；樂毅佑燕，下齊七十餘城；此二人者，真濟世之才也。……何先生自歸豫州（劉備），曹兵一出，棄甲拋戈，望風而竄；上不能助劉表以安庶民；下不能擅孤子而據疆土；乃棄新野、走樊城、敗當陽、奔夏口，無容身之地；是豫州既得先生之後，反不如初也。管仲、樂毅，果如是乎？」

諸葛亮聽了啞然一笑，輕鬆地反駁說：「鵬飛萬里，其志豈群鳥能識哉？」一句話把在座的儒者鎮住了。為了說明自己剛到劉備帳下所使用的

舒緩之策的理由，諸葛亮先打了個比方：「譬如人染沉疴，當先用糜粥先飲之，和藥以服之；待其腑臟調和，形體漸安，然後用肉食以補之，猛藥以治之；則病根盡去，人得全生也。若不待氣脈和緩，便投以猛藥原味，欲求保全，實為難矣。吾主劉豫州，向日軍敗於汝南，寄跡劉表，兵不滿千，將止關、張、趙雲而已；此正如病勢羸已極之時也。新野山僻小縣，人民稀少，糧食鮮薄，豫州不過暫以容身，豈真將坐守於此耶？夫以甲兵不完，城廓不固，軍不經練，糧不繼日，然而博望燒屯，白河用水，使夏侯惇、曹仁輩心驚膽裂。竊謂管仲、樂毅之用兵，未必過此。」

在這裡，諸葛亮以一個人患了重病之後應如何療理為例，類比了以劉備「羸已極」的處境為什麼不能與曹軍硬打的原因。同時，還用令曹軍「心驚膽裂」的軍事戰績作為論據，有力地反駁了張昭所謂「曹兵一出，棄甲拋戈，望風而竄」的不實說法，也展現了諸葛亮的軍事才能，間接地證明了自己有「管、樂之才」。從而把張昭之流主張降曹的根據批駁了，一句道破，擊中要害。使得在座的江東英傑們，或是默默無語，或是滿面羞色，或是垂頭喪氣，或是無言以對。

諸葛亮智激周瑜

建安十三年秋，諸葛亮孤身來到東吳，遊說蜀吳聯盟抗曹。

晚上，魯肅引孔明拜見周瑜。周瑜出中門迎入。敘禮畢，分賓主而坐。

魯肅問周瑜：「如今曹操領兵南侵。是和，還是戰？主公不能決斷，全聽您周將軍的。將軍之意如何？」

周瑜說：「曹操以天子為名，他的軍隊不可抗拒。況且曹軍勢力大，不可輕視。戰則必敗，降則易安。我決心已定。來日見了主公，便當派遣

使者去向曹操求和。」

魯肅大出意外，愕然失色：「將軍說話差矣！江東基業，已歷經三世，怎可就此奉送他人？伯符遺言，邊防之事託付於您。今正要依靠您將軍來保衛國家，為什麼將軍像懦夫一樣？」

詭譎的周瑜說：「江東六郡，人海茫茫；若掀起戰爭之禍，必定有人怨恨於我，還是向曹操投降不戰為好罷。」

魯肅說：「不對，以將軍的威名，東吳地勢的險要，曹操未必能南侵成功。」

兩人爭辯不休，諸葛亮看在眼裡，明在心裡，知道周瑜有意如此，好讓自己救助於他。但要周瑜表明抗曹決心，諸葛亮早已胸有成竹，只是袖手冷笑。

周瑜問：「先生笑什麼呀？」

諸葛亮說：「我不笑別人，正是笑子敬（魯肅）不識時務。」

老實的魯肅豈知雙方滿腹春秋，不解地問：「先生如何反笑我不識時務？」

諸葛亮說：「公瑾（周瑜）主意要投降於曹操，很是合情合理。」

周瑜順口說：「孔明先生真是個識時務的人，必與我同心。」

魯肅更不解了：「孔明先生，你怎麼也這樣說？」

諸葛亮說：「曹操極善用兵，天下沒有誰敢抵擋的。呂布、袁紹、袁術、劉表與他為敵，如今全被曹操消滅，天下已沒有人敢與他抗衡了。獨有劉豫州還不識時務，強與爭衡，落得孤身江夏，存亡未保。將軍決計降曹，可以保妻子，可以全富貴。至於國家的存亡，隨天命安排罷，有什麼值得可惜呢！」

諸葛亮一番尖刻的話語，使魯肅大怒起來，他直視諸葛亮說：「難道你要教我的將軍屈膝受辱於曹賊嗎！」

周瑜怒而不發，穩坐不動。諸葛亮又說：「我倒有一計：並不勞牽羊擔酒，納士獻印；亦不須親自渡江；只須派一名使者，用小船送兩個人到江上。曹操若得這兩人，必卸甲卷旗，揮師而退。」

周瑜終於開口發問了，說：「用哪兩人，可退曹兵？」

諸葛亮說：「江東沒有了這兩人，只不過如大木飄一葉，太倉減一粟罷了；而曹操得到這兩人，必是大喜而退師。」

周瑜迫不及待地追問：「到底是誰？」

諸葛亮慢調斯理地說：「我居住隆中時，就聽說曹操在漳河新造了一座樓臺，名叫銅雀臺，非常壯麗。他廣選天下美女，讓她們生活在此。曹操本是好色之徒，久聞江東喬公有二女，長女大喬，次女小喬。兩女有沉魚落雁之容，閉花羞月之貌。曹操曾經發誓過：『我有兩個心願，一是掃平四海，統一天下；二是得到江東二喬，在銅雀臺，享樂晚年，便死而無恨。』曹操如今揮師百萬，虎視江南，其真正的目的是為二喬。將軍您何不去尋找喬公，用重金買得二女，叫人送給曹操。曹操得到二女，肯定會稱心滿意，班師離去。這就是范蠡獻西施之計，何不快快地去呢？」

周瑜早已是怒從心上起，只是未形於色，還能自制，他說：「曹操想要得到二喬，有何證據？」

孔明說：「曹操的小兒子曹植，下筆成文。曹操叫他作一賦，名叫《銅雀臺賦》。賦中之意，只說他家合為天子，誓取二喬。」

周瑜強裝平靜地問：「這賦您還記得嗎？」

諸葛亮說：「我很喜愛那賦文華辭美，曾偷偷地記下了。」

周瑜說：「請背誦一下。」

諸葛亮站起身來，雙目眺望窗外，煞有介事地背誦起來：

從明後以嬉游兮，登層臺以娛情。
見太府之廣開兮，觀聖德之所營。
建高門之嵯峨兮，浮雙闕乎太清。
立中天之華觀兮，連飛閣乎西城。
臨漳水之長流兮，望園果之滋榮。
立雙臺於左右兮，有玉龍與金鳳。
攬二喬於東南兮，樂朝夕與之共。

原賦是「連二橋於東西兮」，此處諸葛亮曲解兩字，將「二橋」輕輕劃在「二喬」身上。

周瑜聽罷，再也忍不住了，勃然大怒，離座而起，直指北面，大聲罵道：「老賊欺我太甚！」

諸葛亮佯裝不知內情，急忙走向周瑜勸言：「過去單于屢侵邊疆，漢天子將公主許配給他和親，您為什麼要憐惜二喬這民間女子呢？」

周瑜說：「您有所不知：大喬是孫伯符將軍主婦，小喬是我的妻子啊！」

諸葛亮假裝誠恐誠惶的樣子賠不是，說：「我實在不知，失口亂言，死罪！死罪！」

周瑜說：「我與曹賊勢不兩立！」

諸葛亮大功告成，心中暗喜，末了，還對周瑜說：「凡事須三思而行，免得後悔啊！」

不久，周瑜火燒赤壁，大敗曹軍。

鄭泉智答孫權問

鄭泉在東吳擔任郎中這個官時，經常當眾向孫權提意見，有時和他爭得面紅耳赤，弄得孫權下不了臺。但是，因為他對孫權忠心耿耿，所以孫權照樣信任他任用他。

一次，孫權問他：「你為什麼喜歡在眾人面前那樣做？難道你不知道那是對我不禮貌、不尊敬嗎？你不怕觸怒龍顏嗎（西元二二二年，孫權建年號為黃武元年）？」鄭泉不慌不忙地回答說：「我聽說，如果國君賢明愛才，那麼臣子就忠貞敢言。現在我們朝廷上下團結一致，君明臣忠，互相沒有猜疑嫉恨，因此臣子就能暢所欲言，而不去顧忌什麼忌諱了。這種環境氣氛，正是國家興旺發達的表現，也是因為您寬宏大量，對臣民恩德如山啊！我又有什麼害怕的呢？

還有一次，孫權大擺宴席，款待群臣，鄭泉也在座。孫權想嚇唬嚇唬鄭泉，故意命令人把他押出去，說是要審訊他的罪狀。鄭泉非常坦然，一點也不害怕，臨出門時還不斷地回頭看呢！鄭泉剛走出門外，孫權又叫他回來就座，笑著對他說：「你不是說不怕皇帝嗎？為什麼臨出門時又不斷地回頭看呢？」鄭泉回答說：「我不是害怕，是在留戀您的偉大恩德啊！因為我內心確實沒有死亡的憂愁和恐懼，所以當我出門時，根本沒有想到其他方面，只是感激您的威靈，才不能不一再回頭，就是想多看您幾眼啊！」孫權聽了哈哈大笑，大家也都佩服鄭泉的機智巧辯。宴會的氣氛又熱烈起來，君臣談笑風生，開懷暢飲。

明君良臣一席談

魏徵受到唐太宗李世民的重用，引起了一些人的妒忌。有人造謠說，魏徵包庇自己的親戚。李世民便派溫彥博調查，結果純屬捏造。

溫彥博向李世民回報說：「魏徵為人臣子，處事待人不注意儀容禮貌，不遠避嫌疑結果遭到別人的誹謗。雖說這次沒有查出什麼問題，但也有可責備之處。」

李世民便派溫彥博前往責備魏徵，並要魏徵一定要改掉不修邊幅的毛病，注意儀容禮貌。

幾天後，魏徵謁見李世民，說：「臣聽說群臣應該同心同德，如同一體，國家才能興旺；如果幹什麼都苛求儀容禮貌，那就說明君臣間仍有隔閡，如此國家興衰就未可知了。所以陛下責臣，臣不敢遵命。」

李世民連忙說：「我知道對你批評錯了。」

魏徵叩了一個頭說：「這樣臣感到很高興，臣有幸侍奉陛下，但願陛下叫臣當一個良臣，不要當一個忠臣。」

「忠臣良臣有何區別？」

魏徵說：「所謂良臣，就是能夠給君主提出許多好的意見，並被君主採納，因而身得美名，與君主同享榮華富貴。所謂忠臣雖然能向君主提出許多好的建議，忠心耿耿地規勸君主，但不被君主採納，到頭來，忠臣自身受誅滅，陷君主以極大的罪名，家與國遭到損失，而他卻享有忠臣之名。這就是忠臣和良臣的不同之處。」

魏徵對於忠臣與良臣的正名辯析，使李世民覺得耳目為之一新。他高興地說：「你講得真好。那麼什麼是明君，什麼是昏君呢？」

　　魏徵說：「兼聽則明，偏聽則暗。」接著，魏徵舉了秦二世、梁武帝和隋煬帝的例子，說明他們滅亡的一個重要原因就是偏聽偏信，被奸臣欺騙矇蔽，死到臨頭還蒙在鼓裡。魏徵懇切地說：「為君只有多聽意見，廣攬博采，才能耳聰目明而不至於為奸佞之人所矇騙。」

　　李世民說：「明君能經常想到自己的短處，因而不斷增加自己的智慧，而昏君總是護著自己的短處，因而一天比一天糊塗。我要經常接受你和其他大臣們的勸戒，努力作一個明君。你也要經常大膽提出意見，努力作一個良臣！」

　　百年之後，李世民和魏徵果然被人們認為歷史上罕見的明君良臣流芳千古。

蘇世長巧回高祖

　　唐武德二年（六一九），王世充稱帝，蘇世長為太子太保，行臺右僕射，和世充侄子弘烈以及部將豆盧褒一起鎮守襄陽（今湖北襄樊）。高祖同褒有舊誼，數次派使者勸降，不聽從，屢次殺使者。武德四年，洛陽被平定，世長開始勸弘烈歸降。到了京師，高祖殺了豆盧褒而責備世長來晚的緣故，世長叩頭謝罪說：「自古帝王受天之命，就好比逐鹿，一人得到，萬人縮手。豈有捕獲鹿之後，還恨一起打獵的人，問爭奪鹿肉的罪名嗎？陛下順應上天百姓，布施德惠，又怎麼能忘記管仲、雍齒的事呢！況且臣是武功的人士，經歷離亂，死亡得差不多了，只有臣留有殘命，得見聖朝，陛下如果再殺了他，這就滅絕了這類人。實在盼望開恩，使得留有遺種。」高祖和他有舊誼，笑著就釋放了他。不久授予玉山屯監。以後在玄武門接見蘇世長，談到平時，恩意很厚。高祖說：「您自己說是屬於奉承

的，還是屬於正直的人？」回答說：「臣實在是又愚笨又正直。」高祖說：「您如果正直，為什麼背叛王世充而歸順我呢？」回答說：「洛陽已經平定，天下統一，臣智窮力屈，才開始歸順陛下。如果世充還在，臣占據漢南，還是強大的敵人。」高祖大笑，又調笑他說：「名長意短，口正心歪，對鄭國拋棄忠貞，對我忘記信義。」世長回答說：「名長意短，實在像您所說；口正心歪，不敢承認。過去竇融率領河西投降漢朝，十代封侯；臣率領山南歸順唐朝，只是得到屯監。」高祖高興，當天提升為諫議大夫。

又跟隨高祖在涇陽打獵，獲得很多禽獸，高祖走入旌門，回頭對左右說：「今天打獵快樂嗎？」世長說：「陛下不理萬機，從事遊獵，不滿一百天，不算大快樂。」高祖臉色變了，馬上又笑著說：「又發狂態了？」世長說：「替臣自己謀劃那是狂，替陛下國家謀劃那是忠。」

又曾經在披香殿陪同高祖喝酒，世長飲酒作樂，進言說：「這殿堂是隋煬帝所造的，怎麼雕刻得像這樣華麗？」高祖說：「您好像正直地勸諫，你的心實在狡詐。你怎麼不知道這殿堂是我造的，何必設詭計而說煬帝呢？」回答說：「臣實在不知道。只看見傾宮、鹿臺的琉璃瓦，並不是受天之命帝王愛民節用的作為，如果是陛下造這殿，確實不應該。臣過去在武功，常常陪同陛下，看到陛下房屋，只夠擋風霜，當時，也認為足夠了，如今因為隋煬帝的奢侈，老百姓不能忍受，所以天下歸入有道的，陛下得到天下，應該接受奢侈的教訓，不忘節約。如今剛有天下，就在隋宮之中，又加雕飾，想撥亂，怎麼能得到呢？」高祖認為很對。

李忠臣巧答天子

唐德宗建中元年（七八〇），散騎常侍張涉受賄一事暴露，德宗大怒，要繩之以法。這個張涉是天子在東宮時的侍講，李忠臣上奏說：「陛下貴為天子，而先生因為缺乏財產觸犯法律，依我看，不是先生的過錯。」德宗這才消了氣，只是讓他回歸鄉里。前湖南觀察使辛京杲曾經因為憤怒，殺了部下，有關部門彈劾京杲殺人當死，德宗同意了。忠臣又上奏說：「京杲早應該死了。」德宗問他原因，回答說：「京杲的伯叔某某在某處戰死，兄弟某某在某處戰死，他曾跟著他們，只有他沒死，所以知道他早應該死了。」德宗聽了也感到悲傷，就不叫加罪，改授京杲為王子的老師。忠臣剛直，不通詩書，德宗曾經對他說：「卿耳朵很大，真是一個貴人。」忠臣回答說：「我聽說驢的耳朵很大，龍的耳朵很小，我的耳朵雖然大，只是驢耳朵。」德宗很高興他的粗野和誠實。

梁毗哭金

梁毗是隋朝人，曾被貶為西寧州刺史，當時，西寧地區少數民族的酋長都以金子的多少作為富有的象徵，誰家的金子多，就認為誰家很「肥」就想方設法把人家的金子奪過來。但是，誰奪過去，誰就又「肥」了，其他酋長又來奪他。如此你攻我，我攻你，一年到頭也不得安寧。梁毗曾張貼文告禁止這種鬥奪，對一些搶劫者嚴加懲罰，但大多沒有作用，他深以為憂。

梁毗身為一州的刺史，各位酋長為了討好他，一個接一個地給他送金子。他於是心生一計，請各位酋長赴宴。吃酒之間，叫人把送給他的金子端出來，放在旁邊，不料他忽然對著金子大哭起來。各位酋長莫名其妙，又誠

惶誠恐，不知如何是好。有一位膽子大的問道：「莫非嫌我們送得太少了？」

梁毗使勁搖著頭，邊哭邊說：「此物餓了不能吃，冷了不能穿，你們卻為了爭奪它，互相攻打，互相殘殺。現在你們把它送給我，有意讓我『肥』起來，是不是想殺我呢？」

酋長們紛紛表示，絕無這個意思，完全是一片好意。梁毗又問：「那你們之間為什麼為它爭來奪去呢？」酋長們再次你看我，我看你，誰也回答不出，個個臉上都有羞愧之色。

此時，梁毗站起來，親自把各人贈送的金子放到各人的面前，說：「這個我不要，你們還是各自帶回去吧！」各位酋長像做錯了事的孩子都低下了頭。

從此，他們再不為金子互相攻殺，隋文帝聽到後很高興，提拔梁毗當了大理卿。

魏徵敢諫而又善諫

唐太宗晚年因承平日久，不大愛聽反面意見。魏徵想找個機會對太宗指出這個問題。

貞觀十二年（六三八）的一天，唐太宗為皇孫誕生宴請群臣。席間，太宗高興地說道：「貞觀之前，隨我奪取天下，是房玄齡的功勞；貞觀以來，幫我糾正各種謬誤，是魏徵的功勞。」遂叫人取來兩把漂亮的佩刀，賜給房玄齡和魏徵。房玄齡爽快地接了過來，魏徵卻顯得心事重重的樣子，說：「臣實受之有愧！」太宗很奇怪，問道：「此話怎講？」魏徵說：「近些年來，政事已大不如貞觀之初，說明我並沒有盡到糾正各種謬誤之責，所以臣受之有愧。」太宗非常詫異，問道：「難道我的政事不如過去嗎？」

魏徵見皇上這麼發問，便說：「陛下權威所及的地方，比貞觀初年是遠了好多，但人心悅服則不如過去。」太宗不解地問：「何以見得呢？」魏徵答道：「陛下過去總擔心國家出問題，所以政績越來越好；現在則以為國家治理好了，心安理得，不再求上進，所以說不如過去。」太宗說：「我現在所作的，還是過去那一些，你怎麼說不同了呢？」魏徵回答說：「貞觀初年，陛下唯恐群臣不提意見，常鼓勵大家，並主動地引導人們進諫；過了幾年，遇到有人進諫，還能愉快地接受一些意見；這一二年來，雖然勉勉強強接受一些意見，可是心裡總覺得不舒服。」太宗聽了有點吃驚，忙問：「你這樣講有什麼根據嗎？」聽到皇上要他擺事實，魏徵順勢說：「陛下剛即位的時候，判元律師死罪。大臣孫伏伽進諫，認為按照法律不應該判以死刑，陛下接受了孫伏伽意見，並把價值百萬的蘭陵公主的園子賞給他。有人說賞得太厚了，您說，『即位以來，還沒有人向我提過意見，孫伏伽是第一個，所以得厚厚地獎賞他。』還是您主動引導人們進諫。後來司戶柳雄隱瞞出身，偽造資歷，騙取高官，經主管部門發覺檢舉，將判死罪，大理寺少卿戴冑說只應該判處流放，他再三申述自己的主張，您終於同意救免了柳雄的死罪，當時您還說：『只要都像戴冑那樣堅持守法，我還有什麼可擔憂的呢！』這說明您能夠愉快地接受意見。可是，前不久皇甫德參上書，說修洛陽宮是勞民傷財，收地租是嚴重地剝削老百姓，婦女流行高髻是宮中傳出來的。陛下恨恨地說：『這人是想要國家不役使一個人，不收取一文錢，宮女都沒有頭髮，才心滿意足呢！』並想治以誹謗罪，懲辦皇甫德參，只是因為臣當時苦勸說：『自古臣子上書，若不激烈直率就引不起君主的注意，而激烈直率就近於誹謗。』陛下才沒有治罪於皇甫德參。這就是勉強接受意見了。」

　　唐太宗因為喜得孫兒，興致非常好，所以聽了魏徵的長篇大論之後，

不但沒有惱怒，反而拍掌大笑，說：「不錯，確實有這些事情，那麼，還有嗎？」魏徵見皇上今兒心情這麼好，便繼續說道：「近幾年來，陛下隨便動用民力，還說：『老百姓沒事幹就會驕逸懶惰，難以管教，而經常讓他們服勞役就容易管理和使用。』自古以來，還沒有因為百姓安逸而敗亡、勞役繁重而安定的，這恐怕不是興邦強國的真理之言。」唐太宗嘆息道：「人真是難有自知之明啊！我要把你剛才所說的抄錄在屋裡的屏風上，早晚閱讀，提醒自己，並要史官寫入歷史中。」

一次，李世民得到一隻好鷂子，托在臂上逗著玩。正值魏徵進來，李世民怕他看見，趕緊揣到懷裡。魏徵實際早已看到，只是佯做不知，奏事時故意拖延時間，過了很長時間才走。結果鷂子悶死在太宗懷裡。有人問魏徵：「皇上玩一隻鷂子，算不了什麼，而你為什麼必欲置牠於死地呢？這樣做未免太過分了。」魏徵答道：「玩物喪志，這是古人的明訓，鬥雞走狗，是不務正業的惡少所為。現在天下剛剛平定，需要做的事情很多，豈是貪圖安逸的時候？」那人又說：「既然如此，為什麼不進行勸諫呢？」魏徵答道：「勸諫也要貴在得體，進諫不能太頻，太頻則皇上會變得疲沓。況且像玩鷂子這樣的小事，你進諫而皇上不聽，將來若有大事，也不能採納。今天的勸諫是不勸諫的勸諫，而明言直諫還是留待將來有關國家大政的事吧。」聽過魏徵議論的人，深為嘆服。

狄仁傑智勸復唐嗣

武則天聖曆二年（六九九），武則天想讓武三思為太子，問宰相，大家沒有誰敢回答。狄仁傑說：「臣觀察上天沒有厭棄唐朝。當匈奴入侵邊境時，陛下派梁王武三思在市口招募壯士，一個多月不到千人。盧陵王李顯

代替武三思，不到十天就有五萬人。今天想繼承皇位，非盧陵王不可。」武則天發怒，停止議事。過段時間，召狄仁傑等人，說：「朕幾次夢見雙陸不勝，是什麼意思？」這時，仁傑和王方慶都在，二人用一樣的話回答說：「雙陸不勝是無子的意思，上天的意思是讓陛下警惕啊！再說太子是天下的根本，根本一動搖，天下就危險了。文皇帝身蹈鋒鏑，因功勞才有天下，傳給子孫。先帝臥病時，下令陛下監國。陛下奪取帝位已十多年了，又想讓三思為繼承人。再說姑侄與母子相比，哪個更親？陛下立盧陵王，那麼千秋萬歲後能永遠享受宗廟；三思立為太子，廟不立姑的神主。」武后有所感而覺悟，當天派徐彥伯到房州（今湖北房縣）去迎回盧陵王，王到後，武后把盧陵王藏在帳中，召見仁傑談起盧陵王的事情。仁傑慷慨陳述奏進，一邊說著一邊流淚，武后才讓盧陵王出來，說：「還你太子！」仁傑跪拜磕頭，說：「太子歸來，沒有知道的，人言雜亂，怎麼相信？」武后認為對，又令太子住在龍門（今山西河津）備禮迎回，中外人士都非常高興。當初，吉頊、李昭德數次請求迎還太子，武后心意不回轉。只有仁傑每次用母子天性來勸說，武后雖然固執殘忍，不能不覺悟，所以就恢復了唐朝繼承人。

申漸高笑語減稅

　　五代十國有個吳國，中書令徐知誥代之而為南唐的開國皇帝，依然建都金陵（今南京）。由於國庫空虛，便徵收名目繁多的重稅。結果許多商人破產，經濟蕭條。朝廷的官員對此都有看法。

　　這時，趕上京都地區大旱，徐知誥在北苑設宴時，心事重重地對大臣們說：「四處都下雨，唯獨京城不下雨，這是怎麼回事？」

　　這真不好回答。談氣象，誰也不懂；說天意，弄不好得罪了皇上。大

臣們你看看我，我看看你，誰都不吭聲。

這時，當過樂工賣過藥的申漸高站起來說：「雨不進城，是怕抽稅呀！」徐知誥聽了，大笑不已，第二天便下令，取消一些稅目，降低了一些收稅標準。

敬新磨打帝嘲帝

一天，愛好文藝的五代後唐皇帝李存勗在宮中看演員排戲。忽然，他大聲喊道：「李天下，李天下，你在哪裡？」

這時，演員敬新磨朝他就是一個耳光，皇帝不知所措，文武官員和演員們都大驚失色，一齊撲上去責問敬新磨。敬新磨答道：「管理天下的，只有一個人，幹嘛還要呼喚別人，難道可以有兩個人來治理天下呀？」皇帝轉怒為喜，予以獎賞。

有一次，敬新磨去見莊宗，惡狗一下子將他圍住。他靠在柱子邊上大喊道：「陛下，不要縱容你的兒女咬人哪！」因為莊宗是少數民族北狄人，說話時忌諱談狗，所以敬新磨這樣來嘲諷莊宗。莊宗大怒，拉弓引箭準備射擊。

敬新磨急呼：「陛下，不要殺臣！臣子與陛下是一體的，殺臣子是不吉祥的！」

莊宗驚問：「為什麼？」

敬新磨答：「陛下開國時不是改國號為「同光」了嗎？天下百姓都把陛下叫做「同光帝」。這「同」也就是銅鐵的「銅」，這「銅」，是磨光的。如果殺了敬新磨，這『同』（銅）也就無光了！」

莊宗大笑著放下了弓箭。

張詠婉言勸寇準

宋太宗的宰相寇準，同張詠是至交，寇準諳謀略，有治國興邦之能；張詠善詩文，有倚馬可待之才。兩人的共同特點是為人耿直，不卑不亢。

張詠在天府之國做官，飽覽西蜀風光。且不說沃野千里，膏腴澤民，也不說人傑地靈，物華天寶，單說那股子辣味風情，也足以使張詠詩興豪發，咀嚼一輩子還不夠。張詠喜歡和同僚登高臨風，一覽無餘，切磋陰陽八卦，抒詠豪情壯懷。望天高雲淡，數大雁南飛。一天，同僚們把話題扯到他和寇準身上：「聽說寇準要當宰相了。你和他可謂是當今雙傑。」

張詠並沒有壓人抬己、嫉才妒賢之意，真誠地說：「寇公奇才，可惜學術不足。」

後來，張詠從成都回來，拜訪寇準。兩個老朋友一見面，不作揖打拱，只怕肩相悅。問長問短，說不完的知心話。寇準擺下百禽宴，盛情款待他。酒逢知己千杯少，他們你來我往，杯盞交錯，喝得好不痛快。天下沒有不散的酒宴，人間沒有不別的朋友。過了一些時候，張詠要回成都了。分手前，寇準誠懇地請張詠贈言指教。張詠是不會說「寇公多多高升」的活的，再高升，皇帝放哪裡；也不會說「聽君一席話，勝讀十年書」的恭維話，寇準學術不足嘛！張詠只說了句：「〈霍光傳〉不可不讀。」

送走張詠，寇準回家後立即找出《漢書》，翻到〈霍光傳〉，逐字逐句往下讀，直讀到快完了，心頭「咯噔」一愣，「光不學亡術」一句進入眼簾。寇準恍然大悟：「這是張詠說出我的缺點了！」從此寇準刻苦研讀，成了忠賢皆備、文略俱全的好宰相。

丘浚巧妙打和尚

丘浚一次到杭州寺廟裡去拜訪一個和尚。這和尚猜度他不像個有錢有勢的人物，愛理不理的，對他很傲慢。就在這時，廟門前響起了一陣吆喝聲，有個州將的子弟帶了一班僕人，前呼後擁，前來拜佛。這和尚馬上換了一副面孔，親自走下臺階，躬身合掌，上前恭迎。

丘浚看了很不滿，等到州將的子弟一走，就問和尚：「你對我這樣怠慢，對那些人卻又為什麼這般殷勤呢？」

和尚狡辯說：「阿彌陀佛，施主，你誤會了！你不知佛經上說『有就是無，無就是有』。剛才我是『接是不接，不接是接』啊！」

丘浚聽了火冒三丈，從和尚手裡奪過禪杖，狠狠將他打了幾下，說：「和尚莫怪，如此說來，打是不打，不打是打。」

蘇軾巧拒求職客

北宋中葉，蘇軾在朝廷任翰林學士，他的弟弟蘇轍官居參知政事（副相）。兄弟二人均是高官，往來求職者也就絡繹不絕。

一次，蘇府又來了個人，這人與蘇轍是故交，三番五次求差遣，蘇轍躲著不見。這個人倒是不厭其煩，老往蘇府跑。這一天碰見了蘇軾，懇求道：「還望翰林以一言相助。」蘇軾早就對此人的行為看不慣了。想藉機教訓他一頓，讓他絕了請託的念頭。便邀他坐下。說道：「我聽到過這樣一個故事，你覺得有沒有趣。傳說有一個人窮得無以為生，便去盜墓。鑿開第一個墓，只看見一人光著身子坐著，說：『你沒聽說過漢朝楊王孫輕財傲世，下葬時連衣服也不穿嗎？能有什麼東西接濟你呢？』這個窮漢又鑿

開了第二座墓，墓中是個帝王，笑瞇瞇地說：『我是漢文帝，早已立下遺詔，墓中不放金玉之物，所有器皿皆陶瓦一類，你要我給什麼呢？』窮漢氣得沒辦法，又去找墓，發現有兩座墓連在一起，心想必有寶藏，又奮力刨挖，先鑿開了左邊的墓室，只見一個羸瘦的身影晃了過來，說：『我是伯夷，你看我面有饑色吧，那是因我餓死於首陽山下。實在對不起，我沒辦法滿足你的需求。』窮漢嘆道：『我費了這麼大勁，卻一無所獲。現在就剩下一座墓室了，或許還有點希望。』正要鑿右邊的墓室，伯夷勸道：『我看你還是到別的地方去吧，隔壁那間住的是我兄弟叔齊，恐怕與我的情況差不多。』」蘇軾講完故事，意味深長地笑了起來，那個「故交」也只得陪笑，心中羞愧不已，此後再也不到蘇府求職位了。

王仲荀妙語譏媚臣

南宋初年，秦檜獨任宰相，擅權作威。順從自己的人一概加官進爵。一時間朝廷中烏煙瘴氣，大家都想留在京城吹牛拍馬，伺機晉升，誰也不願外任做官。

一天，秦檜的府宅又賓客如雲，眾官都在等候宰相的接見。這時，一個叫王仲荀的幕僚從側席走到前面來說：「今天宰相尚未出堂，大家坐了很久了，想必十分乏悶，我給講個小故事好不好？」眾官都知道他出語滑稽，便爭相慫恿他講。王仲荀微微一笑，開言道：「有個官員出家門未歸，恰巧有客來訪。門房告訴他主人不在。客人卻勃然發怒，叱責道：『你怎敢這樣說，人死了才稱不在。我與你家主人交誼深厚，所以才來相見，你竟然說出這樣粗陋不堪的話！』門房惶恐萬分，連忙告罪道：『小人實在不知有此忌諱，但不知應該以何種方式表達這個意思呢。』客人說：『就說官

人出外就行了。』門房沉默了好一會，才皺著眉頭說：『我家官人寧死，也不願聽到『出外』這兩個字』。」眾官的心病均被他說中，無不訕訕而笑。

虞允文巧言嘲怯帥

　　一一六一年，宋金採石磯大戰，參謀軍事虞允文代替主將指揮，擊敗金軍。捷報傳來，朝廷上下極其振奮。知樞密院事葉義問在金陵設宴款待卸職回來的虞允文。大家都對虞允文一介書生卻能在主將不在的情形下帶兵獲勝感到鼓舞。席間大家談笑風生，氣氛熱烈。

　　酒過數巡，忽然傳來警報，原來完顏亮不甘心失敗，又改道去了瓜州。在座的官員們沉默不語。葉義問環顧四周良久，說道：「在座的馮校書（方）、洪檢詳（邁）二君雖也在軍帳中效力，實際從未上過戰場；虞舍人（允文）威名方起，士卒嚮往，還是請虞公再為國家建立勳業吧！」說著，斟滿一杯酒，遞給了虞允文。虞允文見這些人害怕的樣子，又好氣又好笑，本來，採石磯之戰，以參謀軍事的身分代行將權，是因主將未到，迫不得已而為之，現在各路兵將已齊，卻又讓書生擅權代將，豈不貽笑四方？但這是樞密院長官、本戰區最高統帥的指示，又不好違抗。虞允文苦笑著飲完酒，起身說道：「我去沒關係。但突然想起一則故事，不妨說來供大家一樂。從前有個人得了一隻鱉，想烹而食之，又怕擔當殺生之名，於是就燃火煮了鍋開水，在鍋沿上橫放一根木條，對鱉說：『你要能從這頭爬到那頭，我就放了你。』鱉知道這是主人設的計，但也只能盡力去爬，費了好大的勁，居然爬過去了。主人卻說：『你能渡過去，很好，你再渡一遍，讓我仔細看看。』」虞允文看著葉義問，又說道：「我今日此行，正像剛才說的那隻鱉一樣。」眾人聽了皆笑個不停。

趙鼎巧言平眾議

南宋初年，宋高宗偏安江南，無心與金軍作戰，準備向金人割地稱臣，簽訂屈辱的和約。

這天，宋高宗召集群臣，對他們說：「金人已經答應，如果我們不再襲擊金國軍隊，便可訂立和約，並將皇太后和先帝的棺木送回。」當時，抗金形勢很好，宋軍連續獲勝，眾大臣正期待著收復中原的喜訊，聽到要停戰議和，割地稱臣，群情激憤。張俊先後五次上書，反對議和，韓世忠、岳飛等將領也拒絕休兵，上奏說「金人不可信，和好不可恃。」還有的大臣上書說：「現在群議洶洶，皆因關心『和』與『戰』，陛下應深戒前車之鑑，多聽取中外懂得軍事的大臣的意見，共謀長久保邦之計。」

宋高宗見大臣們竟敢違抗旨意，非常生氣，想下旨懲治他們。左相趙鼎雖也主戰，但見高宗主意已定，不可逆轉，為了不使君臣鬧僵，保存朝廷中主戰派實力，他採取了疏通的辦法。趙鼎對宋高宗說：「我們知道皇上與金人有不共戴天之仇，現在是為了對親人盡孝道，迫不得已才答應講和，雖然大家說了些憤懣的話，但絕不是不尊敬皇上，而是愛護皇上。希望皇上不要見怪。皇上可下這樣一道聖諭，講明議和不是我的本意，只是因親人的緣故不得不這樣做。等到先帝的棺木和皇太后自金國返回以後，如果金人撕毀和約，那麼現在是否簽約也就無所謂了；如果金人遵守和約，那正是我們希望的，也就不必恐懼後悔了。」

由於宋高宗採納了趙鼎的意見，不以議和而排斥所有主戰大臣，又抬出先帝棺木和皇太后作幌子。深明「忠」、「孝」兩字份量的眾大臣只好緘口不言了。君臣間的這場予盾暫時緩和下來。

身為宰相的趙鼎，面對即將發生的君臣衝突，為了避免主和派把持朝

政，只好暫時採取委曲求全的策略，力平眾議，使皇上找不到藉口治罪大臣，也使大臣們提不出更充分的理由責怪皇上。可見其用心良苦。

王若虛巧言卻諛辭

金天興元年（一二三三），元軍逼近開封，金哀宗逃往歸德。第二年，守城軍帥崔立叛變，殺死相國奴申、阿不和朝中大臣，自稱太師，將相國所佩虎符，呈送元軍大帥速不處投降，並假傳元軍命令，放火燒燬京城殿樓；聚集金朝隨駕官員家屬，隨意姦淫；又慘刑逼訊搜刮民財，逼死無數人命。一時官民對他都是敢怒而不敢言。

跟隨崔立的一群壞蛋，極力奉承，準備替崔立豎功德碑。可是這些人胸無點墨，這碑文找誰寫呢？當下，崔立委任的尚書翟奕發話：「去找直學士王若虛來寫，他的性命攥在咱們手裡，量他不敢不寫。」隨即派人去把王學士叫來。

王若虛聽到召命以後，思忖了一會，覺得這回是死定了。私下對好友左右司員外郎元好問說：「翟奕叫我給崔立寫功德碑，不寫就是死罪。寫吧，我王若虛名節掃地；不如死了乾淨。不過我還是用道理同他們說說看，碰碰運氣。」

王若虛走進尚書省，對翟奕說：「丞相功德碑不知應當寫些什麼？」翟奕一班人勃然大怒，從椅子上跳下來，指著王若虛的鼻子說：「你這老混帳，還是真的不知道，還是假裝糊塗？丞相把京城獻給元朝大帥，救活了生靈百萬，你說這不是功德嗎？」王若虛說：「崔尚書，你這就找錯人了，我這個直學士是代皇帝立言，寫功德碑能算代皇帝立言嗎？再說，丞相既然把這座京城獻給元人，那麼，朝中官員都是出自他的門下，自古以來，

哪有門下的人為主子歌功頌德，能被後世所相信的呢？請翟尚書還是另選高明吧！」一席話說得有理有節，不卑不亢，倒把翟奕等人說得無言可答。他們心想：這位王學士名聲很大，不僅金國臣民佩服，就是元朝大帥也多次提起過他，如果殺了他，我國皇帝雖然管不著，倒是元朝大帥責怪下來，可是吃罪不起。只好作罷。

後來，翟奕等又脅迫太學士劉祁寫碑文，劉祁草定以後，找元好問、王若虛等共同商酌，只直敘其事，不加褒貶。後來元兵進城，這塊功德碑永泯地下，也就無功德可言了。

管道昇以曲勸夫

元朝初期，有一位著名的女書畫家管道昇，與她的丈夫趙孟頫幾乎齊名。

趙孟頫官運亨通，官至翰林學院士承旨。他一朝得志，便想納妾，但又擔心管道昇不滿，便寫了一曲來試探管道昇。

「我為學士，你做夫人，豈不聞王學士有桃葉桃根。蘇學士有朝雲暮雲？我便多娶幾個吳姬越女無過分。你年紀已過四旬，只管占住玉堂春！」

管道昇看到後，也寫了一曲以表達自己的看法。「你儂我儂，忒煞情多，情多處，熱如火！把一塊泥，捻一個你，塑一個我，將咱倆個，一齊打破，用水調和，再捻一個你，再塑一個我，我泥中有你，你泥中有我；與你生同一個衾，死同一個椁。」

此曲溫柔委婉，極為形象地表達了管道昇對愛情的忠貞不渝，曲中既沒有表現出忿懣怨恨，也沒有乞求憐憫，而是用她的一片深情來打動丈夫的心。看了這首曲，趙孟頫深為感動，便不再提納妾的事。

楊朵兒只巧言救納璘

元仁宗延祐元年（一三一四），御史納璘上書奏事，得罪了皇帝，皇帝將要加罪於他。御史中丞楊朵兒只上章解救，一天甚至上八九道奏章，他說：「臣下不是愛惜納璘，但確實不願陛下有殺御史的壞名聲。」仁宗對他說：「為了你，我可以原諒他，不再加罪，但要降他的官，讓他到昌平（今北京昌平）縣去做知縣。」昌平是京都管轄的大縣，比較難治理，仁宗是想拿這件事去為難納璘。朵兒只又向仁宗進言說：「本來讓御史去做京城管轄的縣官，並沒有什麼不可以的，但現在卻因御史上書言事，而降職去做京畿縣官，臣子恐怕後來的御史，會拿這件事作為教訓，不再肯上書言事了。」仁宗還是不答應。過了幾天，仁宗正在讀《貞觀政要》一書，楊朵兒只在一旁侍候，仁宗回頭對朵兒只說：「魏徵真是自古以來最正直的人，我能從那裡得到這樣的人來使用呢？」朵兒只乘機進言：「魏徵能直言敢諫關鍵還在於唐太宗皇帝，如果太宗不能聽勸諫，魏徵雖忠直，便又有什麼用處呢？」仁宗領會了朵兒只將古喻今的意思，便笑著對朵兒只說：「卿這番話的用意是暗示納璘，我一定赦免他，不讓他去做京畿的知縣，以成全你正直的名聲吧！」納璘終於免除了一場災禍。

紀曉嵐巧辯

清代才子紀曉嵐，年輕氣盛，恃才傲物，說話不注意場合，不注意分寸。有一次，他與朝廷官員閒聊時，說到當今天子乾隆皇帝，衝口而出說：「這老頭子到處題詩題字，可是……」話沒說完，被身旁的朋友從中岔開，沒有讓他繼續「譖尊犯上」，但「老頭子」三個字既已出口，在座的人都有耳聞。

「老頭子」三個字傳到乾隆皇帝那裡，乾隆十分生氣，如此不尊不敬，究竟是何居心！皇帝叫人把紀曉嵐找來，厲聲喝道：「紀曉嵐，你可知罪？」

「皇上聖明，奴才不敢。」紀曉嵐不知自己犯了哪條律法，心裡沒底，只好隨口搪塞。

「昨天，你和幾個人在東書院說了些什麼？」皇帝不依不饒，「你可知道，誹謗皇帝，該當死罪！」

「我是說，當今皇上治國有方，愛民如子，到處題詩題字。以昭聖德，以慰民心。」

「噢，你還把我這老頭子看在眼裡呢。」皇帝把「老頭子」三個字說得特別重特別慢。

「皇上聖明。奴才以為稱皇上為『老頭子』，乃是對皇上最高的尊敬與景仰。」紀曉嵐沉默片刻，忽然靈機一動心裡有了主意。

「何以自圓其說？」

「皇上萬歲萬萬歲，豈不是『老』？皇上位居九五之尊、兆民之上，豈不是『頭』？皇上乃真命天子，奉天承運，所以稱『子』。望皇上明察奴才的一片忠心。」紀曉嵐說得頭頭是道。

幾句妙語，一番曲解，乾隆聽了立即轉怒為喜，不但沒有加罪於紀曉嵐，反而讚譽他是「淳于髡後身」。

乾隆誘導和、劉

一天，乾隆在新任宰相和珅和三朝元老劉統勛陪同下，在承德避暑山莊的煙雨樓前觀景賦詩。乾隆隨口問：「什麼高，什麼低？什麼東，什麼

西？」飽有學識的劉統勛隨口即應：「君王高，臣子低；文在東來武在西。」和珅看到劉統勛搶在他的前面，十分不快，藉機接著說：「天最高，地最低，河（和）在東來流（劉）在西。」河與流明指熱河向西流入離宮湖，但暗示自己和劉統勛，並借皇家禮儀上的東為上首，西為下首的習俗，暗示你劉統勛再老再有能耐，亦在我和珅的下首。

三人走到橋上後，乾隆要每個人以水為題，拆一個字，說一句俗語，做一首詩。劉統勛不放過報復的機會，邊走邊詠道：「有水念溪，無水也念奚，單奚落鳥變為鷄（鷄應是「雞」的異體字）。得食的狐狸歡如虎，落坡的鳳凰不如雞。」和珅聽出劉在諷刺自己是雞，便反唇相譏道：「有水念湘，無水還念相，雨落相上便為霜。各人自掃門前雪，休管他人瓦上霜。」告誡劉不要多管閒事。乾隆聽出了新老不和的弦外之音，上前每手拉住一人，面對湖面上三人的合影，便說：「二位愛卿聽真，孤家也對上一首：有水念清，無水也念青，愛卿共協力，心中便有情，不看僧面看佛面，不看孤情看水情。」二人聽罷心中為之一震，深為乾隆如此循循善誘而感動。和珅與劉統勛頓時拜謝乾隆，握手言和，結為忘年之交。

紀曉嵐巧對皇帝

清代大學者紀昀（一七二四～一八○五），字曉嵐，學識淵博，智慧過人。

乾隆年間，北京城裡有個叫「天然居」的大飯店，乾隆微服私訪時曾在那裡用過餐，對「天然居」這個雅號很感興趣。某天心血來潮，想給「天然居」題副對聯作紀念。他以飯店名字入聯，得了一個回文句：「客上天然居，居然天上客。」

上聯出來了，但下聯卻怎麼也想不出來。於是向群臣徵聯，竟無人對得工整。

這時，紀曉嵐想起大佛寺的大佛，馬上對出這樣的回文下聯：「人過大佛寺，寺佛大過人。」

乾隆和群臣都連聲稱妙。

在乾隆帝下江南時，曉嵐伴駕而行，一路上也經常以對聯為戲。

這一日，來到黃河之濱，見滿灘五彩繽紛的碎石子，乾隆拾起幾顆，忽然得一奇句：「石頭子稀爛棒硬。」

表面上「稀爛」的東西怎麼又「棒硬」呢？但這石頭確實被風雨歲月磨蝕得粉碎，堪稱「稀爛」而「棒硬」。要對出工整的下聯很難，乾隆帝搜腸刮肚也無法對出，就叫紀曉嵐對。

紀曉嵐手指黃河道：「黃河水翻滾冰涼。」

「翻滾」似沸，觸手冰涼，也是既對立又統一的，十分工整。

來到江南，一日見池塘中荷花含苞待放，乾隆出一聯：「池中蓮藕，攤紅拳打誰？」

紀曉嵐馬上指著池邊茂密的蓖麻答道：「岸上蓖麻，伸綠掌要啥？」

他們乘上一隻小船，船上君臣二人同飲，約定以對聯取樂。

乾隆先說：「兩碟豆。」

曉嵐對道：「一甌油。

乾隆改口說：「我說的是『兩蝶鬥』」。

曉嵐應變道：「我說的是『一鷗遊』」。

乾隆續道：「林間兩蝶鬥。」

曉嵐又答：「水上一鷗遊。」

乾隆難不倒紀曉嵐，感嘆道：「愛卿真乃學識淵博，才思敏捷啊！」

乾隆回京以後，紀曉嵐向他請假回鄉探親。

乾隆笑道：「朕有一聯，對上就准你探親。」

曉嵐道：「陛下請吧。」

乾隆指著曉嵐道：「十口心思，思父思母思妻子。」

話剛說完，紀曉嵐就叩頭道：「謝主龍恩！」

乾隆詫異道：「愛卿還未對上，朕還未准你的假，你謝什麼恩呀？」

紀曉嵐答道：「對子我已經對上啦！」說完念出下聯：「寸身言謝，謝天謝地謝君王。」

上聯把「思」字折成十口心，下聯把「謝」字拆成寸身言，對得極其工整貼切。

乾隆只得准他回鄉探親。

紀曉嵐佛前釋笑

一天，紀曉嵐陪同乾隆皇帝遊大佛寺。君臣二人來到天王殿，但見殿內正中一尊大肚彌勒佛，坦胸露腹，正在看著他們憨笑。乾隆問：「此佛為何見朕笑？」

紀曉嵐從容答道：「此乃佛見佛笑。」

乾隆問：「此話怎講？」

紀曉嵐道：「聖上乃文殊菩薩轉世，當今之活佛，今朝又來佛殿禮佛，

所以說是佛見佛笑。」

乾隆暗暗讚許，轉身欲走，忽見大肚彌勒佛正對紀曉嵐笑，轉身又問：「那佛也看卿笑，又是為何？」

紀曉嵐說：「聖上，佛看臣笑，是笑臣不能成佛。」

乾隆稱讚紀曉嵐善辯。

佬巧看墳山風水

壯族有個窮人和財主的田連在一起。財主的田邊有他家祖宗的墳塋。

一天，窮人在犁地，不小心把田岸犁掉一塊，犁鏵碰到墳地上。財主存心想霸占窮人的田，這時覺得有機可乘，就大聲叫道：「好啊，你犁斷了我家的墳山龍脈，你要給我賠罪！」

窮人陪著笑臉說：「我不小心碰上了田岸，對不起了，一會我當心點就是啦！」

財主哪肯輕易放過他，仍高聲嚷嚷：「說聲對不起就過去了？要知道，我的墳山龍脈風水好，現在被你破壞了，你必須在三天之內拿出三百斤豬肉、三百斤好酒好菜來祭墳賠罪，不然，你就別想犁那塊地！」

窮人悶悶不樂地回家了。

村裡有個很聰明的人叫佬巧，聽說這事後，安慰窮人說：「你不用怕，過了三天你上田裡去，把村上人也都請去，我自會幫你評理。」

到了第四天，窮人把村裡的人都請去了。

財主也來了，他指著犁壞的田埂說：「你們瞧瞧，他犁到了我的墳山上，犁斷了我家的龍脈，弄死了我的龍地。」

佬巧從人群裡走了出來，不相信地說：「你的地真是龍地嗎？」

財主把眼睛瞪得圓圓的，滿嘴噴著唾沫：「誰說不是龍地？誰說不是龍地？」

佬巧笑笑說：「是不是龍地，我一聞就知道。」說著彎下腰，嗅了嗅地，又說：「呸，哪是什麼龍地，原來是一塊臭地！」

財主跳了起來，指著佬巧的鼻子說：「你憑什麼說我的地是臭地！」

佬巧說：「是不是臭地，你自己可以用大鼻子去聞聞好了。」

財主見他說得很認真，就彎下身去也嗅了嗅，漲紅著臉說：「呸！老爺我今天的鼻子沒有傷風，分明一點也不臭！」他朝身後的一些家丁說：「你們過來聞聞，是不是一點也不臭？」

家丁一個個像狗一樣去嗅了嗅，自然順從主子的意思，點頭哈腰地連聲說：「不臭！不臭！」

「果真不臭嗎？」佬巧追問。

「果真不臭！」財主和他的家丁斬釘截鐵地回答。

佬巧微笑著說：「各位鄉親聽見了吧，財主老爺和他的一幫人都證明這地不臭。如果是龍地的話，請問龍死了四天了，這麼熱的天能不臭嗎？財主老爺的地既然一點也不臭，證明龍脈沒斷，龍沒死。」

在鄉親們的笑聲之中，自知理虧的財主灰溜溜地離開了他的「龍地」。

計叔大做魚頭宴

從前，京族有個吝嗇的財主，為兒子取親，請計叔來當廚師。每天吃飯，財主總把吃剩的魚頭留給計叔。計叔非常惱火，但他卻不露聲色，

道：「財主爺啊，怎麼總是給我留魚頭啊？」

財主笑笑說：「魚頭是上等補品啊！」

計叔說：「原來如此，多謝東家的賜教嘍！」

第二天是正宴，財主又買了許多新鮮的大魚，準備請貴賓大宴一場。計叔同眾夥計把所有的魚頭都切下來，做成了各式菜餚。剩的魚身和魚尾用竹籮裝著，叫眾夥計分給窮鄉親們，只留少部分倒進茅坑裡。

賓客入席後，計叔就把烹煮好的各式魚頭，叫夥計一盤盤捧到宴桌上。這時，滿座賓客面面相覷，個個搖頭，有的甚至罷席走開了。財主又驚愕又羞慚，責問計叔道：「你怎麼做的都是魚頭呢？你把我的臉丟盡啦！」

計叔笑著說：「老爺啊，你忘了嗎？魚頭是上等補品呀！我用魚頭來招待貴客，正是為了給老爺增光哩！」

財主頓腳道：「啊！那些魚肉你都拿到什麼地方去啦？快去重新給我做。」

計叔說：「還有什麼魚肉啊，我都把它倒到屎坑裡了。」

財主見屎坑裡果然裝滿紅紅白白的魚肉，心痛得目瞪口呆。

馮誠修使白鶴變黑鶴

有一次，乾隆皇帝帶著一班文人學士下江南，遊覽山川名勝。這天黃昏，一隻鶴由遠而近從天際飛來，引起在座的文人學士們吟誦古人名句的雅興，一個個搖頭晃腦，好不得意。乾隆皇帝想試一試隨行人員的才華，令每人賦〈吟鶴〉詩一首。這些文人學士隨便吟誦幾句古詩詞倒也在行，

若要自己做詩，而且要在皇帝面前出口成章，那就不自在了。

陪同遊覽的江南詩人馮誠修，看到這班隨員瞠目結舌的窘態，不禁啞然失笑。坐在馮誠修下首的一位隨員慫恿道：「馮先生，你先來一首。」馮誠修向皇上和眾人施禮後，便脫口吟道：「眺望天空一鶴飛，硃砂為頸雪為衣……」

不待馮誠修吟畢，乾隆故意打岔說：「你錯了，剛才飛過的那隻鶴不是白色的而是黑的。」

天色昏暗，誰也看不清那隻鶴究竟是什麼顏色，馮誠修只是依據生活常識把牠吟成為「雪為衣」的白鶴了。但是皇上硬要說那隻鶴是黑顏色，那也得遵從「金口玉言」，把牠吟成黑鶴才是。可是已經吟出了前兩句，在皇上面前還能改過來嗎？能把白鶴變成黑鶴嗎？

馮成修不僅是位有學問的詩人，而且頭腦靈敏善於隨機應變。在眾目睽睽之下，他不慌不忙地繼續吟誦後兩句：「只因覓食歸來晚，誤落羲之洗硯池。」

乾隆皇帝大喜，連連誇獎馮誠修的文才和機智，使在座諸君黯然失色。

吳興祚一語抵千軍

康熙初年，以吳三桂為首的「三藩」在南方發動了反清叛亂。韓大任本來是吳三桂手下的一員戰將，曾在湖南與清軍作戰，失利後敗入福建，屯駐在吉安。當時在福建參加平叛的清軍是由康王傑書統率的部隊。韓大任雖然是敗軍之將，但仍然擁有幾萬人馬，對福建構成很大威脅，並揚言

要攻取汀州。康王聞訊大驚，欲發兵用武力進剿。

康王手下的屬員吳興祚卻主張招撫韓大任。康王深感自己的兵力不足，同意了吳興祚的建議，並派他前往招撫。

吳興祚只帶了幾個隨從來到吉安見韓大任，剛行過禮，他便仰天大哭起來。把韓大任弄得莫名其妙，忙問他為何大哭，吳興祚說：「我此番是專程來為弔唁將軍而來，怎能不哭呢？」韓大任詫異地說：「你說這話是什麼意思？」吳興祚說：「將軍所以威行海內，主要是由於吳三桂特別器重你的緣故。現在他把兵權授予你，深信不疑，是要你建立功業。可是幾年以來，將軍不僅寸功未建，反而經常被官兵打敗，還能再得到吳王的信任嗎？現在將軍鋌而走險，來到福建，還要攻打汀州，可是康王的精銳部隊早已嚴陳以待，以告捷之師破久疲之眾，還不如同摧枯拉朽一樣嗎？將軍一旦戰敗，能得到吳王的寬恕嗎？所以我說將軍死期已近，特意前來預先弔唁。」吳興祚的一席話，把當時的形勢，韓大任的處境，分析得頭頭是道，把他的心說活了。吳興祚接著說：「我這次來就是受康王的委派迎接將軍歸順的。這正是將軍棄暗投明，為朝廷效力，確保功名的好機會。」韓大任聽了當即表示願意歸順清朝，並請求吳興祚引薦，數萬叛軍終於接受安撫。

邵知縣喚起手足情

清代雍正年間，邵大業任湖北省黃陂縣知縣的時候，曾經審理過一件親兄弟爭家產的案件。

縣城北郊有兩個姓吳的親兄弟，都已過六旬。本來他們合住在一起，共同奉養老父，彼此相安無事。後來老父去世，兄弟二人因分家產發生矛

盾，傷了和氣，鬧得不可開交。起先族人出面調解，沒有結果，於是便把官司打到了縣衙門。

邵大業仔細地看過吳氏兄弟遞上的狀紙，又翻閱了有關此案的其他資料，知道這一對老年兄弟都是守本分之民，雖然因爭家產打官司，但兄弟之間的感情並沒有完全破裂。他看完案卷後，並不向兩兄弟詢問訴訟的緣由，而是命衙役取過一面大鏡子，放在兩兄弟面前，問道：「鏡子裡面的兩人長得像不像？」兩兄弟回答說：「像。」又問：「他們是親兄弟嗎？」回答說：「是。」問到這裡，邵大業嘆了一口氣，傷感地說：「我真羨慕鏡子裡面的兄弟二人，能夠同過花甲，在晚年還能享受到親兄弟的手足之情。可是我的弟弟最近去世，使我失去了親骨肉，永遠不能再享受手足之情了。兄弟之情是無價的，如果為了爭家產而失去了手足之情，得到的家產再多也無法彌補。」邵知縣的話深深地打動了兩兄弟，使他們慚愧地低下了頭，表示要用相互禮讓的方式解決分家產的問題。

薛莘田借〈流民圖〉為民請命

康熙初年，由於發生了「三藩」之亂，清政府不得不透過加捐稅的辦法來籌集軍餉，又徵調了許多壯丁，大大加重了人民的負擔，不少地方的人民生活日益艱難，社會矛盾尖銳起來。然而，多數官員害怕得罪皇帝和同僚，在奏摺中都報喜不報憂，不願意如實反映民間疾苦。

御史蔣莘田認為，如果再不把民間實情報告給皇帝，問題就會越來越嚴重，最終將變得不可收拾。為了能夠引起康熙帝的重視，他上了一道形式很別緻的奏摺。他以老百姓遭受的各種苦難為題精心描繪了一組由十二幅圖畫組成的〈流民圖〉，生動形象反映出了人民生計的艱難。這十二幅

圖畫分別是：〈難民妻女圖〉、〈刑獄圖〉、〈寒窗讀書圖〉、〈春耕夏耘圖〉、〈催科圖〉、〈鬻兒圖〉、〈水災圖〉、〈觀榜圖〉、〈廢書圖〉、〈暴關圖〉、〈疲驛圖〉、〈旱災圖〉。圖畫的後面附以文字說明。進呈十二圖之後，他又連上五道奏摺，詳細地提出了救荒的具體辦法，內容寫得極其誠懇、動人。

這十二幅圖畫深深地打動了康熙帝的心。他採納了蔣莘田的建議，對災區採取了一些救濟措施，減輕了人民的一些痛苦。至於蔣氏呈上的十二幅圖畫，他讓內侍掛在經常議政的大殿兩側，作為長鳴的警鐘，以時時警戒自己。幾年之後。康熙在一次東巡途中，看到沿途的饑民，還感慨地對近臣們說：「這就是蔣莘田所繪的〈流民圖〉啊！」可見，蔣氏的那道特殊奏摺給皇帝留下多麼深的印象。

忤逆子痛改前非

康熙時陸隴其擔任靈壽縣知縣。有一天，一位老婦人來到縣衙控告她的兒子忤逆家長。陸隴其派人把老婦人的兒子找來，一看，是一位不到二十歲的青年。經過盤問得知，這位青年自幼喪父，母親把他拉扯大。只因和鄉里的一些地痞無賴鬼混，沾染了不少壞毛病，不僅不照顧多病的母親，反而經常幹一些不孝順的事情。老婦人萬般無奈，只好告到縣衙，請陸知縣為自己作主。陸隴其弄清情況後，對老婦人說：「我的衙署裡現在需要一位館僮，如果你不介意的話，我想讓你的兒子前來暫時服役，等找到合適的人選後，再把他替換下來。」老婦人表示同意。

陸隴其只給那位青年提出一個要求，要他一天到晚跟隨在自己左右，不許離開片刻。陸隴其是有名的孝子，在家很守孝道。他的母親就住在縣衙的後院。每天早上，陸隴其起床後就來到母親寢室門外，恭恭敬敬地站

在那裡，等候母親起床。母親起床後，立即進去問安，並端進熱水讓她洗漱。吃中午飯時，陸隴其把老母扶入座中，自己側立一旁，服侍進餐。有時他還做小孩戲耍的姿態，逗老太太發笑。等老母吃完離座後，他才開始進餐。儘管吃的是母親剩下的飯菜，他也從不計較。晚飯時的情況也是如此。每當辦完公事回到家中，陸隴其總是先到母親的房中侍坐，有時講一些古代的故事，有時談一些民間的趣聞。老人家總是聽得津津有味，眉開眼笑，精神十分愉快。遇到老母得病，陸隴其更是忙得不可開交，又是請醫，又是熬藥，徹夜不眠地守在母親身邊，第二天照常辦公。幾個月來，陸隴其除了忙於公事之外，就是在家裡孝敬老母。至於那位他有意留在身邊，不知孝敬老人的青年，陸隴其似乎忘了他的存在，除了每天督促他跟隨在自己的左右外，什麼話也沒有對他講過。

終於有一天，那位青年突然跪在陸隴其的面前請求放他回家。陸隴其故意說：「你母親告你忤逆不孝，這件事還沒有審理，你怎能回家呢？」這時那位青年已經淚流滿面，泣不成聲地說：「以前都是我不懂禮儀，不知孝道，得罪了母親。自從跟隨大人以後，我完全明白了盡孝的道理。請大人高抬貴手，讓我回家孝敬母親，彌補從前的過失吧。」

陳唯彥驅盧復生

光緒甲午（一八九四）四月三日陳唯彥任開州（今貴州省開陽縣）知州，過了幾天，某紳董來訪，告訴他說：「有個四川的天主教民叫盧復生來到這裡已經兩個月了，憑劉裕興的店屋作藥店，行動詭祕，唆訟擾民，民憤很大，恐怕會釀成事端。」陳唯彥查證確實，幾經周折，終於將盧復生驅逐出境。

可事過不久，盧復生又來開州，商民們立刻喧鬧起來。盧復生來到官署，自稱無地住宿，陳唯彥問他說：「以前我派人護送你出境，保全你自家性命，可以說仁至義盡了，現在你又到這裡幹什麼呢？」

盧復生說：「我欠潘萬盛藥債，特地前來還債。」

陳唯彥問：「有多少藥債？」

盧復生說：「有十八兩。」

陳唯彥說：「潘萬盛不住州城，不過是趕集時才到這裡，你住在札佐，為什麼不在那裡償還呢？再說你是那種唯恐不能迅速還債的善良人嗎？！」陳唯彥命令差役檢查他的行李，結果只發現了二兩銀子和幾百文銅錢。陳唯彥笑著說：「這就是你償還潘萬盛的十八兩銀子嗎？」

盧復生說：「洋人命令我來建教堂。」

陳唯彥說：「你是個假托洋人胡作非為的中國商人，難道區區二兩銀子就可以建教堂嗎？顯然是假的。」

盧復生說：「不是假的。」

陳唯彥說：「無論真假都應重辦。」

盧復生說：「假的要懲辦，難道真的也要懲辦嗎？」

陳唯彥說：「假借洋人名義固然必須重辦，就是洋人真的派你來也應重辦，因為你應把你在開州犯案不能再來開州的情況事先向洋人講明，你不聲明，就是矇蔽洋人，所以也應重辦。」

陳唯彥命令差役重重地責打他，把他押回四川管束，並把上述情況報告了省署。

蘇報之案正邪辯

一九○三年，上海發生一起清末轟動一時的政治大案，即《蘇報》案。

《蘇報》是中國人在上海租界內辦的一張進步的華文報紙。一九○三年，鄒容的《革命書》出版，書中謳歌革命，號召推翻滿清專制，創建共和。《蘇報》載文介紹和推崇此書。同時，還刊載章太炎先生的《駁康有為論革命書》，反對改良，亟呼革命，甚至直指：「載湉小丑，未辨菽麥。」矛頭直指光緒皇帝（即載湉）。

在滿清政府的多次要求下，帝國主義的租界當局經過一番討價還價，終於查封《蘇報》，拘捕了章太炎和鄒容，並於同年七月十五日在英租界內公審。

這一天，各國領事帶著翻譯湧到會審公堂。美國領事被公推作領袖。本案「原告」清政府由江蘇候補道俞明震代表出庭，並僱請了洋律師古柏、哈華托為代理人，「被告」章太炎，鄒容也延聘了博易、雷滿等律師為辯護人。

上午十時，英國總領事署的翻譯官迪裡斯和清政府會審委員孫建臣主持開審。章太炎、鄒容昂然自若地走上公堂。

堂上，先由洋律師古柏代表清政府向被告提出「控訴」。他摘引六月份《蘇報》的某些言詞為「罪證」，指責「被告心懷叵測，謀為不軌，挑撥詆毀政府，欲使全國民眾仇視皇上，痛恨政府，實屬大逆不道。」然後，要求領事將人犯移交中國地方官按律治罪。

會審官訊問「被告」。鄒容坦然說道：「因為憤恨清政府專制統治，所以我寫了《革命書》一書，又聽說公堂要抓我，我特到這裡來報到。」

章太炎則義正辭嚴地痛斥清政府勾結帝國主義迫害革命志士的卑劣行徑。並指出「你們自稱為中國政府，以中國政府來控告罪人，卻不在中國法院，而在別人所管轄的最小的新衙門，真乃千古笑柄！」

七月二十一日下午兩點十五分，第二次審訊開始。古柏按照清政府的旨意，在發言中藉口此案另有交涉，要求改期會訊，意欲將此案移交清政府處理。

被告辯護人博易律師當即反駁道：「此案發生在租界內，按照《公共租界章程》，理所當然應歸租界公堂審理。」並轉守為攻，向對方和會審官提出一連串的詰問：「按照法律，凡是訴訟必須原告被告兩方齊全才行，倘若只有被告而無原告，則獄訟不具。現在有人控告被告有罪，那麼，我們要問堂上各官：今日之原告究竟是何人？是北京政府呢，還是兩江總督，是江蘇巡撫呢，還是上海道臺？請明白宣示。」

古柏猶豫了半天，含含糊糊地說：「這個，這個，當然是清國政府……」

博易立即駁詰道：「以堂堂中國政府，竟然向屬下之低級法庭起訴某個個人，受其裁判，豈非笑話？」博易不容對方有喘息機會，又連連進攻：「這樣看來，原告尚無定人，既無原告，如何審案？再者，章、鄒等人不過在報上寫了幾篇文章，並無違反租界規則之舉。你們指控被告，有何證據？另外，剛才你們就要交涉，交涉什麼事，應向法庭公布。如果政府律師既不能指出章、鄒等人犯的什麼罪，有什麼證據，又不能說明交涉何事，則此案應立即註銷，方為公平妥當。」

在被告律師有力的駁詰下，第二次審訊又只得匆匆收場。

此時，《蘇報》案轟傳全國，清政府迫害革命黨人的行徑遭到全社會輿

論的猛烈抨擊。十二月三日至五日，連續三天審理此案。

這一回，古柏律師除了重複前兩次的陳詞濫調外，又出示了載有章太炎文字的《蘇報》，說：「經我們調查，政府所控二犯之罪均有證據，此為《駁康有為論革命書》一文，請堂上批閱。」

被告律師斥道：「這種東西算不得什麼證據！眾所周知，凡是有教化的國家，辦案都得有真憑實據，方可定罪判刑。若無憑據，何來罪名？又豈能判刑？否則，就算不得有教化之國！」

古柏氣勢洶洶地說：「你們印這些書報都是大逆不道的！如果說不是謀叛，那麼為什麼要寫《駁康有為論革命書》這樣文章？用意何在？」

這時，章太炎慷慨陳詞：「我在愛國學社教書，經常讀到康有為編寫的東西。一看都是些反革命、袒護滿人的胡言亂語，實屬害人子弟。所以起而作書，據理駁之。」

古柏以為抓住了把柄：「既然教書，為什麼攻擊聖上是『小丑』？難道你不知道聖上之諱應該迴避嗎？這不是大逆不道？」

章太炎大笑道：「什麼聖上之諱，我不知道！我只知道在古漢語裡，『小丑』一詞本作『類』字講，也可以作『小孩子』解，根本不含有譭謗之意。至於什麼『今聖上』諱，我遍讀歐西各國法律，並無此話。我只知道清帝叫載湉，不知所謂『聖諱』。寫寫名字有何不可？」

古柏又轉而質問鄒容：「《革命書》一書出版後，到處被人出售，為什麼不出來禁止？」

鄒容嚴詞斥道：「我既不是巡捕房巡捕，又不是上海縣縣官，別人要售書，我有什麼權利去禁止呢？」

幾番辯論下來，弄得清廷代表及古柏等人張口結舌。

被告律師嚴正指出：「章太炎、鄒容二人都是學子，寫書撰文，均出於愛國之憂，並無謀叛之意。應立即釋放，不應定罪判刑。」

就這樣，章太炎、鄒容及其代理律師在公堂上多次據理反駁，把「原告」駁得體無完膚，使清政府從「原告」變成了「被告」。

然而，帝國主義的公堂，最終仍對章太炎和鄒容作了有罪的宣判。此事進一步激起中國人民的強烈抗議。

王爾烈主考妙對

乾隆年間，江南科考。因為應試舉子都是當地名士，一連換了幾個主考官，都被舉子們一個個給頂了回來。無奈，乾隆只好命機智過人的王爾烈到江南去主持科考。

舉子們聽說主考官是北方人，就想以大世面大口氣來嚇跑他。於是便在王爾烈的驛館門旁出了一上聯：

江南千山千水千才子

以為這一下可難住主考官。沒想到，王爾烈沉著迎戰，提筆續寫下聯：

塞北一天一地一聖人

聖人孔子生在北方，這是無可爭議的了。王爾烈來自北方的遼陽，自然也很光彩。眾舉子不由得讚嘆道：「對得巧妙！一個聖人勝我多少才子呀！」

其中一個舉子不甘寂寞，問道：「王大人學識到底如何？」

王爾烈知道這是一種挑釁性的發問，只好以壓頂之勢反擊，答道：

天下文章數三江，

三江文章數吾鄉，

吾鄉文章數吾弟，

吾為吾弟改文章。

聽到這一回答，舉子們肅然起敬，秩序井然。

著名作家的妙語

在紐約國際大會第四十八屆年會上，有人問中國著名作家陸文夫對性文學是怎麼看的。

陸文夫幽默地答道：「西方朋友接受一盒禮品時，往往當著別人的面就打開來看。而中國人恰恰相反，一般都要等客人離開以後才打開盒子。」

與會者發出會心的笑聲，接著是雷鳴般的掌聲。

一九八二年秋天，在美國洛杉磯召開的中美作家會議上，美國詩人艾倫·金斯堡請中國作家蔣子龍解個怪謎：「把一隻五斤重的雞放進一個只能裝一斤水的瓶子裡，您用什麼辦法把牠拿出來？」

「您怎麼放進去，我就怎麼拿出來。」蔣子龍微笑道，「您顯然是憑嘴一說就把雞放進了瓶子，那麼我就用語言這個工具再把雞拿出來。」

金斯堡讚賞道：「您是第一個猜中這個怪謎的人。」

梅汝當仁不讓

一九四五年七月，中、美、英、蘇四國敦促日本無條件投降的波茨坦公告規定，設立遠東國際軍事法庭，在日本首都對戰犯進行審判。中國是

受降國之一，梅汝作為中國法官參加審判。

一九四六年春天，出席遠東國際軍事法庭的十一國的法官齊聚東京後，大家首先關心的是法庭上的座位排列順序。經盟軍最高統帥麥克阿瑟指定，庭長由澳大利亞德高望重法官擔任。庭長之外，還有美、中、英、蘇、加、法、新、荷、印、菲的十國法官。庭長當然居中坐。庭長右手的第一把交椅似乎已屬美國法官，庭長左手的第二把交椅屬於誰呢？誰都明白，座次表示著該法官所屬國在審判中的地位。

為了國家的體面，梅汝一心要爭到第二把交椅。當時的中國雖亦號稱「世界四強」之一，可國力不強，徒有虛名，該怎麼說呢？

「若論個人之座位，我本不在意。但既然我們代表各自的國家，我還需請示本國政府。」梅汝的頭一句話就讓人吃驚。若法官們各自請示本國政府，何時才能討論出個眉目來。

望著同事們驚訝的神色，中國法官接著說：「另外，我認為，法庭座次應按日本投降時各受降國的簽字順序排列才最合理。首先，今日系審判日本戰犯，中國受日本侵害最烈，抗戰時間最久，付出犧牲最大，因此，有八年浴血抗戰歷史的中國理應排在第二；再者，沒有日本的無條件投降，便沒有今日的審判，按各受降國的簽字順序排座，實屬順理成章，」中國法官說到這裡略一停頓，微微一笑說：「當然，如果各位同仁不贊成這一辦法，我們不妨找個體重測量器來，然後以體重之大小排座。體重者居中，體輕者居旁。」

中國法官的話音未落，各國法官忍俊不禁。庭長韋伯說：「你的建議很好，但它只適用於拳擊比賽。」梅汝回答說：「若不以受降國簽字順序排座那還是按體重排好。這樣，即使我被排末座也心安理得，並可以此對我的國家有所交代。一旦他們認為我坐在邊上不合適，可以調派一名比我肥

胖的來替換我呀！」這回答引得法官們大笑。

笑歸笑，庭長韋伯仍未最後拍板。等到開庭前一天預演時，庭長竟突然宣布入場順序為美、英、中、蘇、法、加……梅汝立即對這一決定堅決抗議，並隨即脫去黑色法袍，拒絕登臺「彩排」。他說：「今日預演已有許多記者和電影攝影師在場，一旦明日見報便是既成事實，既然我的建議在同仁中並無很多異議，我請求立即對我的建議進行表決。否則，我只有不參加預演，回國向政府辭職。」庭長召集法官們表決，預演推遲了半個多小時。入場順序和法官座次終於按日本投降書中各受降國的簽字順序，即美、中、英、蘇、加、法……排定。

為中華文明而辯

抗戰期間，廈門大學的英籍客座教授在一次酒會上大放厥詞，誣衊廈大不如「英倫三島之中小學校」，胡說：「歐美開風氣之先導，執科學之牛耳。敝國有詩聖拜倫、雪萊，劇聖莎士比亞，現代生物學之父達爾文，力學之父牛頓。可嘆泱泱中華，國運蹇促，豈可侈談『物華天寶，人傑地靈』之邦乎？」

當時的廈大校長薩本棟以事實據理反駁道：「教授先生，你別忘了，中國的李白、杜甫如彗星經天之日，英倫還是中世紀曚昧蠻荒之時；中國李時珍寫下《本草綱目》之際，達爾文之乃父乃祖竟不知在何處？」

英國教授這時惱羞成怒：「校長閣下，請記住，是美利堅合眾國的伍斯特工學院和史丹福大學造就了您的學識和才能！」

薩校長微微一笑：「博士先生，我提醒您，中華文明曾震驚世界，沒有中國遠古的四大發明，也絕不會有不列顛帝國的近代產業革命。」

獵人森林三解難

傣族有個年輕的獵人，一天到勐巴拉納西的地方去打獵。在林子裡打下了一隻長腳鷺鷥。

這時候，從林子裡走出幾個人，團團把他圍住。其中一個說：「這鳥是我父親死後變的。你打死了我父親，就得拿錢來贖罪。」

獵人答道：「我正要找你算帳哩。你的鷺鷥在河裡吃了魚，那魚是我父親死後變的。你應該替你父親還這筆債。」

那人只好溜走了。

這時，另一個壞了一隻眼的人說：「你父親活著的時候，把我的一隻眼睛弄瞎了。現在是替你父親賠眼睛，還是賠銀子，隨你的便。不然，你休想離開這裡。」

獵人答道：「我今天就是來找你賠眼睛的。現在就請你把那隻壞眼睛挖出來，好讓我的好眼睛放進去。」說完，就拔出刀子要去挖那人的眼睛。

那人也只好敗退下來，連聲說：「不要賠了，不要賠了。」

這時，又有一個對獵人說：「你父親生前，借我一口井的寶石，現在是償還的時候了。要是不還，就請你到我家幫工抵債。」

獵人說：「我父親講過這件事。不過，當時那口井是在河邊，你是把井水打乾後才裝進寶石的，現在也請你把井水打乾，我才好還你的一井寶石呀！」

那人理屈詞窮，也只好溜走了。

阿爾格齊智鬥喇嘛

從前有個喇嘛在土爾扈特部落的資助下，到召廟學習了唸經，又在拉薩的土爾扈特朝聖辦事處的資助下，考上了喇冉巴學位（喇嘛教中的高級學位）。他回到家後，貪圖人家的獻禮，到處給人誦經，漸漸成了一個巨富喇嘛。

一天，喇冉巴對阿爾格齊說：「喂！小夥子！都說你是個能言善辯的人，你敢和我鬥智嗎？要是你輸了，你得把孟可海邊的公母兩隻青蛙給我抓來。」

阿爾格齊說：「行。不過我有一個條件，就是要把喇嘛教的主持喇嘛、比丘及千戶長、副千戶長等都請來，然後我們倆才能鬥智。」

兩人在約定的日子，請來了主持喇嘛、比丘和千戶長、副千戶長等人，開始鬥智。

喇冉巴盤腿坐在上首，手捻珊瑚佛珠，閉目問道：「我為什麼有這麼大的福分呢？你為什麼這樣窮呢？」

「因為妖怪們活得太好，您才能到處誦經，過上這樣富裕的生活。因為您念的經沒有效驗，所以我才這樣窮。」阿爾格齊答道。

坐在那裡的主持喇嘛、比丘和千戶長、副千戶長等人聽後，都大笑起來。

喇冉巴急了，拍著桌子道：「喂！誰說我念的經沒有效驗？你要說個明白！」

阿爾格齊不緊不慢地回答道：「在唸經的儀式上，您不是常這樣說：『為了所有的百姓，宗喀巴創立的喇嘛教的教徒們，只能唸經，不能收獻禮；

見了獻禮要用袖子推走，不能用手接。早上違背了這個教規的教徒，晚上就要受到懲罰。』要是您說的這些教規有效驗的話，您早該進地獄了，我早該升天堂了。」

眾主持喇嘛、比丘們的臉上「刷」地一下子紅到脖根。無言以對的喇冉巴騎上馬溜走了。

阿方搶白土司王

土司王看到秧田裡的秧苗都打節節了還沒有移栽，就強迫全寨的窮人給他栽秧，還規定不准在田邊休息。窮人們敢怒不敢言。一天，阿方也被喊去給土司王栽秧，土司王特意給他交代：「阿方，不准在田邊休息，知道嗎？」

「知道了。」阿方說完挑著秧就跟大家上工去了。

土司家的田離寨子都很遠，大家將秧子挑到田邊，已累得大汗淋淋的了。阿方見窮人們都不敢休息，就說：「夥計們，大家累得上氣不接下氣的，現在跟我回土司王家去休息。」

大家猶豫了：「在田邊都不准休息，你還敢回他家去休息嗎？」

「我自有辦法對付他，走吧！」阿方說著，引路先走，窮人們相信阿方能制服土司王，就跟著他往回走。

大家回到土司王家裡，土司王吼道：「早飯還沒熟，你們就回來了，你們栽了多少秧了？」

阿方答道：「一籠還沒栽哩。」

「那你們回來幹什麼？」土司王追問道。

阿方說：「你說『不准在田邊休息』對嗎？我們天未亮就起來給你扯

秧，你早飯不給大家吃一口，馬上叫我們捆起秧子就挑到十多里遠的田裡去，一個個累得冷汗直流，腳桿打閃，不休息一會，怎麼有力氣栽秧？你說，不准在田邊休息，野外處處都是田，我們找不到休息的地方，不就只好回來休息？這還不是按你的話辦？」

「這……」土司王口吃得說不出話來。他想攆窮人們走，又怕沒人栽秧，想叫他們趕快上工去，一看，時間不早了，不讓他們吃了飯去，又怕窮人們同他磨，沒辦法，只好叫人擺出早飯，讓窮人們先吃。

侍女巧言免禍

民國初建，袁世凱攫取了大總統寶座之後，整日為自己是不是「真龍天子」而心煩意亂，坐臥不安。

一天晌午，天氣異常悶熱，袁世凱睡意正濃，朦朧中似覺口渴難忍，喊了聲「倒茶來！」侍女聞聲忙將茶獻上，不料袁世凱翻了個身又呼呼大睡起來。侍女不敢打擾，轉身退下，一不小心將茶杯摔破。這支茶杯乃袁的心愛之物，侍女知道闖了大禍，害怕得要命，慌慌張張地跑去找府裡外號叫小謀士的人。這人深知袁世凱稱帝心切，經常一番思考後，為侍女想出了一套說詞。

袁世凱一覺醒來，得知心愛的寶杯被摔破，非常生氣，就叫人傳侍女來。侍女裝出很害怕的樣子，戰戰兢兢地跪在地上次話道：「奴婢聞聽大總統要茶，忙將茶奉上，豈料進屋一看，著實把奴才嚇了一跳，只見大床上臥著一條大龍，故而失手打壞了寶杯，奴婢該死，奴婢罪該萬死！」袁世凱聽她這麼一說，轉怒為喜，滿臉堆笑，揮揮手讓侍女退下，沒給任何處罰。

羅文錦聲東擊西

一九三〇年代中期，香港茂隆皮箱行由於貨真價實，生意興隆，因而引起英國商人威爾斯的嫉妒和蓄意敲詐。一次，威爾斯到茂隆皮箱行訂購了三千只皮箱，價值二十萬元港幣。合約寫明一個月取貨，逾期不按質按量交貨，由賣方賠償損失百分之五十……茂隆皮箱行經理馮燦如期交貨後，威爾斯卻說，皮箱中有木料，不能算皮箱，向法院提出訴訟，要求按合約規定賠償損失。開庭時，港英法院偏袒威爾斯，企圖判馮燦詐騙罪。馮燦只得委託當時還不出名的羅文錦律師出庭辯護。

正當威爾斯在法庭上信口雌黃、氣焰囂張的時候，羅文錦從律師席上站起來，從口袋裡取出一隻大號金懷錶，高聲問法官：「法官先生，請問這是什麼錶？」

法官回答：「這是英國倫敦出產的金錶。可是，這與本案有什麼關係呢？」

「有關係。」羅文錦高舉金錶，面對庭上所有的人問道：「這是金錶，沒有人懷疑了吧？但是請問，這塊金錶除錶殼是鍍金之外，內部的機件都是金製的嗎？」旁聽者同聲議論：「當然不是。」

羅文錦繼續說：「那麼，人們為什麼又叫它金錶呢？」稍作停頓，他高聲道：「由此可見，茂隆行的皮箱案，不過是原告無理取鬧，存心敲詐而已。」

法官在眾目睽睽之下，理屈詞窮，只得以威爾斯犯誣告罪，罰款五千元港幣結案。

孫中山趣談道理

有一次，孫中山在廣東大學講民族主義。禮堂不大，聽的人很多，天氣又熱一些，聽著聽著有人就要入睡。這時，孫中山便穿插一個故事說：

「那年我在香港讀書時，看見許多苦力工人聚在一起談得很起勁，有人哈哈大笑。我覺得奇怪，便上前問一下。有一個苦力說：『後生哥！讀書好了，知道我們的事於你無益。』又一個告訴我：『我們當中一個行家，辛辛苦苦地積蓄了五塊錢，買一張馬票，牢牢記住那上面的號碼，把它藏在日常用來挑東西的竹楫裡。等到開獎，竟真的中了頭獎，他欣喜萬分，以為領獎後可以買洋房、做生意，這一生再也不用這根挑東西的竹楫子過生活了，就把竹楫狠狠地扔進到大海裡。不消說，連那張馬票也一齊丟了。因為錢沒到手先丟了竹楫，結果是空歡喜一場。』」

說到這裡，大家聽得入迷，禁不住笑了起來。孫中山接著歸到本題：「對於我們大家，民族主義就是這根竹楫，千萬不能丟啊！」

孫中山就是運用這種生動風趣的談吐宣傳革命道理，喚起民眾，深受民眾的歡迎。

馮玉祥斥外國人

北洋政府時期，執政者如段琪瑞之流一味崇洋媚外，喪權辱國，列強把中國人民視為砧上之肉任意宰割，尤其是日本侵略者，在中國土地上張牙舞爪，為所欲為。他們將兵艦開入中國內河，並在所經城市張貼所謂「安境保民」的通告。那時馮玉祥是個旅長。他擔任湖南常德鎮守使，見到這種赤裸裸的侵略行徑，十分氣憤，遂下令撕毀日軍張貼的布告。一次

部下士兵與日軍發生了衝突，日本士兵先動手打人，中國士兵奮起還擊，打傷了日軍三人。

駐常德日僑會長高橋新二氣勢洶洶來找馮玉祥評理，要求立即處理「行凶」的中國士兵。

馮玉祥不露聲色地問：「請問閣下，如何處置才能滿意？」

「應先將行凶者監禁，然後再定罪。」

「請問，閣下這種處置，有何依據？」馮玉祥仍是那種不緊不慢的口氣。

高橋早有準備，將隨身攜帶的一本小冊子交給馮玉祥：「依據二百二十二條，應將凶犯囚禁。」

馮玉祥不屑一顧地問「請問閣下拿的是什麼書？」

「這是日本的軍法手冊。」

馮玉祥聽了勃然大怒：「什麼？處置中國軍人竟要按日本的軍法？」

「那該怎麼辦？」高橋橫眉冷對。

馮玉祥脫下鞋子，丟給隨從：「給我狠狠掌嘴！」

高橋想不到馮玉祥剛烈如火，氣焰頓時下降，忙不迭地說：「何必動手，有話好說。」

「既然要說，就說說清楚。中國軍人應按中國的軍法來處置。我們的軍法是軍人有責任維護地方治安，不遵守治安者當作匪徒處理。中國軍人出於自衛，打傷匪徒，不僅無罪，而且有功，不應懲罰，而應嘉獎。」

高橋氣急敗壞地說：「馮旅長，你既然固執如此，我只好報告貴國段總理親自處置了。」

馮玉祥朗聲大笑：「我已通電全國，反對段琪瑞了，我馮某只知真理只知國法，不知什麼段總理。你如再不識相，請你嘗嘗鞋子掌嘴的滋味！」

高橋無可奈何，只得卑躬屈膝，答應和解此事。

馮玉祥在陝西任督軍時，一天，美國亞洲古物調查團的安德理和英國開礦工程師高士林私自在終南山獵獲了兩頭珍貴的野牛，他們不知犯法，還以為自己槍法高明，洋洋自得地到西安督軍府向馮玉祥吹噓自己打獵的本領：「貴督軍，我們此行收穫頗豐，力大無比的野牛也難逃我們的槍口……。」

馮玉祥不等兩個洋人把話說完就責問道：「你們到終南山打獵，經過誰的同意？向誰打過招呼？」

「我們打的是無主野牛，不需要通知任何人，也不需要打什麼招呼。」

馮督軍一聽更火了：「終南山是陝西轄地，野牛生長在我國領土上，怎說無主？你們私自獵取珍貴動物。侵犯了我國的利益，是犯法行為！」

兩人不服，辯解道：「我們的護照上註明攜帶獵槍，貴國發的護照，應是表明政府的態度的，既允許攜帶獵槍就允許打獵，這是非常自然的事。」

馮玉祥反唇相譏：「我國發的護照還允許一些人攜帶手槍，照此推理，准許帶手槍，就允許可以開槍殺人嗎？」

兩人儘管理屈詞窮，仍要強詞奪理：「我們來到中國已有多年，歷來都是允許打獵的，從來沒有人來過問，再說中國法律也沒有規定不准外國人打獵的條文。」

馮玉祥進一步駁斥道：「我國的法律也沒有准許外國人打獵的條文，如果說你們歷來打獵沒有人過問，這只能說明那些地方官吏睡著了。我可沒有睡著，特別睜大著眼睛看著你們的所作所為，絕不准許你們在我眼皮

底下犯法作壞事。我們地方官吏負有安境保民、維護國家主權的責任，不管什麼人，只要侵犯我國人民的利益，我就一定要管。你們不服管嗎？」

兩個洋人再也無言以對，只好低頭認罪，請求寬恕，並具結保證以後不再重犯。

按你自己想的去做

一天，阿凡提家的鄰居因夫妻吵架，一氣之下來到阿凡提家說：「我真煩死這個女人了，我想和她離婚，你看怎麼樣？」阿凡提回答說：「如果我說你離吧，將來你會責罵我；如果我說你別離了吧，你現在就會責怪我。所以，最好還是按你自己想的去做吧！」

鎖門

阿凡提家的院落三面有牆，一面敞開著。一天，他要出門，拿一把鎖去鎖大門時，被一位朋友看見了，朋友詫異地問道：「阿凡提，你家院牆缺一面，你卻用一把巴掌大的鎖來鎖大門，這有什麼用？」

阿凡提說：「大門上掛一把鎖，人家一看就知道我不在家，就不再進去了。」

「如果賊來了呢？」朋友哈哈大笑地說。「巴掌大的鎖也鎖不住賊斗大的賊心呀！」阿凡提說道。

但願

一位窮人找到阿凡提訴苦道：「阿凡提，我家的毛驢丟失了，這可是我的命根子，我是靠牠養活了我們一家人的！」

「請別失望，只要你的驢不落到巴依的手裡，牠肯定會回來的。萬一落到巴依手裡，他會拚命使喚你的驢直到把牠累死，然後，找一個藉口把牠的肉醃起來，把牠的皮拿到集市上去賣。但願你的驢不要落到巴依的手裡。」阿凡提安慰那位窮人說道。

需要來世盡善積德

有人問阿凡提：「阿凡提，如想來世享受天堂之福，就得需要在今世一天五禮、盡善積德。如果想今生今世享受天堂之樂，需要幹什麼？」

阿凡提笑著回答說：「那就請你來世一天五禮、盡善積德唄！」

一視同仁

阿凡提因忙沒有參加幾位朋友的宴請。那幾位朋友埋怨他說：「阿凡提，你老是用兩種眼光看人，應該一視同仁。」

一天，阿凡提的幾位朋友同時參加一次宴會。他用一塊布條把右眼蒙上來到了宴會廳。那幾位朋友見了，奇怪地問：「阿凡提，你的右眼怎麼了？莫不是害了眼病？」

阿凡提回答道：「不，我是為一視同仁！」

請隨手關門

一天，一個小偷悄悄溜進阿凡提家行竊。可阿凡提家卻沒什麼可偷的東西。小偷自認倒楣空手而歸時，阿凡提從背後鑽了出來，喊住小偷說：「喂，朋友，出大門時請把門栓拴上，免得其他小偷進來像你一樣空手而歸。」

該著急了

阿凡提把毛驢丟了。大家都幫助他四處尋找。可阿凡提顯得並不著急。

「阿凡提，你的驢丟了為什麼不著急呢？」有人問。

阿凡提用手指著一座遠處的山，說：「你看見遠處的那座山了嗎？還沒人到那裡去找呢？如果他們在那裡也找不到的話，我就該著急了。」

請別不高興

阿凡提不知因為什麼事到了鄰居家，熱情的鄰居一定要讓他喝一杯茶再走。

阿凡提拿起茶杯剛喝一口，因茶杯太燙從他手上掉下來，摔碎了。

鄰居不高興地瞪了他一眼。阿凡提不慌不忙地對鄰居說道：「請別不高興，如果你不硬拉著我喝這一杯茶的話，也不會發生這種事。」

半價

阿凡提的頭頂上幾乎沒有頭髮了。他到理髮店理完髮,只付了一半的錢。

「阿凡提,你怎麼才付了半價?」理髮匠問。

「對呀,我半個腦袋沒有頭髮,實際上你也只理了半個頭,當然要付半價。假如有一天,真主恢復了我的青春,到時我會付給你全價的!」阿凡提回答說。

把你的良心稱一稱

城裡有一個奸商賣肉總是缺斤短兩的。一天,阿凡提又來買肉,他又少給了阿凡提半斤多肉。阿凡提氣得來找他質問:「喂!你怎麼又少給了我半斤肉?」

「不可能,我這桿秤是獨一無二的準星秤。」奸商爭辯道。「那好,請你用這桿獨一無二的準星秤稱一稱你的良心吧!」阿凡提說。

偷驢過程

阿凡提的毛驢被人偷去了。左鄰右舍、親朋好友不斷前來表示安慰。招待他們的開銷已超過了買一頭驢的錢。

一天,又有一位說話口囉嗦的朋友來到阿凡提家,問道:「阿凡提,你的驢是被一個人偷的,還是被幾個人一起偷的?偷驢人是把驢騎著走的還是牽著走的?被偷的驢在出門時先邁右腿還是先邁左腿?你的驢是被迫

跟偷驢人走的還是很情願跟偷驢人走的？」

「等我的下一頭驢再被人偷的時候，我請你來，讓你來親眼目睹一下偷驢過程。」阿凡提對他說道。

從你的名字知道的

有一個熟人到阿凡提家找他，阿凡提正好不在家，他喪氣地在阿凡提家的門上寫了「毛驢」二字就走了。

第二天，阿凡提在集市上遇見了那位熟人，對他說：「朋友，昨天你到我家，我正好沒在家，真對不起。」

「你怎麼知道的？」那個人問。

「從你寫在我家門上的名字知道的。」阿凡提回答道。

鋸碗

阿凡提有一位吝嗇的朋友，常常來阿凡提家又吃又喝，可一次也沒請阿凡提吃過飯。

一天，阿凡提為了試探他，趕著吃飯的時間去了他家。吝嗇的朋友無奈之下端來兩碗飯，把一碗放在自己的面前，把另一碗放在阿凡提的面前。可給阿凡提的那一個碗裡只有半碗飯，阿凡提不悅地問：「你家有鋸子嗎？」

「有，你要鋸子幹什麼用？」朋友奇怪地問。

「我想把這個碗的多餘部分鋸掉！」阿凡提說道。

借錢與友誼

阿凡提手頭有一點緊，連買饢的錢都沒有了。於是他找到一位多年之交的好朋友說：「請借給我五十塊銀幣，等我把地裡的麥子賣掉以後就還給你。」

「阿凡提，你在說什麼呀？我們是多年的老朋友，說什麼借呀，難道我們之間的友誼就值五十塊銀元嗎？這不有損於我們之間的友誼的嗎？」那朋友似乎埋怨道。

「那好吧，就請你給我一百塊金幣吧？」阿凡提說道。

不用空著手去

到了盛夏，阿凡提對妻子說：「老婆子，你也太無情無義了，也不去鄉下看一看那裡的親戚！」

「算了吧，空著手怎麼去呀！」妻子說。

「怎麼空著手去呢？去的時候，把咱們家那兩條最大的空麻袋帶去不就行了嗎？」阿凡提說。

阿凡提的願望

村裡的一位作惡多端的巴依生病了，阿凡提壓根兒就不想探望他。

一天，阿凡提路過這位巴依家門口時，見他的兒子站在門口，阿凡提問他：「令尊的情況怎麼樣？」

「感謝您的關心，爸爸的病情與您的願望差不多！」巴依的兒子回答。

「那麼，我怎麼沒聽見你家傳來的哭喪聲呢？」阿凡提說。

有下就有上

一天，阿凡提在房頂上晒麥子。鄰居站在院子裡喊道：「阿凡提，您在哪裡？」

「我在這裡，有什麼事？」阿凡提邊做自己的事邊回答說。

「請下來一下，我有話要說。」鄰居又喊道。

阿凡提好不容易從房頂上下來，來到鄰居跟前。

「阿凡提，請您借給我一碗牛奶好嗎？」鄰居說。

「好吧，請跟我來！」阿凡提說完，把鄰居帶到了房頂，然後說道：「今天我們家母牛的奶，全讓小牛犢吃光了，真對不起。」

「喂，阿凡提，如果是這樣為何不在下邊說，為什麼非把我領到房頂上說呢？」鄰居生氣地說道。「那麼，您為什麼不站在院裡說這話，非把我從房頂請下來說呢？這叫有下就有上。」阿凡提回答說。

給您買一隻金戒指

阿凡提非常怕老婆。一天，他在街上跟一群人聊天，有一個人問阿凡提：「你害怕老婆嗎？」

「大男子漢還害怕老婆嗎？我說一她不敢說二，我讓她拿碗，她絕不敢拿碟子。」阿凡提說道。

這時，阿凡提的妻子不知從什麼地方冒出來，悄悄地站在了阿凡提的背後。

「阿凡提，你看背後是誰？」有人說。阿凡提回頭一看，立即改口道：「夫人，我是在跟他們說我非常愛您，準備給您買一隻金戒指！」

蠟燭的熱度

有一年冬天，天氣寒冷。阿凡提與幾位朋友打賭說，他能在這冰天雪地裡，在野外過上一夜而不被凍死。

「阿凡提，如果你真能這樣，我們將輸給你兩枚金幣。」朋友們說道。

「一言為定！」阿凡提說。

當晚，阿凡提帶上一本書和蠟燭，到野外度過了一個對他來說是最寒冷的夜晚。天亮後，阿凡提哈著氣、搓著手跑回村裡向朋友們索要打賭錢。朋友驚詫地問他：「阿凡提，難道你沒有用任何取暖的東西嗎？」

「沒有哇！」阿凡提聳聳肩膀說道。

「連一支蠟燭也沒點嗎？」朋友們又問。

「我是點了一支蠟燭，可我是用它來照明看書的！」阿凡提說。

「蠟燭不僅可以照明，它也有熱度，你肯定用它取暖了，這樣不能算你贏。」朋友們耍賴道。阿凡提沒有爭辯，默默地走了。

過了一個月，阿凡提請這幾位朋友到家吃飯。可朋友們坐在客廳裡等了數小時，肚子餓得咕嚕嚕直叫，阿凡提還是不端飯來招待。

朋友們等得不耐煩了，出去想看個究竟。他們擁進廚房，發現阿凡提架了一口大鍋，鍋底下點著一支蠟燭正燒著，鍋裡一點熱氣都不冒。

「阿凡提，用蠟燭能做熟飯嗎？」朋友們取笑他說。

「你們說蠟燭有熱度，我從一大早就用蠟燭的熱度燒飯，可到現在都做不熟，我也感到非常奇怪。」阿凡提回答道。

後腦有眼

阿凡提在給一位好友寫信的時候，有一人偷偷走到他背後看他寫信。阿凡提發覺後，便在信的末尾寫上了這麼一句：「親愛的朋友，我本有許多話要對你傾訴，可有一位不知羞恥的人站在我背後，偷看我寫信……」那個人生氣地問阿凡提：「阿凡提，你為什麼汙辱我？誰看你寫信了？」阿凡提反問道：「如果你沒偷看我寫信，怎麼知道我汙辱你？」

火與水

阿凡提到一家客棧住下，熱情的老闆向他表示歡迎，並說：「您想要什麼請儘管說。」

到了半夜，阿凡提感到非常口渴，喊了幾聲問有水沒有，可沒人理會。阿凡提嗓子發乾，好像嘴裡燃燒著一團火。他靈機一動，大聲喊道：「火！火！」

老闆以為著火了，立即提著一桶水出現在阿凡提面前，問：「哪裡著火了？」

「是這裡！」阿凡提指著他的嘴說道。

為了五塊錢

阿凡提欠了一個人五十三塊錢。一天，他與朋友們在街上聊天，債主從對面走過來，對阿凡提又瞪眼又摸鬍子，暗示他還債。可阿凡提假裝沒看見，眼睛往遠處瞧著。債主走到阿凡提瞧的方向，又暗示他還錢。

阿凡提非常尷尬地把債主叫過來，問道：「我欠你到底多少錢？」債主回答：「不多不少五十三塊錢！」

「好吧，請你明天去我那裡要二十八塊錢，過了明天再去要二十塊錢，還剩下五塊錢，對不對？」

「沒錯，阿凡提！」債主答。「那麼，你也太不夠意思了吧，為了這五塊錢，在這麼多人面前讓我好丟人呀！」阿凡提不高興地說。

石頭是白送的

阿凡提的妻子紡好了很多的駝絨線，讓他拿到集市上去賣。因顧客出價還不能掙回本錢，所以阿凡提始終不肯賣。

返回家後，阿凡提靈機一動，找了塊不大不小的石頭，然後把線纏繞在石頭上，又返回集市上叫賣。這麼一來，還是原來的價很快就賣出去了。

第二天，買主抓住阿凡提，責問道：「喂，阿凡提，你賣的是駝絨線還是石頭？」

「你付給我的是線的錢，石頭是白送的，我並沒有跟你多要錢呀！」阿凡提說道。

如何避免閒言碎語

有人問阿凡提：「阿凡提，怎樣才能避免閒言碎語呢？」

「如果你想避免閒言碎語的話，最好先把自己愛聽閒言碎語的耳朵割掉。」阿凡提回答說。

要徵得牠的同意

有一位巴依想奚落阿凡提，他指著牽著的小狗，對阿凡提說：「阿凡提，您非常聰明，為了表達我對您的敬仰，我打算用您的名字來稱呼我這隻心愛的小狗，不知您同意不同意。」阿凡提回答說：「我很贊同您的打算，但最重要的一點，您一定要和您心愛的小狗商量商量，要徵得牠的同意，如果牠不同意，咬您一口我可負不了責任。」

熊的忠告

阿凡提和一位朋友到森林裡遊玩，突然，從一棵樹後竄出一隻熊。

阿凡提的朋友飛快地爬到一棵樹上藏了起來。阿凡提想起熊不吃死人，便躺在地上裝死，連一口氣都不敢出。熊搖搖晃晃地走過來，在阿凡提身上臉上嗅了幾遍，走開了。

熊走後，那位躲在樹上的朋友從樹上跳下來，問阿凡提：「喂，剛才熊湊在你耳邊說了些什麼？」

躺在地上驚魂未定的阿凡提喘了口粗氣，回答他說：「熊告訴我，遇到危險時扔下朋友的人不是好人。」

胖瘦搬家

阿凡提長得非常瘦。一天，大腹便便的國王取笑他說：「阿凡提，你為何如此瘦弱？莫不是你老婆不給你飯吃？」

「不，尊敬的陛下，我想要吃的東西全跑到您肚子裡去了。」阿凡提回答道。

請柬

阿凡提鄰居家的兒子結婚，請阿凡提幫助發請柬。阿凡提熱心幫忙，還給城裡一位赫赫有名的巴依送去了請柬。那位高傲自大的巴依見了阿凡提譏諷道：「阿凡提，除了你以外再沒有好一些的人送請柬了嗎？」

「比我好一些的人倒是有，可是他們給那些好人送請柬去了。」阿凡提回答說。

國王的價值

一天，國王問阿凡提：「阿凡提，請你公正地作一個估價，我的身價到底值多少？」阿凡提不假思索就說道：「陛下，您的身價最多值五十個金幣。」

「什麼？你這個無知的傢伙，我佩帶著的這個腰帶就值五十個金幣。」國王發怒道。

「是的，陛下，正因為您佩帶了價值五十金幣的腰帶我才估了這個價，不然您……」阿凡提回答。

毛驢吃瓜皮

一位巴依想讓阿凡提出醜，把阿凡提和幾位朋友請到家裡，用哈密瓜招待了大家。

那位巴依和他的朋友，把吃剩下的瓜皮悄悄推到阿凡提跟前，說道：「阿凡提，莫不是所有的瓜全讓你一個人吃了？看你前面的那麼一大堆瓜皮。」

「我記得，瓜皮應該是毛驢吃的，各位怎麼連瓜皮都吃掉了呢？」阿凡提回答說。

遇見了朋友的時候

一天，阿凡提騎著驢進城途中，迎面走來了騎著馬的法官。沒等阿凡提向他施禮問安，他的驢便叫喚開了。法官生氣地問：「阿凡提，你的驢也和你一樣不知羞恥，隨處亂叫。」

「我的驢本來是很有禮貌的。但是，也難怪牠在見到了自己的朋友的時候，把羞恥就忘記了。」阿凡提回答。

天堂滿了

一天，國王問阿凡提：「阿凡提，我去世後是升天堂還是進地獄？請你給我作一個公正的評價。」

「尊敬的陛下，您會進地獄！」阿凡提不假思索地回答說。

國王一聽，氣得鬍子直髮顫。阿凡提一見，急忙改口說：「尊敬的陛

下，請您息怒，您理所當然地應該升天堂，可我擔心那些無辜地死於劊子手屠刀下的人，把天堂占滿了，容不下您。所以說您可能進地獄。」

牠也可以當國王

國王來到阿凡提的磨坊，看見拉磨的驢脖子上掛了兩個大鈴鐺，便問阿凡提：「阿凡提，你為什麼要在驢脖子上掛兩個大鈴鐺，難道牠不累嗎？」

阿凡提：「陛下，有時我睡著了，這畜牲也偷懶停下，牠一停下鈴鐺就不響了，我就可以醒來狠狠地抽牠一鞭。」

國王又問：「如果這畜牲原地不動，把腦袋搖來搖去的話，難道你也會一直放心地睡下去嗎？」

「哎呀，我的國王陛下，這畜牲如果有您這智慧的話，牠不是也可以當國王了嗎！」阿凡提說。

愚人錄

阿凡提寫完了一本《愚人錄》，把所有的愚人和他們愚蠢的行為全記在了那上面。

國王聽說後，問他道：「阿凡提，《愚人錄》裡沒有錄下我的大名吧？」

阿凡提恭恭敬敬地回答道：「尊敬的陛下，您的大名當然在上面。」

「為了我的哪一件愚蠢行為而把我的大名記錄在上？」國王驚詫地問阿凡提。

「尊敬的陛下，您忘了嗎？去年有一個大騙子跑來說給您送來兩匹上乘的棗騮種馬，您信以為真，白白送給他一百枚金幣，還有比這更愚蠢的嗎？」阿凡提提醒他說。

「是呀，那個大騙子要麼把馬送來，要麼把金幣退回來才是呀！」國王惋惜地說道。「對呀，如果那個騙子能做到這兩點中的一點，我立即從《愚人錄》上把您的大名抹掉。」阿凡提說道。

聽說您瞎了眼

阿凡提年輕時的一位朋友，在外縣當了縣官。阿凡提聽說後，前去拜訪。那縣官看見衣衫襤褸的阿凡提，裝作不認識問他：「你是哪一位？我怎麼記不起來呀？」阿凡提回答道：「我是你年輕時的朋友納斯爾丁·阿凡提，聽說您當了縣官後眼睛變瞎了，我是特意前來看望您的。」

真主也有求於我

阿凡提當了法官後，在他身邊溜鬚拍馬的人逐漸多了起來。他們為了辦成自己的事，便把阿凡提吹得天花亂墜。一天，有個人對他獻殷勤道：「阿凡提，今天夜裡我做了一個夢，夢見真主在向一群如花似玉的仙女讚美您。」阿凡提往腦門上拍了拍說：「噢，是嗎？看來，真主也有求於我嘍！」

萬一驢比您聰明

一天，村長把阿凡提請來，說：「阿凡提，我聽麥曾說你很會教育驢，我想請你給我那頭愛驢當先生，請你好好教育牠，讓牠識文斷字，我一定付你高薪。」

「完全可以，不過我想提醒您一下，有一天，我看見麥曾先生牽著您的那頭驢吃完草料回來，發現那頭驢比麥曾、甚至比您都要聰明。我再教牠識文斷字，萬一牠的智慧超過了您怎麼辦？我真擔心喲！」阿凡提說。

我名叫賄賂

一天，阿凡提來找法官告狀。

「你叫什麼名字？」法官問。「我叫賄賂！」阿凡提回答道。

「哪裡有起這個名字的？」法官笑著問。「我聽說您喜歡賄賂，所以改名叫賄賂了。」阿凡提說道。

我的老子是個窮人

阿凡提有一年發了財，可他還是老騎著他那頭老毛驢。有個巴依問他：「阿凡提，你現在有錢了，為什麼還老騎著這頭老毛驢，你兒子卻騎一匹高頭大馬呢？」

阿凡提說：「是的，因為他的老子是富人，而我的老子是個窮人。」

受教於您

一天，千戶長要阿凡提給他找來一條厲害的狗。過了兩天，阿凡提給他牽來一條賴皮狗。

「阿凡提，千戶長看了看那條狗說，「我讓你找一條不放任何人進家門的凶狗，怎麼找來了一條賴皮狗呢？」

「請別急，千戶長，這條狗只要受教於您兩天，別說讓外人進家門，就連這條街牠都不會讓別人來。」阿凡提回答說。

天堂不過如此

阿凡提給一位吝嗇的巴依當幫工。到了吃飯時，巴依給他端來一碗茶和幾塊乾硬的包穀饢，說：「阿凡提，快吃吧，這包穀饢產自天堂。」阿凡提回答說：「是嗎，這麼說天堂不過如此，將來請您千萬別去天堂，免得吃傷了胃！」

無頭勇士

在一位將軍的府上，有幾位指揮官聚在一起吹噓自己如何勇敢。有一位指揮官首先說道：「伊斯坦堡戰役打得異常激烈，那亂飛的槍彈比傾盆大雨還要密集。我們與敵人展開了白刃戰，我奮勇拚殺，數以萬計的刺刀、利劍向我刺來。激戰之後，我發現自己的腦袋被砍掉了四分之三，我用剩下的四分之一腦袋繼續浴血奮戰，消滅了全部的敵人，還俘虜了一個將軍。」當時，阿凡提也在場，他接過話題說道：「的確，戰爭打紅了眼什

麼都不顧了。您那次才被砍去四分之三腦袋，我的腦袋被整個砍下去，在地上滾了四五圈後我把它拾起來別在腰上繼續與敵人拚殺，足足殺死五百人後我才走到戰地醫院治傷……」

例如

一位經常說話放肆、言語不乾不淨的人問阿凡提：

「阿凡提，牛有煮不爛的地方，比如牛筋、牛皮、牛鞭等，人有沒有煮不爛的地方？」

「當然有！」阿凡提答。

「例如？」那人問。

「例如你的這張臭嘴！」阿凡提回答說。

怪哉

一天，阿凡提到法官那裡辦事，正好遇見一群人捉來一個小偷。法官一見那個小偷，大聲嚷道：「喂，你這是第八次到這裡來了，你這個不知羞恥的東西！」

阿凡提聽了，哈哈大笑起來。法官奇怪地問道：「阿凡提，你笑什麼？」

「每天到您這裡來的小偷您不管也不問，他只來了八次，您就發這麼大火，怪哉！」阿凡提回答說。

公牛和魚

剛剛吃完一頓燉牛肉的巴依對阿凡提吹噓說：「阿凡提，你看我壯得像頭公牛，那是因為我天天吃公牛肉。」

「是嘛，巴依老爺，可我天天吃魚，到現在為什麼還不會游泳呢？」阿凡提說道。

驢的叫喚比這個好聽

國王心血來潮寫了一首詩讓阿凡提看。阿凡提看過詩後對國王說：「陛下，詩還是讓那些詩人寫吧，您還是老老實實當您的國王吧。」國王聽了發怒道：「來人，把他關進驢圈！讓這個不懂詩的蠢驢好好聽那些驢的叫喚去吧！」

阿凡提在驢圈裡被關了一個禮拜後，國王心想：這回他該老實了，肯定會稱讚我寫的詩。於是便把阿凡提叫來，把他新寫的一首詩大聲唸給了阿凡提聽後問道：「怎麼樣？阿凡提，我這首詩寫得還可以吧？」阿凡提聽後一聲不吭轉身就往外走。國王叫住他問：「阿凡提，你上哪裡？」

「陛下，我還是回驢圈去吧，驢的叫喚比這個好聽一點。」阿凡提回答說。

縣官老爺與狗官老爺

阿凡提給法官趕馬車。一天，他趕著法官的馬車經過城裡一條很狹窄的胡同，正好對面也過來了一輛馬車，那輛車的車伕毫無讓路之意，徑直

趕了過來說：「停下你的車。往後退！」

「我憑什麼後退，請你倒退讓路！」阿凡提也不示弱。

「我的車上乘的是這個城的縣官老爺！」車伕理直氣壯地說。

「你的車裡乘坐的是這個城的縣官老爺的話，我的車上乘坐的難道是這個城的狗官老爺嗎？」阿凡提生氣地說道。

兩頭驢的馱物

一天，國王和宰相打獵，也帶著阿凡提一起去了。途中熱得渾身是汗的國王和宰相，把衣物脫下來，扔給了阿凡提。

國王看見背著兩個人的衣物、氣喘吁吁的阿凡提，取笑道：「阿凡提，你背的東西足有一頭驢的馱物。」

阿凡提聽後，擦了擦額頭上的汗珠回答道：「不，尊敬的陛下，我背著的不是一頭驢的馱物，而是兩頭驢的馱物。」

五、能言善辯

優孟哭馬

春秋時期，楚莊王死了一匹心愛的馬，決定用大夫的禮儀安葬牠，百官聽了，都覺得不合適，紛紛勸諫。楚莊王不聽，還說：「誰再攔我，我就殺了誰。」

宮中樂人優孟聽了，披頭散髮跪在楚莊王面前，放聲大哭。楚莊王問：「優孟，你有什麼傷心事？」優孟回答說：「我在哭馬啊。死去的馬是大王最心愛的。楚國這麼強大，用區區大夫的禮儀安葬牠，也太說不過去了。應該用君王的禮儀安葬牠才相稱啊。」

楚莊王聽了，覺得很奇怪，便問：「那該怎麼辦？」

優孟說：「用最珍貴的玉做棺材，最上等的木材做棺槨，派軍隊去挖墓道，讓老百姓去背墓土，請齊國、趙國的客人在前引路，韓國、魏國的客人在後相送，像祭祀太廟那樣擺上祭品，命令人口興旺的大縣來拜祭。這樣，諸侯國都會傳遍，知道大王愛馬勝於愛人。」

楚莊王聽了，很羞愧，說：「難道我的過失竟然到了這樣的程度！」最後，他聽從了優孟的建議，把死馬交給廚師，做成了美宴。

齊國使者救管仲

管仲是春秋初期著名的政治家，他幫助齊桓公成為春秋第一個霸主。

管仲年輕時隱居在魯國。齊桓公打聽到他是治理國家的奇才，便派了一個能說會道的使者來到魯國，讓他想辦法把管仲接到齊國。

魯國大夫施伯當然不願意看到管仲去幫助齊國，便對齊國使者說：「管仲是個有才能的人，如果他幫齊國治理國家，有一天齊國強大了，一定會派兵攻打與齊國接壤的魯國。不如我把他殺了，你帶他的屍首回去交差，也可避免日後兩國間發生戰禍。」

齊國使者一聽連連搖頭，說：「你錯了！我們國君與管仲有仇，想親手殺了他。我若帶屍首回去，齊國等於沒有得到他啊！這個仇就報不了了。」

施伯聽信了使者的話，以為齊桓公真的要殺管仲，便派人綁了管仲，把他交給使者。聰明的使者怕施伯識破他的計謀，便連夜帶著管仲，坐馬車出了魯國國境。到了齊國京都後，管仲受到了齊桓公的隆重歡迎。

坐山觀虎鬥

戰國時期，韓國和燕國之間老是發生戰爭。秦惠文王想趁機出兵，擴大版圖，可大臣們有的極力贊成，有的極力反對，說的都在理，秦惠文王一時沒了主意。

這時，楚國的謀士陳軫到秦國做客，秦惠文王聽說此人足智多謀，便把他請來求救。陳軫見秦惠文王誠心向自己討教，便慢條斯理地講了個故事：「從前有個農民，他在山上看見兩隻老虎在吃自己的牛，氣得想上前

去殺老虎。這時，有個小孩勸他：『大叔，別急！這兩隻虎才開始吃牛，等牠們嘗到牛肉的滋味，必定會發生爭鬥，最後，弱的被咬死，強的被咬傷，那個時候你再去殺那隻受傷的虎，你就能得到兩隻虎了。』農民聽這小孩說的有道理，就耐住性子觀虎鬥，果然不出小孩所料，農夫輕而易舉地得到了兩隻虎。」說到這裡，陳軫不再作聲，靜觀秦惠文王的反應。

秦惠文王明白了陳軫話裡的意思，後來他打定主意不出兵，等韓燕兩國兩敗俱傷時，他才全力出兵，一下子就奪取了兩國的好幾個城池。

不死藥

戰國時期，楚國有個國王總是怕自己有一天會死去，到處尋找不死藥。一次，楚王的一個侍衛從江湖騙子那裡得了幾顆「長生不死藥」，興沖沖地跑來向楚王邀功，說吃了這藥真的能「萬歲，萬歲，萬萬歲」。楚王聽了滿心歡喜，準備留著慢慢享用。

楚王的宮庭衛隊中有一位射手，為人正直，對那些靠拍馬屁取寵的人非常鄙視。射手見這次楚王又相信了小人的謊言，非常氣憤。他想了想，上前問侍衛：「這藥能吃嗎？」侍衛露出不屑的神色：「吃了才能長生不死，當然可以吃嘍！」話音剛落，射手搶過藥丸，一口吞了下去。楚王大怒，當即命令把射手殺了。

射手早有準備，高聲說：「我問過侍衛可不可以吃，他說可以吃，我才吃的。再說，他說這是『不死藥』，如果真是這樣，大王就無法將我殺死。倘若一刀下去，我還是死了，那不就證明大王被人欺騙了嗎？這會讓天下人恥笑的呀！」

楚王一時語塞，而且也真怕天下人恥笑他，只好放了射手。

白馬非馬

從前，有一位善於辯論的人，名叫公孫龍。只要遇到他感興趣的事物，他都要辯論一番。雖然道理常常在另一方，他卻往往憑著三寸不爛之舌將對方說得一愣一愣的。

一天，公孫龍到街上閒逛，一邊走一邊四處張望，看看有什麼好玩的事。這時，對面走來一個人，牽著一匹毛色純白的駿馬。公孫龍禁不住走過去仔細打量，他撫摸著馬背，口裡讚嘆著：「好馬，好馬！」

主人見了，停下腳步，說：「先生真是好眼力。這是一匹千裡挑一的駿馬，我正打算賣掉。剛才許多人出高價我都不肯賣，我想給牠找一個真正懂馬的好主人。先生好像很喜歡這匹馬，請開個價吧！」

公孫龍只管欣賞，不吭一聲。賣馬人有點煩了，說了聲：「不買算了，我還捨不得呢！」於是，他牽著馬往前走。走著走著，他又覺得那位書生的神態很有意思，回頭見他還呆呆地站在那裡，便又牽著馬回來說：「先生如果喜歡，請開個價吧！」

公孫龍卻衝口而出：「白馬非馬！」

賣馬人生氣了，搶白道：「白馬怎麼就不是馬了？你看牠：毛色多純淨啊！多好的馬啊！」

這時，街上看熱鬧的人紛紛圍過來，都想聽聽公孫龍的怪論。

公孫龍見圍觀的人多，更加興奮，他好像要故意惹賣馬人生氣似的，一本正經地說：「如果白馬是馬，那麼黑馬也是馬；馬又是白馬，馬又是黑馬，這樣推論下去，黑馬就是白馬，黑就是白了。這不是黑白混淆，是非顛倒嗎？」

大家你看看我，我看看你，一時找不出公孫龍的錯處。賣馬人不知道怎麼反駁他，氣得說不出一句話來，牽起馬就往前走，留下公孫龍在那裡哈哈大笑。

你知道這是怎麼回事嗎？

原來，「是」有三種意思：等於、屬於、包含於。「白馬是馬」意思是白馬屬於馬的一類，公孫龍偷偷地換了意思，把牠說成白馬等於馬，於是順著他的邏輯，就推出了黑就是白。因為黑不可能是白，所以他就說「白馬非馬」，氣得賣馬人乾瞪眼。

鷸蚌相爭

戰國時期，趙國想攻打燕國。燕國的謀士蘇代前去勸阻趙王不要出兵，趙王氣勢洶洶地說：「你有什麼理由不讓我攻打燕國呢？」

蘇代看了看盛氣凌人的趙王，不慌不忙地說：「大王，我們先不談這件事。剛才我過易水來趙國的路上看到一件有趣的事，先說給大王聽聽。」

接著，蘇代就給趙王講了下面的一段故事：

一隻大蚌張開蚌殼在河灘上晒太陽，一隻大鷸鳥看見了，偷偷地靠近大蚌，猛地伸出尖尖的長嘴，往白嫩的蚌肉上啄去。大蚌受到突然襲擊，急忙合攏堅硬的雙殼，把鷸鳥的長嘴緊緊地夾住。鷸鳥拚命掙扎，但是怎麼也掙脫不了。牠氣急敗壞地威脅大蚌說：「河蚌啊河蚌，你不要太凶狠了。如果今天不下雨，明天也不下雨，你不渴死，也要被這大太陽活活晒死。你等著瞧吧，那時我非吃了你的肉不可。」

大蚌的一塊肉被鷸鳥的長嘴巴鉗著，疼得厲害，但是牠也不甘心服輸，惡狠狠地說：「鷸鳥啊鷸鳥，你也不要得意得太早了。你想吃我的肉，我還想要你的命呢！等著瞧！我今天不放你，明天不放你，你不渴死，也得餓死吧？」

大蚌和鷸鳥爭吵不休，誰也不肯讓步。吵嚷聲驚動了河邊的一個漁夫，他毫不費力地逮住了大蚌和鷸鳥，放進了魚簍。就這樣，蚌和鷸都成了漁夫的盤中飧，牠們後悔也來不及了。

趙王聽了這個故事，很感興趣。蘇代趁機轉入正題，鄭重地說：「我聽說大王想出兵攻打燕國。現在燕趙兩國國力相當，燕國肯定會拚盡全力來抵抗，因此，趙國想在幾年內打敗燕國是不可能的，燕趙間就會僵持下去，像蚌和鷸那樣，相互損耗國力。強大的秦國本來就對燕趙兩國虎視眈眈，那時他看兩國都很疲憊，一定會像易水邊的漁夫那樣趁機占便宜，不用費很大的勁就能吞併兩國。大王，如果這樣，對我們趙國又有什麼好處呢？」

趙王聽了蘇代的話，覺得有道理。他懇切地說：「我們不能像蚌和鷸那樣相爭，讓秦國從中得利。出兵攻打燕國的事以後就別提了！」

藺相如護主羞秦王

戰國時期，秦王邀請趙王到澠池會盟。秦國曾占領越國的城池，還殺死兩萬人，所以趙王不敢去，怕被扣為人質。上大夫藺相如和大將軍廉頗都認為，如果趙王不去，只會顯得趙國弱小，國君膽小，被人看不起。趙王只好硬著頭皮，讓藺相如陪他前去。

廉頗帶著大隊人馬來相送。臨別時，趙王和他約定，如果三十天還沒回來，廉頗就主持立太子為國王，讓秦國死心，無法要挾趙國。

趙王和秦王在澠池會面。宴會上，秦王乘著酒興，斜眼看著趙王說：「聽說趙王擅長擊樂，請用瑟彈一曲給大家助興吧。」

趙王見秦王盛氣凌人的樣子，不敢推辭，只好紅著臉彈了一曲。彈完後，秦王連連讚嘆，瞟了身邊的史官一眼。史官會意，拿來史冊記了下來，還當眾念了一遍：「某年某月某日，趙王在澠池為秦王彈瑟。」

藺相如知道這是秦王有意侮辱趙王，把趙王視作臣子，而且還把恥辱記在史冊上，讓趙國在秦國面前抬不起頭來。他想了想，拿起一個瓦盆，走到秦王跟前，跪地說：「趙王也聽說秦王鍾愛音樂，我這裡有一隻瓦盆，請大王彈奏一曲吧，好讓我們開開眼界。」

秦王很生氣，又沒法發作。於是，他只顧喝酒，不理會藺相如。藺相如霍地站起來，厲聲說：「秦國雖然強大，但是，在這五步之內，我可以把我的鮮血濺到大王身上！」

秦王見藺相如高舉著瓦盆，毫不畏懼的樣子，心想如果瓦盆真的砸下來，腦袋就難保全了。秦國的侍衛也被這突發事件驚呆了，一個個愣著。秦王沒辦法，只好隨手拿起筷子在瓦盆上敲了一下。藺相如也叫來隨行的趙國史官記錄下來，當眾念道：「某年某月某日，秦王在澠池為趙王擊瓦盆。」

這時候秦國的大臣齊聲喝道：「趙國割十五座城給秦國，表示敬意！」藺相如也不示弱，說：「請把秦國的都城咸陽割給趙國，表示友好！」

秦王正想發作，有密探來報，說廉頗率領大軍駐紮在附近，秦王只好罷休，請藺相如重新入席。氣氛緩和下來後，雙方簽訂了互不侵犯條約。

秦皇二世油漆城牆

胡亥是秦始皇的兒子，秦始皇去世後，胡亥即位，稱秦皇二世。胡亥驕橫、任性，喜歡講排場。他當上皇帝後，更加花天酒地，過著荒淫無度的生活。一天，胡亥心血來潮，下了道命令，要求馬上把城牆油漆一遍，使京城更加富麗堂皇，更顯出皇帝的威嚴。

大臣們聽了，一個個愣住了，大殿裡死寂一片。散朝後，他們議論紛紛，都覺得這道命令荒唐，想去勸二世，又都知道他獨斷專橫，弄不好會惹來殺身之禍；但如果拖著，不按聖旨的要求辦，陛下知道了，腦袋要搬家。大臣們乾著急，不知道該怎麼辦才好。

突然有人想到了一個人：宮中樂人優旃。優旃是個幽默風趣的人，特別擅長講故事，他講的故事往往包含著深刻的道理，很能啟發人。一次，還是秦始皇在位的時候，秦始皇想在函谷關到陳倉這幾百里地之間修建一個皇家大花苑，飼養珍禽異獸，供帝王玩賞取樂。優旃聽了，讚嘆道：「陛下的主意真是妙極了，多多地養些小動物在花苑裡，這樣敵人打進來時，陛下只要命令這些可愛的小東西去抵抗就行了。」秦始皇聽出優旃話中有話，細細體味，很有道理，最後放棄了修建花苑的打算。

話說回來，大臣們找到優旃，把事情一說，他就答應去試試。優旃見到二世，說：「聽說陛下打算油漆城牆，這主意妙極了。」二世笑著點點頭。優旃接著說：「即便陛下不下這道命令，臣也正要提出這個建議。漆城牆，雖然會給老百姓增加些負擔，但是油漆後，全城都會光彩奪目，好處可多了。」優旃說著，煞有介事地拍起手，唱道：「城牆漆得光溜溜，敵人來了不能上；城牆漆得油乎乎，敵人一爬準黏上。」

二世更加得意了。

優旃又說：「漆一遍城牆也不是什麼難辦的事。不過……」他露出十分為難的神色，說：「漆過的東西，不能曝晒，只能陰乾，那漆才會牢固，不脫落。但是上哪裡去找一所這麼大的房子，把城牆蓋起來呢？要不，陛下，還是先造一所大房子，再漆城牆吧！」

秦皇二世雖然糊塗，但還是明白了優旃的意思，只好笑道：「那就不漆了吧！」

滑稽的東方朔

東方朔聰明機智，憑著三寸不爛之舌，常常能將漢武帝逗得開懷大笑。

有一次，漢武帝邀東方朔遊御花園。走著走著，漢武帝看見一棵樹長得很奇特，就問東方朔：「這是什麼樹？」東方朔也不知道這樹的名稱，隨口胡謅了一句：「它叫『善哉』。」

武帝聽了沒吭聲，後來他派人把這棵樹削掉了幾根樹枝作記號，打算日後刁難一下東方朔。

一晃一年過去了，漢武帝又邀東方朔遊御花園。走到那棵樹跟前，漢武帝裝著不經意地問：「這是什麼樹？」東方朔早把上次的回答忘記了，他又胡謅了一句：「它叫『瞿所』。」

漢武帝臉一沉，說：「上次你說這樹叫『善哉』，這次你又說這樹是『瞿所』，怎麼兩次說的不一樣？這可是欺君之罪啊！」

東方朔愣了一下，但馬上笑著辯解說：「大的馬叫馬，小的馬叫駒；大的雞叫雞，小的雞叫雛；大的牛叫牛，小的牛叫犢；人小的時候叫小兒，

老了叫老頭；以前這樹叫善哉，現在這樹叫瞿所。世上的萬物出生、成長、衰老、死亡，哪有什麼固定的名稱呢？」

武帝聽了哈哈大笑，說：「好個機靈的東方朔！」

還有一回，漢武帝對大臣們說：「我覺得看相的人有一句話說得很對：『一個人的人中如果有一寸長，那他就可以活一百歲。』」

文武官員聽了，一個個像雞啄米似的點頭說：「陛下說得對極了！」只有東方朔哈哈大笑。

漢武帝面露不悅之色，說：「有什麼好笑的？難道朕說得不對嗎？」東方朔止住笑，說：「我哪敢笑陛下，我這是在笑彭祖。」

漢武帝想不明白，問：「彭祖有什麼好笑的？」

東方朔說：「傳說彭祖活了八百歲，如果看相的人說的話正確，那麼彭祖的人中就該有八寸長。這麼算來，他的臉大概有一丈多長了。想到這裡，我怎麼還能忍住不笑呢？」

漢武帝一聽，也不禁大笑起來。從此，就不再提什麼看相的事了。

孔融羞大官陳韙

孔融是東漢末年著名的文學家，他能詩善文，才思敏捷，是三國時期「建安七子」中的一員，後來因為寫文章觸犯曹操，惹來殺身之禍。

孔融十歲那年，隨父親來到京城洛陽。洛陽太守李膺多才多藝，品德高尚，前來拜訪求救的人很多。後來，李膺吩咐守門人，除了有地位的人和親朋好友外，其他人一律不見。

孔融也想去見見李膺。一天，他瞞著家人來到李太守府前，大模大樣

地對守門人說：「我家和李太守家有好幾代的交情，今天特來拜訪，請通報一聲。」守門人見他年紀雖小，長得卻很斯文，看上去來自書香門第，就進去通報。

李膺聽說世交子弟來訪，連忙讓人把孔融請到客廳來，一見竟是個十多歲的孩子，就很納悶，問道：「請問小公子，你說我們兩家有好幾代的交情，不知你家和我家是什麼關係？」

孔融深深施了一禮，答道：「我是孔子孔仲尼的子孫，大人您是老子李聃的後代，從前孔子和老子有親密的關係，我們都是他們的後代，我們兩家不是世交麼？」

在座的賓客見這個小孩說話從容不迫，很有氣度，都豎起大拇指讚嘆，李膺也是讚嘆不已：「好口才！有見識！真是個神童啊！」

這時，守門人來報，說太中大夫陳韙到。陳韙是個很傲慢的人，自以為有才學，從不把別人放在眼裡。他大搖大擺地來到客廳，聽大家都在讚美一個無名的小孩，就問是怎麼回事。人們把孔融的話告訴他，陳韙聽了，不以為然地翻了翻白眼，瞟了小孔融一眼，說：「小時候聰明伶俐，長大後不一定有出息！」說完，緩緩地品著香茶，看也不看孔融一眼。

孔融想也沒想，不慌不忙地回敬道：「這麼說來，陳大人小時候一定很聰明伶俐吧！」

在座的人聽了孔融巧妙的回答，都禁不住笑出聲來。陳韙沒想到反被這小孩用自己的話搶白了一番，暗示他現在是個沒出息的大笨蛋，不由得滿臉通紅，狼狽得說不上話來。

王昭君鬥財主

王昭君是西漢時的奇女子，為了漢族與匈奴族的友好共處，她自願遠嫁匈奴。

昭君從小聰明伶俐，又很懂事，同情窮苦百姓。她發現鄉親們起早摸黑地幹活，連個油燈都點不起，心裡很難過，於是設法弄來幾棵油桐樹苗，栽在村裡的土地廟前。經過精心栽培，油桐樹不到兩年就成材了，結滿了油果。油果可以榨油，鄉親們從此不愁沒油點燈了。不料，村裡黑心的財主看上了這些油桐樹。

一天，財主把鄉親們叫到土地廟前，盛氣凌人地說：「這廟是我家祖先造的，油桐樹該歸我。」

昭君聽了非常生氣，說：「這些樹是我親手種下養大的，憑什麼歸你？」

財主嘿嘿一笑，說：「這些樹的根紮在土地廟下，不歸我歸誰？」

昭君馬上反駁：「你家很多大樹的根都紮在鄉親們的屋子下，你家那麼多牛羊老跑到鄉親們的地裡吃莊稼，照這麼說，這些樹和牛羊都該歸鄉親們嘍？」

財主被說得啞口無言，只好灰溜溜地走了。

曹睿和小鹿

曹睿是三國時魏國皇帝曹丕的兒子，他的母親甄皇后幾年前受郭貴妃陷害，死了。

一個晴朗的早上，曹丕帶小曹睿上山打獵，遇到一隻母鹿帶著小鹿在灌木叢中玩耍。曹丕拉滿弓，「嗖」的一聲，母鹿應聲倒在地上。母鹿痛苦地掙扎著，小鹿一邊舔著媽媽流血的傷口，一邊默默落淚。

曹睿看著傷心的小鹿，想起慘死的母親和郭貴妃對自己的提防，彷彿這頭小鹿就是自己，他呆呆地坐在馬上，一動不動。曹丕在旁邊叫道：「睿兒，怎麼還不動手射啊？」

曹睿跳下馬，跪倒在地上，一邊流淚一邊說：「父王，小鹿多麼愛自己的母親，可牠的母親已經中箭，就要死去了。我怎麼忍心再射殺失去了母親的小鹿呢？」說完，伏在地上痛哭。

小曹睿的話深深觸動了曹丕的心，幾年來，他為自己錯殺了甄氏而後悔不安。他扶起曹睿，動情地說：「睿兒，你是個聰明孝順的好孩子，父王對不起你。」

後來，曹睿被立為太子，之後又成為魏明帝。

狗洞大開

張玄之是晉代大名鼎鼎的將領，他智勇雙全，為國家立下過赫赫戰功。

八歲那年，小玄之換牙，門牙掉了好幾顆，因此說話時常會露出牙床。張玄之怕人笑話，常抿著嘴，要不就是用手掩著嘴巴笑，那樣子非常可愛。

一天，張玄之和鄰居小朋友比賽踢毽子，看誰踢得又高又多。孩子們的遊戲引來許多大人觀看。最後，小玄之得了第一名，他高興得跳起來，

張口大笑，忘了掉牙的事。

一位鄰居看看小玄之空空的門牙和他那高興勁，就想逗他一下。於是，他裝出很認真的樣子，問小玄之：「小玄之，我向你請教一個問題，好嗎？」

小玄之看他笑容親切，便恭恭敬敬地說：「伯伯要問什麼問題？我年紀小，不懂事，也許回答不出來。」

鄰居問：「狗竇（洞）為什麼大開？」

小玄之脫口而出：「為了讓您出入方便啊！」

圍觀的人哄然大笑。鄰居很不好意思，心裡卻很佩服小玄之聰明。

賈嘉隱戲大臣

賈嘉隱是唐朝的名士，他長得很醜，兩顆門牙暴突在外面，五官也有些歪斜，但是他從小就特別聰明，人稱「神童」。唐高宗聽說後，邀請七歲的賈嘉隱到皇宮來做客。

司空李勣曾幫唐太宗打江山立過奇功，平常很傲氣，聽說皇上宴請七歲的娃娃，就拉著趙國公長孫無忌，靠著大樹閒聊，想先出出賈嘉隱的醜。

一會，賈嘉隱蹦蹦跳跳地來了，李就問：「小孩兒，我靠的是什麼樹呀？」

「松樹。」賈嘉隱想也沒想回答道。

長孫無忌說：「李公靠的明明是槐樹，你怎麼說是松樹，還虧人家誇你是神童呢！」

賈嘉隱笑著說：「年齡大和威望高的人稱『公』，你們說：公靠在木上，不是『松』嗎？」

李勣見他答得巧妙又有禮貌，找不出荏兒，只好不響。長孫無忌點點頭，接著問道：「那老夫靠的是什麼樹？」

賈嘉隱調皮地說：「槐樹。」

「剛才徐大人問你說是松樹，現在老夫問你，卻變成了槐樹，同是一棵樹，你又怎麼解釋？」

賈嘉隱嘻嘻一笑，說：「鬼和木靠在一起，不是『槐』是什麼呀？」說完，扮了個鬼臉就溜了，留下兩位大臣在樹下乾瞪眼。

原來，「無忌」的名字和傳說中地獄裡的「無常」類似，有「鬼」的意思，兩位大臣故意為難賈嘉隱，所以賈嘉隱的回答暗指他們是在「搗鬼」。兩位大臣本想拿他開開玩笑，沒想到卻弄得自己很尷尬。

宴會後，賈嘉隱和大臣們一起出來。李勣見這個毛小孩不僅很得皇上歡心，而且在大臣們中間又是如魚得水，想起宴會前的尷尬事，越想越氣。他看著賈嘉隱暴突在唇外的兩顆大牙，計上心頭，便故意自言自語道：「人長得像鬼似的，青面獠牙，怎麼會聰明呢？奇怪，奇怪！」賈嘉隱應聲道：「胡頭還能當漢人的司空，難道醜人就不能聰明嗎？奇怪，奇怪！」

原來，李勣長得粗獷，像北方的胡人。在場的文武官員，聽了賈嘉隱機智的應對，忍不住大笑起來。

美少年智退惡府尉

狄仁傑是唐朝女皇武則天的宰相，他小時候就勇敢機智。

一次，狄仁傑的家鄉有個孩子被外鄉人殺了。一個府尉來調查案情。這個府尉平常就很霸道，他帶人直衝到那孩子生前讀書的學堂，一屁股坐到書桌上，用馬鞭敲著老先生的背說：「死的人是你教出來的，你一定知道凶手是誰！」老先生膽子小，嚇得發抖，哀求道：「大人，我真不知道啊！」府尉斜著眼說：「老傢伙不老實，給他點顏色瞧瞧。來人，把桌椅給砸了！」

這時，正在屋角專心讀書的少年狄仁傑走了過來，說：「我們學堂還從沒人敢這麼鬧事。」府尉叫囂道：「臭小子，膽敢蔑視本官！我看你就是凶手！」

狄仁傑鎮定地說：「我們在讀聖賢書。皇上號召我們尊敬孔夫子，你竟敢來糟蹋孔聖人的書！你明知凶手是外鄉人，還跑到學堂來搗亂，難道是要與皇上作對嗎？」府尉越聽心裡越怕，臉上的凶相漸漸變成了笑容，說：「小兄弟，誤會了，剛才我們是與你開玩笑呢！」說完，灰溜溜地走了。

設謎罵財主

中國古代有一位著名的畫家叫王冕，他小時候家裡窮，只好去給村裡的財主放牛。

財主是個非常吝嗇的傢伙，經常剋扣窮人的工錢。年底到了，小王冕來向財主要工錢。財主拉長聲音對王冕說：「我有個規矩，凡是替我做事

的人，年底領工錢之前都得猜個謎，猜不到就甭想拿工錢。」

王冕知道財主想賴帳，非常氣憤，但他沉住氣，問：「是個什麼謎？」

財主搖頭晃腦地說：「從前有一夥窮人在一塊鋤地，鋤著鋤著，忽然挖到一塊玉，他們非常高興，把玉砸碎後分了，以為都可以發財了，但玉碎了還值什麼錢？結果他們還是兩手空空。猜一個字。」

王冕笑笑說：「分了寶貝還是窮，這不是一個『貧』字嘛！」

財主沒有想到，一個窮小子竟然這麼快就猜出了字謎，只得自認倒楣，乖乖地拿出工錢。

王冕接過工錢，想了想說：「我也給你猜個謎，如果你猜對了，明年我給你白幹一年活。」

財主正不樂意呢，一聽這話馬上眉開眼笑，忙不迭地催王冕快出謎題。

王冕說：「從前有個財主到外地去做生意，他雇了一個夥計，兩人說財主出錢，夥計出力，賺了錢大家分。幹了一年，果真發了大財。當夥計來分錢時，財主說裝錢的箱子讓馬給踩扁了。夥計聽了沒辦法，垂頭喪氣地走了。就這樣，那些錢全落入了財主的腰包。猜一個字。」

財主怎麼猜也猜不出，只好讓王冕告訴他謎底。王冕說：「箱子被馬踩扁了，馬和扁合起來是什麼字？」

「騙！」財主馬上次答。

「對啊！」王冕說，「財主總是想騙錢。」

岳柱激老師

岳柱是元朝著名的大學者，一生和許多有抱負的人結下了深厚的友誼。小時候岳柱曾拜當時有名的營邱子為師。營邱子為人正直，得罪了不少有權勢的人，空有抱負，卻沒有施展才華的地方，所以常常借酒澆愁，上課也打瞌睡，沒有心思教書。

岳柱起先對營邱子意志消沉非常不滿，認為老師是在誤人子弟，後來逐漸了解了原因，反對老師生出許多敬意，也更盼望老師能夠振作起來。

一天，營邱子上課時又開始伏案打瞌睡，教室裡鬧哄哄的，亂成一團。岳柱輕輕走上講臺，繞到營邱子背後，搖醒老師說：「老師，你怎麼又打瞌睡了？」營邱子睜開醉眼，神情恍惚地看著岳柱，神祕兮兮地說：「老師剛才到夢鄉去拜見古聖先賢們，向他們求教了，就好像莊子夢見周公，這樣，就可以把古聖先賢們的學問傳授給你們了。」說完，倒頭又睡，嘴裡還念叨著：「采菊西籬下，悠然見南山。」

「老師，是『采菊東籬下』。」岳柱糾正道。

營邱子抬起頭迷迷糊糊地說：「茫茫人世，芸芸眾生，黑白顛倒，人妖不分，哪還管得了東南西北？」說完，頭一歪，繼續打瞌睡。

第二天上課時，岳柱也趴在桌上打瞌睡。營邱子見了非常生氣，他儘管自己心情苦悶，卻還是希望學生能學好。所以，他搖醒岳柱，大聲斥責道：「岳柱，上課怎麼可以打瞌睡！」岳柱抬起頭，說：「老師，我在學習呢！」營邱子更加生氣：「明明在睡覺，還狡辯！」

岳柱看看老師，從容地說：「我到夢鄉向先賢古聖討教去了。」

營邱子一愣，問：「先賢們傳授給你什麼道理了？」

岳柱回答道：「我問先賢：『我的老師每天都到你們這裡來求救，你們都傳授給他什麼道理？』可是先賢們都說從來沒見過這麼一位先生！」

營邱子一聽，滿臉通紅，看著十一二歲的岳柱，又很欣慰，沒想到學生中有這麼聰慧的好苗子。從此，他上課再也不打瞌睡，專心教學，也和岳柱結成了忘年交。

打破沙鍋問到底

戴震是清代大學問家，從小酷愛讀書，喜歡提問，每當遇到有疑問的地方，總是不斷追問，不弄明白不罷休。

一天，私塾先生給大家講《大學章句》，正講得津津有味的時候，戴震站起來，問道：「先生，我不明白，您怎麼知道孔子的話是對曾子說的？又怎麼知道曾子的話是他的弟子記錄下來的呢？」

先生看了看一臉認真的戴震，對他說：「這是聖人朱熹朱老夫子給經書註釋時寫著的呀！」

「朱老夫子是宋朝人，對吧？」戴震又問。

「對呀！宋朝人。」

「那孔子、曾子呢？」戴震再問道。

「孔子、曾子是周朝人。

「周朝和宋朝相隔多少年啊？」戴震追問。

「大約兩千年吧！」先生已經有點不耐煩了。

戴震最後說：「既然這樣，朱老夫子怎麼知道兩千年前的事呢？」

先生愣住了，一句話也說不出來。

幕客妙言逃生

清朝有個將軍叫年羹堯，很會打仗，也很凶殘。

一次。年羹堯率兵收復了北疆一座邊城，俘虜了敵方三個小官。他踱著方步，慢條斯理地對第一個人說：「你猜本官是想殺你呢，還是不想殺你？」那人回答說：「大將軍胸懷開闊，慈悲為本，不會殺我。」說完連連磕頭。「呸！什麼胸懷開闊，慈悲為本，我是刀劍為本！」說著，年羹堯令手下把他推出去斬了。

然後，年羹堯又問第二個人。第二個人梗著脖頸說：「要殺要剮隨你便！老子二十年後又是一條好漢。」年羹堯笑道：「好！我成全你，是條漢子！」第二個人又被推出去斬了。

第三個人是個幕客，就是為別人出主意的人。當年羹堯問他時，他說：「晚生很難判斷。」年羹堯一聽覺得有點意思，就說：「如果本官殺你呢？」幕客回答說：「那是將軍之威！」年羹堯又問：「如果不殺呢？」幕客答道：「那就不失將軍之德！請將軍定奪。」

年羹堯佩服幕客的機智，就放了他，還拿酒給他壓驚。

拳頭再大顆，也比不過口若懸河！

緹縈救父、合縱連橫、舌戰群儒……看古人如何只靠一張嘴，
展現無盡的智慧！

主　　編：謝惟亨，李楠
發 行 人：黃振庭
出 版 者：財經錢線文化事業有限公司
發 行 者：財經錢線文化事業有限公司
E-mail：sonbookservice@gmail.com
粉 絲 頁：https://www.facebook.com/
　　　　　sonbookss/
網　　址：https://sonbook.net/
地　　址：台北市中正區重慶南路一段六十一號八
　　　　　樓 815 室
Rm. 815, 8F., No.61, Sec. 1, Chongqing S. Rd.,
Zhongzheng Dist., Taipei City 100, Taiwan
電　　話：(02)2370-3310
傳　　真：(02)2388-1990
印　　刷：京峯數位服務有限公司
律師顧問：廣華律師事務所 張珮琦律師

定　　價：399 元
發行日期：2023 年 11 月第一版
◎本書以 POD 印製

國家圖書館出版品預行編目資料

拳頭再大顆，也比不過口若懸河！
緹縈救父、合縱連橫、舌戰群
儒……看古人如何只靠一張嘴，展
現無盡的智慧！/ 謝惟亨，李楠 主
編 .-- 第一版 .-- 臺北市：財經錢
線文化事業有限公司 , 2023.11
面；　公分
POD 版
ISBN 978-957-680-698-8(平裝)
1.CST: 中國史 2.CST: 通俗史話
3.CST: 口才 4.CST: 說話藝術
610.9　　112017179

電子書購買

臉書

爽讀 APP